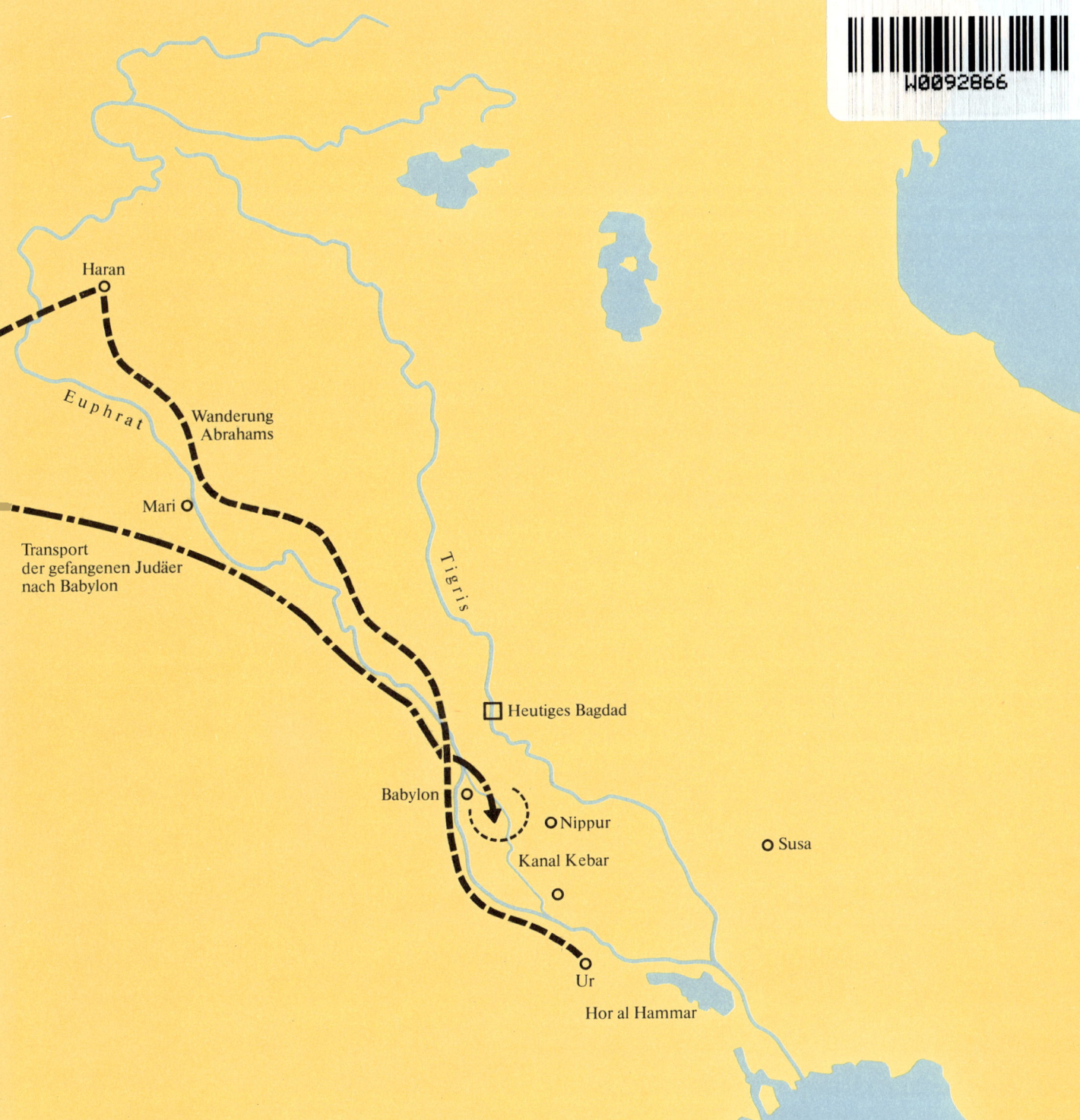

Dieses Buch
erzählt ein paar Geschichten
aus der Bibel,
die bei uns jedes Kind kennenlernt
und von denen wir meinen,
wir hätten sie längst verstanden.
In Wirklichkeit, so scheint mir,
haben sie uns eine Menge Neues
und durchaus Überraschendes zu sagen.
Sie erzählen
aus einer fernen Vergangenheit,
und wir meinen vielleicht,
was vergangen sei, gehe uns nichts an;
besser sei, nach der Zukunft zu fragen.
Aber nach der Zukunft zu fragen
hat nur Sinn,
wenn wir zugleich Zugang
zu unseren Ursprüngen finden.
Wir bestehen die Zukunft nur
mit dem Blick nach vorn,
das ist gewiß.
Aber wir begreifen,
was uns widerfährt, nur,
wenn wir lange und aufmerksam
in die Vergangenheit gesehen haben,
aus der wir kommen.
Und da schildern nun
diese Geschichten
einen geistigen Aufbruch,
der so großartig in der Weltgeschichte
nicht häufig vorkommt
und dessen Geheimnis
und aktuellerKraft
wir noch längst nicht
auf die Spur gekommen sind.

Nach der Vergangenheit fragen die Historiker. Nach alten Erzählungen die Literaturwissenschaftler. Nach religiösen Überlieferungen suchen die Religionsgeschichtler. Nach alten Tempeln und Palästen die Archäologen, nach der Wahrheit in der Überlieferung fragen die Theologen. Nach unserer eigenen Seele, die davon betroffen ist, die Psychologen. Das alles geschieht seltsam unverbunden nebeneinander her. Die Spezialisten wandern allein oder mit ihresgleichen. Allzu lange hat gerade die Theologie versucht, ohne den Ertrag der religionsgeschichtlichen Forschung und ohne die Einsichten der Tiefenpsychologie auszukommen. Allzu lange ist die Auslegung der biblischen Geschichte festgefahren im aufgespeicherten historischen Material und in den engen Gesetzen einer isolierten Wissenschaft. Es ist an der Zeit, das Unverbundene zu verbinden.

Verliert man dabei die Geschichten der Bibel? Im Gegenteil. Man entdeckt sie gerade in ihrer Einzigartigkeit. Verliert man die offenbarte Wahrheit? Im Gegenteil. Man könnte auf diesem Wege vielleicht überhaupt erst wieder begreifen, was denn das Wort „Offenbarung" meint. Verliert man, wenn man so viel vom Menschen redet, die Verkündigung von Gott? Im Gegenteil. Man begegnet dabei dem wirklichen, dem nahen Gott, dessen Werk eben auch in und an der menschlichen Seele geschieht.

Sollte nun jemand meinen, was dieses Buch biete,
sei gewiß nicht das letzte Wort, so hat er rundum recht.
Es ist ein letztes Wort weder zur Geschichte des Alten Testaments
noch zum Verständnis unserer heutigen Zeit oder unserer eigenen Seele,
obwohl von alledem die Rede ist.
Mir soll es genug sein, daß es ein erstes Wort ist, ein Versuch in eine Richtung,
in die man bisher kaum gegangen ist.
Ein erstes Wort, dem andere folgen mögen.
Denn die Auslegung der Heiligen Schrift ist allzu lange
schon festgefahren im aufgespeicherten historischen Material
und in den Gesetzen einer hingebenden und tüchtigen,
aber ebenso isolierten Wissenschaft.
Ein Schritt aus der Sackgasse ist nötig.

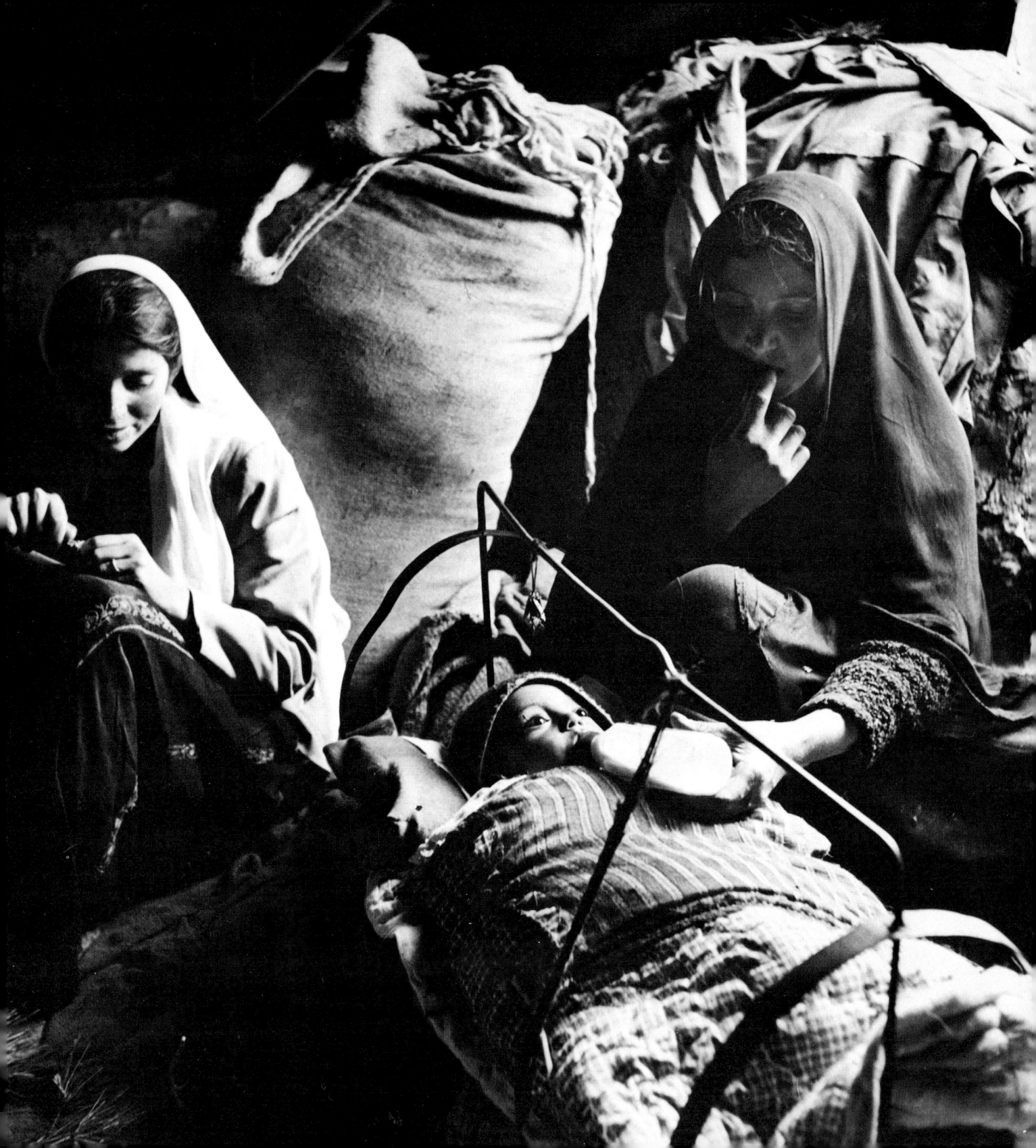

Mit diesem Buch ist
– wenn das Wort richtig
verstanden wird –
ein »Spiel« beabsichtigt:
Ein Spiel mit Geschichten
und Bildern und
deutender Phantasie.
Ein Spiel der Einfälle
und der Verknüpfungen.
Ein Spiel im Vertrauen darauf,
daß Ein-fälle von oben einfallen
und das Spiel und die Phantasie
mit dem Geist Gottes
und mit der Erleuchtung
des menschlichen Herzens
und Geistes zu tun haben.

Jörg Zink

Licht über den Wassern

Geschichten gegen die Angst

Kreuz Verlag

CIP-Kurztitelaufnahme der Deutschen Bibliothek

Zink, Jörg:
Licht über den Wassern: Geschichten gegen d.
Angst. – 1. Aufl., (1. – 30. Tsd.). – Stuttgart,
Berlin: Kreuz Verlag, 1978.
    ISBN 3-7831-0551-X

1. Auflage (1. – 30. Tausend)
© Kreuz Verlag Stuttgart 1978
Gestaltung: Hans Hug
Landkarten: Günter Bosch
Reproduktionen: W. Gölz, Ludwigsburg
Satz, Druck und buchbinderische Verarbeitung: W. Röck, Weinsberg
ISBN 3 7831 0551 X

Inhalt

1. Kapitel
An den Wassern zu Babel saßen wir und weinten ... 15

Ein General und ein Prophet ... 16
Schwellenzeit der Weltgeschichte ... 17
Der große Treck nach Osten ... 18
Isolierung oder Anpassung ... 19
Innere Landschaft ... 21
Ein alter Mann erzählt ... 22
Singen und Sagen ... 23
Was geht das uns an? ... 33

2. Kapitel
Reise in die Vergangenheit ... 35

Verlorene Heimat ... 36
Angst ... 37
Unkenntnis über Gott ... 38
Erinnerung ... 40

3. Kapitel
Auf dem Grunde des Meeres ... 43

Unternehmen Ausbruch ... 44
Das Geheimnis von Baal Zephon ... 46
Angst vor dem, was außen ist ... 48
Unter dem Druck der Wirklichkeit ... 59
Sechs Schritte in die Freiheit ... 60
Der neue Horizont ... 62
Der Fallende fällt in Gott ... 64
Christus über den Wassern ... 66
Kein Kampf gegen das Böse ... 69

4. Kapitel
Wüstenwanderung ... 71

Der Weg ins Leere ... 72
Die fixe Idee vom Fortschritt ... 73
Angst vor dem, was innen ist ... 86
Gegenkräfte ... 86
Brautzeit und Seelenreise ... 88
Wüstenlandschaft ... 91
Erfahrung in der Einsamkeit ... 92
Versuche mit der inneren Welt ... 96

5. Kapitel
Unter dem Berg Gottes ... 97

Der Gott vom Sinai ... 98
Wo lag der heilige Berg Moses? ... 99
Zuflucht beim goldenen Stier ... 100
Bilderverbot ... 101
Angst vor dem, was oben ist ... 111
Die Rache der Unteren ... 112
Mose und die Maske ... 114
Das Zelt der Begegnung ... 115
Verklärung ... 116
Abstieg ins Tal ... 117
Wohin soll die Reise gehen? ... 117

6. Kapitel
Wiedergeburt im Abgrund ... 121

Der Erzähler von Jerusalem ... 122
Ankunft am großen Graben ... 124
Das Abenteuer der Kundschafter ... 125

Was geschah in Jericho?	126	Der Sinn des Ruhens	179
Der Kult der Urmutter	137	Grenzüberschreitung	189
Angst vor dem, was unten ist	139		
Durchquerung des Unterweltflusses	143		

7. Kapitel
Die Erlösung der Großen Mutter — 149

Da fielen die Mauern	150
Treue gegen Rahab	151
Des Teufels Wiederkehr	153
Mutterersatz Technik	164
Das Ende der Kindheit	166
Taufe im Jordan	167
Befreiung der Frau	168

8. Kapitel
Welt in Gott — 173

Freiheit in der Gefangenschaft	174
Der besondere Tag	174
Die Schöpfungsgeschichte des großen Erzählers	176

9. Kapitel
Mythisches Spiel — 191

Was ist ein Mythus?	192
Märchen erzählen in Bildern	193
Die Welt ist innen, die Seele außen	195
Alle Sprache ist mythisch	195
Den Mythus verstehen	199
Was ist nun Offenbarung?	200

10. Kapitel
Der Gott der Leidenden und die Heimkehr — 203

Wende	204
Der leidende Gottesknecht	207
Auf dem Meer gehen	211
Ein Auftrag für die Zukunft	214
Heimkehr	218
Bildnachweis	220
Literaturhinweise	221

1. Kapitel

An den Wassern zu Babel saßen wir und weinten

Ein General und ein Prophet

Es war im Jahre 587 vor Christus. Nebusaradan, der Oberkommandierende der babylonischen Elitetruppen, ging kontrollierend die lange Reihe der Gefangenen entlang, ehe der Transport begann. Ehemalige judäische Soldaten in Resten militärischer Kleidung, Frauen und Mädchen, die Zeichen von Hunger und Angst in den Gesichtern, Kinder dazwischen. Auf der Hochfläche nördlich der eroberten, brennenden Stadt Jerusalem standen sie, umstellt von Bewaffneten, im Sammellager. Der Krieg war zu Ende. Und diese hier, die ihre letzten Habseligkeiten in Bündeln mit sich schleppten, hatten Glück gehabt. Sie waren immerhin am Leben.

Aber da stockte der General. Den dort – den kannte er doch. Da stand doch, gefesselt wie die anderen, jener einsame Mann, den der König Nebukadnezar seiner besonderen Obhut empfohlen hatte und der auf seinen eigenen Befehl vor wenigen Tagen freigelassen worden war! Jener Einzige, der in der Stadt während des ganzen Krieges zum Frieden gerufen hatte. Der Einzige, der die Lage nüchtern gesehen hatte. Der Einzige, der den Untergang des kleinen Königreichs hätte verhindern können, hätte man auf ihn gehört: der Seher Jeremia. »Wer hat den hierher gebracht?« Irgendwer zuckte mit den Schultern, sprach von einem Versehen. »Fesseln ab!« befahl Nebusaradan.

»Du kannst gehen, wohin du willst. Wenn du mich nach Babylon begleiten willst, soll es dir gut gehen. Du kannst auch hierbleiben. Tu, was du willst.« Jeremia wollte bleiben. Nebusaradan versorgte ihn mit Lebensmitteln und ließ ihn gehen.

Jeremia dürfte kaum Freude über seine Freiheit empfunden haben. Drüben stand der Rauch Jerusalems am Himmel. Dort gab es nichts zu tun. Der Seher verließ das Lager und wandte sich nach Nordwesten, zu dem zerstörten Bergnest Mizpa. Es war ein Weg von einer guten Stunde. Dort sollte einer der wenigen integren Männer aus dem Königshaus eine Art Verwaltung für das zerstörte Land aufbauen. Vielleicht konnte er, Jeremia, dem Gedalja helfen.

Achtzehn Monate Entsetzen, Angst und Sterben zogen vor seinen Augen vorbei. Vor eineinhalb Jahren war der unübersehbare Heerzug der Babylonier auf den Höhen um Jerusalem erschienen. Mit ein paar tausend Leuten wollte man in Jerusalem der Militärmacht aus dem Osten die Stirn bieten, unfähig, sich damit abzufinden, daß das Land Juda, kaum dreißig Kilometer in die Breite und in die Länge, kein politischer Faktor mehr war.

Als nach Monaten der Belagerung der Einfältigste sehen mußte, daß dies das Ende war, träumten der König und seine Berater noch vom Endsieg, glaubten sie noch an das Wunder. Immerhin kamen eines Tages zwei Priester vom Hof mit einer Bitte des Königs zu Jeremia: »Du Seher, befrage doch Gott für uns, ob er nicht ein Wunder tun will, so daß die Babylonier abziehen!« Aber der wußte von keinem Wunder. »So spricht Gott: Ihr werdet auf den Rücken fallen mit all euren Waffen. Ich werde den König und alle, die von Pest, Schwert und Hunger übrig sind, von Nebukadnezar zusammenschlagen lassen. Der wird euch umbringen. Ohne Erbarmen!« Und den Bewohnern der Stadt rief er zu: »Es gibt einen Weg zum Leben und einen Weg zum Tod. Wer in der Stadt bleibt, kommt um. Wer sich ergibt, bleibt am Leben!«

Und dann kam jene Nacht, in der der König, während die Babylonier die ersten Breschen in die Mauern schlugen, durch einen geheimen Tunnel die Stadt verließ und mit ein paar Begleitern zu entkommen suchte. Bei Jericho faßte man ihn. Vor seinen Augen schlachtete man seine Söhne ab. Ihm selbst stach man die Augen aus, schloß ihn in Ketten und trieb ihn nach Babylon.

Das war vor einem Monat gewesen. Dann ging dreißig Tage lang der Tod in der Stadt um. Raub, Zerstörung, Vergewaltigung, Quälerei. Tempel und Palast gingen in Flammen auf. Die Mauern stürzten ins Tal. In den Gassen häuften sich die Leichen. Schakale strichen durch die leere Stadt.

Was wollte er eigentlich in Mizpa? Woher sollte hier ein neuer Anfang kommen? Drüben in Rama standen sie alle gefesselt, die noch die Kraft gehabt hätten, neu zu beginnen. Ein Marsch von tausendfünfhundert Kilometern lag vor ihnen, erst nach Norden, dann durch die Syrische Wüste nach Osten und zuletzt den Euphrat hinunter bis in die Ebene um Babylon.

Was hier in den Dörfern übrig blieb, das waren kleine Leute. Armselig. Verängstigt. Ohne Hoffnung. Ein Traum von tausend Jahren war zu Ende. Und nicht nur der Traum vom großen, freien Volk Gottes, sondern auch eine tausendjährige wirkliche Geschichte.

Schwellenzeit der Weltgeschichte

Die Szene in Rama zwischen Jeremia und dem babylonischen General bezeichnet nicht nur eine historisch tief einschneidende Situation, sie ist mehr, sie ist eine Art Symbol für einen geistigen Wendepunkt in der Geschichte des Volkes Israel.

Tausend Jahre waren vergangen, seit Abraham als Führer eines kleinen Nomadenclans vom unteren Euphrat ins nördliche Syrien gewandert war und schließlich in der Gegend um Hebron gesiedelt hatte.

Sechshundert Jahre waren vergangen, seit Mose die Nachkommen Abrahams aus ihrer Sklaverei in Ägypten geführt hatte und seit sie ins westjordanische Bergland eingewandert waren, wo Josua, Samuel und die Richter den losen Stämmeverband je und dann versammelten.

Vierhundert Jahre waren seit David vergangen, der das israelitische Großreich aufgerichtet hatte, das Reich, das vom Sinai bis Damaskus, vom Mittelmeer bis ins Bergland um Amman reichte.

Und dann war das Reich in zwei Teile zerfallen, den nördlichen und den südlichen. Erst brach das nördliche zusammen. Unter den Schlägen der Assyrer ging das Reich Israel zugrunde. Und nun, etwas mehr als hundert Jahre später, das Reich Juda, dessen Hauptstadt Jerusalem war.

Und mit ihm war die Hoffnung verloren, es könne sich einmal noch ein heiliges Volk im Frieden um den Tempel Gottes versammeln, unter dem Schutz und Segen des Gottes Abrahams und Moses.

Zug um Zug fielen die Zeichen des Bundes zwischen Gott und seinem Volk dahin. Das Land war verloren. Die heilige Stadt zerbrochen. Der König gefangen. Die Propheten stumm. Der Tempel in Asche. Die Gottesdienste erloschen. Die Bundeslade und das Gesetz verbrannt. Es war die Stunde Null. Und niemand konnte wissen, ob dieses Volk einmal wieder anfangen würde, die Jahre einer neuen Blüte zu zählen.

Aber diese Zeit war nicht einfach nur eine politische und geistige Stunde Null für Israel. Es war jene Schwellenzeit, von der man im kulturgeschichtlichen Sinn gerne und mit Recht spricht, in der es wie ein großes Erwachen und Entdecken rund um die Welt ging. In China wirkten Kungfutse und wahrscheinlich auch schon Laotse, in Indien Gotama Buddha, im persischen Hochland Zarathustra. In den Handelsstädten am Ägäischen Meer erwachte mit den Namen Thales und Heraklit die europäische Philosophie. Aus vielen tausend Jahren des Träumens und des Suchens zog der Mensch an vielen Stellen der Welt gleichzeitig die Summe und fragte bewußt nach einer Wahrheit, die vor seinem erwachten Verstand und seinem Ichbewußtsein standhalten würde.

In diesem so wichtigen sechsten Jahrhundert vor Christus ereignete sich auch der entscheidende Durchbruch im Denken Israels. Im Grunde waren die sechs Jahrhunderte zwischen Mose und der Zerstörung Jerusalems eine Zeit der Vorbereitung gewesen. Im Grunde war Gott für Israel bis zu diesem Zeitpunkt noch immer Lokalgott, Stammesgott, Gott neben anderen Göttern gewesen. Der Durchbruch zur Erkenntnis des einen universalen Gottes geschah im sechsten Jahrhundert. Es war einer der großen Grenzübergänge der Weltgeschichte.

Er geschah nicht während der Blüte der Königreiche Israel und Juda, sondern nach dem Inferno des Untergangs. Dem aber, was die Judäer nach diesem Untergang erkannten, verdanken wir Dokumente, die zu den großartigsten der Geistesgeschichte gehören, Dokumente, die von ihrer Bedeutung und dem Gewicht ihrer Gedanken in zweitausendfünfhundert Jahren nichts verloren haben.

Der große Treck nach Osten

Wochen später, während Jeremia in Mizpa, in der provisorischen Verwaltungszentrale, seine Gedanken mit Gedalja austauschte, kroch der Elendszug nach Norden, am Galiläischen See vorbei in die Huleebene südlich des Hermon. In der Bibel ist ein Lied erhalten, das vermutlich von einem der Gefangenen stammt. Er muß es angesichts der Jordanquellen am Hermon, die er zum letztenmal sah, geschrieben haben, ehe der Transport weiterging über den Golan nach Syrien, Damaskus zu:

»Wie ein Hirsch schreit nach frischem Wasser,
so schreit meine Seele, Gott, nach dir.
Meine Seele dürstet nach Gott,
nach dem lebendigen Gott.
Wann werde ich wiederkehren
und schauen das Angesicht des Herrn?
Verzweifelt bin ich und weine Tag und Nacht,
während die Menschen mich täglich höhnen:
Wo ist nun dein Gott?

Daran denke ich
und schütte mein Herz aus bei mir selbst:
Wie ich ins Haus des Erhabenen einzog,
in den Tempel des Herrn,
mit Jubel und Dank
in der Schar der Feiernden.

Betrübt ist meine Seele in mir,
darum denke ich an dich
in dem Lande am Jordan und am Hermon,
am Berg über den Jordanquellen.
Da rauschen deine Fluten daher,
und eine Tiefe holt die andere nach.
Alle deine Wogen und Wellen
gehen über mich.

Ich spreche zu Gott, meinem Fels:
Warum hast du mich verlassen?

Warum muß ich in Verzweiflung gehen,
allein und umringt von Spott?
Ich bin so zerschlagen, so ohne Kraft,
und die mich hassen, reden den ganzen Tag:
Wo ist denn nun dein Gott?« (Psalm 42)

Viele Monate später, nach den Leiden des Transports, saßen die Judäer an den »Wassern zu Babel«, an einem Kanal südlich des heutigen Bagdad, und sangen ihre Klagelieder, an die der Psalm 137 erinnert:

»An den Wassern zu Babel saßen wir
und weinten, wenn wir an Zion gedachten.
An die Weiden
hängten wir unsere Harfen.
Denn dort verlangten unsere Bewacher,
wir sollten singen.
Jubel forderten unsere Bedrücker:
Singt uns ein Lied vom Zion!
Wie könnten wir ein Gotteslied singen
auf fremder Erde?«

Vielleicht hatten sie anfangs in ihrer Verlassenheit wirklich Lieder aus den Gottesdiensten am Tempel gesungen. Vielleicht fanden ihre Bewacher den Gesang so schön, daß sie immer mehr davon hören wollten, bis die Gefangenen es aufgaben, den Feinden zur Freude zu singen. Aber noch der Entschluß, nicht mehr zu singen, geriet ihnen zum Lied.

Sie saßen dort, ohnmächtig einem brutalen Regime ausgeliefert, beschrieben in ihrem Lied die Stadt Babylon als eine Königin, sahen die endlos fortdauernde Tyrannis im Bild der Kinder und Kindeskinder, die in den Palästen zu Menschen- und Völkerschindern heranwuchsen, und in hilfloser Verzweiflung beschworen sie deren Ende:

»Tochter Babel, du Verwüsterin!
Wohl dem, der dir vergilt, wie du tatest:
Der deine Kinder nimmt
und sie an einem Felsen zerschmettert!«

Wo die Verbannten lebten, das ahnen wir ein wenig aus der Erzählung des Propheten Hesekiel. Sie wohnten am Kanal Kebar, also an dem breiten Nebenarm des Euphrat, der bei Babylon nach Osten abzweigt, dann die weite Ebene, die sich südöstlich von Babylon steppen- und wüstenhaft hindehnt, durchfließt und bei Uruk sein träges, lehmfarbenes Wasser dem Euphrat wieder zuführt. An ihm befand sich offenbar eine Gebetsstätte der Judäer, unweit der Stadt, bei der sie angesiedelt waren und die den Namen Tel Aviv, das heißt Frühlings- oder Gerstenhügel, trug, nahe Nippur.

Zu Beginn des zwanzigsten Jahrhunderts nach Christus versammelten sich ein paar Dutzend jüdische Siedler auf einer Sanddüne am Strand nördlich Jaffa und beschlossen die Gründung einer Stadt. Sie erinnerten sich jener Gefangenschaft in Babylon zweitausendfünfhundert Jahre zuvor und an den Namen des Orts, an dem die Babylonier die Urväter festgehalten hatten, und nannten die neue Stadt, die sie nun in der uralten Heimat nach zweitausend Jahren zum erstenmal in Freiheit bauten, Tel Aviv.

Isolierung oder Anpassung

Die erste Zeit in der Steppe bei Babylon muß für die Judäer schrecklich gewesen sein. Wie lange es gedauert haben mag, bis sie aus Lehm die ersten Hütten bauten, die ersten Zisternen gruben und den ersten Lohn aus den Ziegelfabriken nach Hause trugen, wer weiß es? Aber dann muß sich ihr Leben im Lauf von Jahren normalisiert haben. Sie waren ja nicht auf unabsehbare Zeiten zur Zwangsarbeit verurteilt, sondern nur in bestimmte Landstriche und Ortschaften eingewiesen. Dort aber bauten sie sich bald Häuser, legten

Gärten an, gründeten Familien, kauften, wenn sie Erfolg hatten, Land, stiegen zu Händlern auf und lebten schließlich im großen und ganzen in gesicherten Verhältnissen. Ausgrabungen brachten Akten eines jüdischen Geschäftshauses »Muraschu und Söhne« ans Licht, das seinen Hauptsitz in Nippur hatte, nahe dem Kanal Kebar, und seine Filialen in den umgebenden Städten.

Vermutlich kehrten solche Familien nicht mehr nach Judäa zurück, auch nicht, als sie nach fast fünfzig Jahren die Erlaubnis dazu bekamen, sondern blieben und gingen in der babylonischen Bevölkerung auf. Vielleicht heirateten die Söhne babylonische Mädchen, vielleicht gehörten sie schließlich zur vermögenden Oberschicht. Babylonische Wohnkultur, Sprache, Schrift, Staatsgesinnung und Religion waren ihnen bald selbstverständlich.

Nach zehn oder zwanzig Jahren schon war es soweit, daß viele Judäer sich in der Fremde zu Hause fühlten, sich anglichen, ihre Herkunft vergaßen und auf die eigene nationale Zukunft verzichteten. Die wirtschaftliche Blüte des Staats, in dem sie lebten, war auf die Dauer ein realeres Gut als die vergebliche Sehnsucht nach der verlorenen Heimat, die viele unter den Jungen schon nicht mehr mit eigenen Augen gesehen hatten. Anpassung war das Gebot der Zeit. Es galt, neue Berufe zu erlernen und fremde Sprachen, und vielleicht begann man bald Stolz zu empfinden darüber, daß man der führenden Militär- und Wirtschaftsmacht der damaligen Welt angehörte, dem Land mit der modernsten Wissenschaft und dem mächtigsten Gott. Wer nicht mitging, blieb eben zurück oder abseits, in den Augen seiner Kinder ein Mensch ohne Zukunft, fixiert auf eine vergangene Welt, von Überlieferungen und Erinnerungen gehindert, zu leben. Vielleicht haben die Jungen gefragt: Werden wir es schaffen, richtige Babylonier zu werden? Die Älteren: Hängen wir nicht doch zu sehr an Vergangenem? Wenn wir es aber preisgeben – wissen wir dann noch, wer wir sind?

Babylon war für die Völker der alten Welt der Inbegriff der Gewalttat, der Alptraum, unter dem sie sich ängsteten. Denen unter den Verbannten, die sich nicht anpaßten, blieb nur der Haß. Ihnen blieb jene Angst, die in einer Welt zu entstehen pflegt, die merkwürdigerweise zu groß und zu eng zugleich erscheint, die Angst vor der Gefangenschaft in der Randlosigkeit. Sie hatten den Rahmen verloren, in dem ihr Dasein Sinn gehabt hatte, und sollten nun eine von Menschen gewaltsam eingegrenzte Umwelt annehmen. Die Welt verengte sich zur Umwelt. Die Umwelt hatte das Gesicht babylonischer Soldaten. Der Gedanke, es sei irgendwo ein größerer Raum, ein tieferer oder höherer Sinn, ein Plan, der in die Zukunft führte, war Utopie. Er verbot sich von selbst. Aber die enge Umwelt, die so sinnlos schien, gab sich in aller Härte barmherzig: Immerhin gewährte sie Acker und Haus. Und viele der Verängstigten nahmen das Angebot an. Wer will es ihnen verargen?

Da gab es gewiß auch einen linken und einen rechten Flügel. Da waren rechts die frommen Hüter der Tradition. Israel – das war für sie identisch mit der alten, überlieferten Geschichte von Abraham, Isaak und Jakob, von Mose und Aaron, von Josua und Samuel, Saul und David. Israel, das waren der Tempel und die Bundeslade, die Zehn Gebote und das Bekenntnis zu Jahwe, dem Gott Israels. Da waren links die ihrer Zeit und Situation gegenüber Aufgeschlossenen, die sagten: Das haben wir doch alles bis zum bittern Ende durchlitten! Das haben wir doch hinter uns, zu meinen, wir seien das auserwählte Volk, unser Gott sei der mächtigste Gott des Himmels und der Erde, zu meinen, im Tempel von Jerusalem sei der Bundesgenosse Israels gegenwärtig, und darum könne uns nichts geschehen! Wir leben doch, zum Glück, nicht mehr in der Provinz. Babylon ist größer, ist reicher. Es hat die stärkeren Götter, das heißt das überlegenere Staatsbewußtsein. Und vor allem: Es hat die Zukunft.

Hätten nun die Leute aus Judäa nur diesen Gegensatz von Tradition und Modernismus hervorgebracht, Israel wäre nach wenigen Jahrzehnten aus der Geschichte verschwunden. Die einen wären zur bedeutungslosen Sekte erstarrt, die anderen im Völker- und Kulturgemisch Babylons und später der Perser aufgegangen.

Innere Landschaft

Wie mag es in den Menschen ausgesehen haben?
Da war zunächst einfach die übermächtige Umwelt. Das Elend. Der Aufseher und sein Prügel. Der Ziegel. Das karge Essen, das aber immerhin regelmäßig in den Näpfen war. Ihre Gedanken – jeder, der eine Zeit seines Lebens hinter Stacheldraht zugebracht hat, weiß das – kreisten wohl fast nur noch um die nächste Essensausgabe. Wer war der Gott, von dem man zu Hause geredet hatte? Und wo war noch Raum für ihn?

Den Rat, sie sollten sich auf eine innere Welt zurückziehen, hätten sie womöglich wie Hohn empfunden. Denn die könnte nicht nur leer, sie könnte schrecklicher sein als die Umwelt. Sie hatten einmal einen Psalm gebetet, in dem es hieß:

»Der Herr ist mein Hirte.
Mir wird nichts mangeln.
Er weidet mich auf einer grünen Aue
und führet mich zum frischen Wasser...«

Aber wenn sie Gott nun innen suchten, dann war dort nicht die grüne Aue, sondern die Wüste.

Fragten sie aber, warum aus der grünen Aue eine Wüste geworden war, dann stießen sie auf eine Geschichte der Schuld. Sie hatten von Gottes Willen gewußt und hatten ihn mißachtet. Sie hatten an ihn, den einen Gott, geglaubt und doch unzählige Götter verehrt. Recht und Gerechtigkeit hatte Gott gefordert, und ihr Staatswesen in Jerusalem war das übliche System von Gewalttat und Korruption gewesen. Waisen, Witwen und Wehrlose sollten sie schützen, aber die Reichen waren nur immer reicher und die Richter nur immer ohnmächtiger geworden. Die Propheten hatten unermüdlich wiederholt, dies werde Gott sich nicht auf die Dauer gefallen lassen. Nun hatten sie die Quittung.

Nun konnten sie nur noch Gottes Urteil nachvollziehen. Nun konnten sie nur noch selbst ja sagen zu der Verdammung, die Gott ausgesprochen hatte. Sie waren ihre eigenen Richter und Kerkermeister und gaben im Grunde den Aufsehern recht, die sie schlugen.

Wenn sie ihnen aber nicht recht geben wollten, was blieb dann übrig? Dann konnten sie ihre Vergangenheit nur verdrängen, verdecken und vergessen und sagen: Wir sind nicht schuldig. Die anderen waren es. Der König. Die Minister. Die Nationalisten. Die Abweichler. Die Mitläufer. Wir nicht. Mit allen Entschuldigungen aber blieben sie immer noch an ihre unselige Geschichte gebunden. Und Gott? Gott stand drohend und in unantastbarer, lastender Autorität hinter ihrem Schicksal.

Was sollte aus ihnen werden? Sie waren der Abfall der Welt. Die Bösen. Die Untergetretenen. Die Vergessenen. Sollten sie es noch einmal mit einem neuen Anlauf versuchen?

Mit einer neuen Moral? Mit einem besseren, konsequenteren Glauben? Mit Bußübungen? Sollten sie sich von der bösen, gewalttätigen Welt distanzieren, indem sie sich bemühten, rein zu sein, rein zu glauben, sich auf die Seite des Lichts zu schlagen und die Dunkelheit, das heißt das verhaßte Babylon, aber zugleich auch ihre eigene Schuld und Vergangenheit, abzustoßen und unterzutreten? Und was, wenn daraus nichts wurde als eine neue Mühsal? Eine neue Last?

Was eigentlich forderte Gott von ihnen? Was eigentlich hatten sie von ihm zu halten? Was von ihm zu erwarten? Von der Rechten her meinten viele: Bewahren, was immer gegolten hat. Von der Linken her andere: Den Willen Gottes in der Situation erkennen. Aber das Weiterführende kam weder von hier noch von dort. Vielmehr geschah etwas zwischen den Meinungsblöcken, das nicht zu erwarten war.

Da muß eine dritte Gruppe aufgetreten sein. Wir kennen die Namen ihrer Begründer nicht, aber diese Leute retteten nicht nur der Menschheit den geistigen Ertrag der israelitischen Überlieferung, sondern eröffneten auch dem Judentum, seiner religiösen Kraft und seinen Gedanken, eine Geschichte von weiteren zweitausendfünfhundert Jahren und brachten zugleich auf dem Weg über das später entstehende Christentum die moderne Welt, wie wir sie heute, im zwanzigsten Jahrhundert, kennen, mit hervor.

Wie das zuging? Wenn sie an den Abenden müde an ihrem Platz am Kanal Kebar saßen, müssen ihre Gedanken ungefähr die geschilderten Spuren entlanggelaufen sein, vielleicht auch ihre Gespräche. Bis eines Abend einer der Alten, noch den Lehm aus der Fabrik an den Kleidern, zu reden anfing.

Ein alter Mann erzählt

Es scheint ein Gesetz nicht nur im Leben eines Menschen, sondern auch im Leben von Völkern und Kulturen zu sein, daß große Hoffnungen dort entstehen, wo die Vergangenheit aufgegraben, wo also eine Erinnerung geweckt wird. Die Hoffenden, die Bahnbrecher, die Visionäre, die einen Weg in die Zukunft finden, sind offenbar jene, die die Erfahrung ihrer Väter aus dem tiefen Brunnen der Vergangenheit heraufholen, prüfen und um ihre eigene Erfahrung erweitern.

Ich stelle mir, wie gesagt, einen der Alten unter den gefangenen Judäern vor. Ich stelle mir die Abende vor in der weiten, heißen Steppe des Zweistromlandes, an den Kanälen, wenn die Sonne den glühwarmen Lößboden noch eine Weile flach beleuchtet, ehe sie im Geflecht der Dattelpalmenwälder versinkt. Überall dort sitzen die Menschen abends vor ihren Hütten oder an den Ufern der Flüsse. Träumend oder redend. Und da, so meine ich, muß einer der Alten angefangen haben zu erzählen. Geschichten von den Urvätern seines Volks. Und wenn ich seine Geschichten lese, dann scheint mir, er sei einer jener großen Weisen gewesen, die in den vergangenen Zeiten immer wieder die Erfahrung ganzer Epochen in einfache Erzählungen zu fassen und in ihnen das Dasein der Menschen zu deuten vermochten.

Vorzeiten – die alten Erzähler unterscheiden nicht, ob die Helden ihrer Geschichten vor hundert oder tausend oder dreitausend Jahren ihre Taten vollbrachten – vorzeiten also lebte hier, in der weiten Steppe am unteren Euphrat, ein paar Stunden zu Fuß vom Kanal Kebar entfernt, in Ur, der uralten Stadt, eine Familie mit den Namen Terach, Nahor, Lot, Abraham, Sara und wie sie alle hießen. Ihr kennt die Geschichte. Eines Tages aber sprach Gott zu Abraham: Verlaß deine Familie und deines Vaters Haus! Ich will dir ein Land zeigen, das habe ich für dich bestimmt. Und die Leute Abrahams verließen ihre Heimat und zogen den langen, einsamen Karawanenweg nach Nordwesten, den Euphrat entlang, an Babylon, an Mari, der alten großen Stadt mit ihrem märchenhaften Palast, vorbei bis in die syrische Wüste nach Haran, und schließlich zog Abraham mit seiner Frau und seinem Neffen Lot allein weiter nach Kanaan, in die Gegend von Jerusalem. Ihr kennt den Weg, so mag der Alte erzählt haben, ihr seid ihn selbst unter den Prügeln der Babylonier hierher getrieben worden. Abraham freilich ging als freier Mann in die umgekehrte Richtung und gelangte in das Land der Verheißung.

Erzähl weiter, baten sie ihn. Und er erzählte: Es war lange vor Abraham. Da lebte hier im Zweistromland ein Mann namens Noah. Als die große Flut kam, von der auch die Babylonier erzählen, hörte Noah als einziger eine Stimme, die ihm sagte: Mach dir einen Kasten aus Holz, damit du überlebst. Und als die Flut sich verlief über einem verwüsteten Land voll von Toten, hörte er wieder eine Stimme: Ich habe noch Leben für dich und deine Kinder. Die Flut soll nicht wiederkehren. Ich gebe dir ein Zeichen: Meinen Regenbogen setze ich in die Wolken als Zeichen des Schutzes, den ich der Erde gewähre. Und die Hörer am Wasser begriffen, daß der Alte von jener Katastrophe sprach, der sie eben entronnen waren, und daß die Zusage: Ich habe noch Leben für euch, ihnen galt, den Überlebenden, dem Strandgut aus dem großen Untergang.

Erzähl weiter, baten sie. Und er erzählte vom Anfang der Welt, von der Erschaffung des Himmels und der Erde aus dem Wort des einen Gottes. Er erzählte die alten Geschichten nach, die vierhundert Jahre zuvor schon die fleißigen Schreiber am Hof des Königs Salomo auf das grobe Papyruspapier gekritzelt hatten, die aber schon viele Jahrhunderte früher an den Lagerfeuern der Hirten und bei den Festen der Nomaden von Mund zu Mund gegangen waren. Aber er erzählte sie neu. Ganz anders. Er fügte ganz Anderes, Neues, hinzu. Er verwandelte sie so, daß die müden, hoffnungslosen Vertriebenen in den Hütten bei Nippur und am Kanal sie verstehen konnten. Er verwandelte sie in ein Bekenntnis zu dem Gott Israels, der auch in dieser Gefangenschaft noch bei seinem Volk war, größer, stärker und gegenwärtiger als alle die mächtigen Götter in den Tempeln und auf den gewaltigen Stufentürmen dieses Landes.

Singen und Sagen

Der alte Mann, der den müden Zuhörern am Kanal Kebar seine Geschichten erzählte, wußte, daß das Singen und Sagen von Generation zu Generation kein Luxus sei, sondern eine Quelle von Zuversicht, von Impulsen für die Zukunft.

Und dennoch: Auf den ersten Blick schienen seine Erinnerungen für die Lage der Gefangenen nicht viel zu bedeuten. Vor unvordenklichen Zeiten, so mag er eines Abends seine Erzählungen fortgesetzt haben, wanderten unsere Vorfahren, die Söhne Jakobs, nach Ägypten. Vor dem Hunger flüchteten sie, fanden am Nil Zuflucht und wurden schließlich die Sklaven der Ägypter. Sie arbeiteten in Ziegeleien und bauten Städte für den Pharao. Aber eines Tages, nach vier Jahrhunderten der Zwangsarbeit, erhoben sie sich, brachen aus und fanden nach einem mühevollen, vier Jahrzehnte währenden Marsch durch die Wüste schließlich den Weg in ihr Land.

Warum erzählst du das uns? mag einer gefragt haben. Uns befreit Gott nicht. Uns schickt Gott keinen Mose, der Nekukadnezar entgegentritt. Für uns tut Gott keine Wunder.

Meint ihr nicht, entgegnete der Alte, daß die Väter ganz ebenso fragten? Meint ihr nicht, es habe seltsam in ihren Ohren geklungen, wenn dieser Mann Mose ihnen von Abraham erzählte, dem einsamen Wanderer, für den Gott einen Weg hatte und ein Land, in das er gehen konnte? Meint ihr nicht, auch am Nil sei die Erinnerung eingeschlafen und die Hoffnung tot gewesen? Aber dann brachen sie doch auf und zogen mit dem Mut der Verzweifelten durch das Meer und durch die Grenzsperren und über die endlosen Sand- und Geröllwüsten des Sinai.

Was der alte Priester und vielleicht andere mit ihm erzählten, haben Spätere aufgeschrieben, vielleicht noch während der Gefangenschaft in Babylon, vielleicht auch erst nach der Rückkehr in die Heimat. Sie schrieben die neuen Geschichten so mit den alten zusammen, den schon schriftlich überlieferten, daß am Ende eine neue, große Erzählung entstand. In den fünf Büchern Mose liegt uns das Ergebnis vor. Und auf diese Weise entstanden auch sonst große Teile der Bibel. Irgendeine Generation machte eine Erfahrung und faßte sie in eine Geschichte. Eine spätere, die ähnliches erlebte, erzählte, was ihr widerfahren war, und stellte es neben die alte Erzählung.

Als ich sie so stehen sah, die Frau mit den zwei Jungen und dem kleinen Mädchen, das sich in ihrem Schatten versteckte, vor ihrer Hütte an ihrem Brotfladenofen, mit Backen beschäftigt, unweit des Kanals, an dem die Judäer gewohnt hatten, ging mir durch den Kopf: So könnten sie gelebt haben! Hier, wo die Jahrtausende an den Gesichtern der Menschen und an ihren Backöfen so wenig ändern. In solchen Hütten vielleicht, die hier jeder für sich aus dem allgegenwärtigen Lehm baut, und so hart am Existenzminimum wie sie, die schon zufrieden sind, wenn das Brunnenloch nicht versiegt und immer ein kleiner Rest Mehl da ist für das Brot.

Sie begrüßte mich rührend freundlich, obwohl ich nur eben am Straßenrand vorbeikam und mich mit keinem Wort verständigen konnte, und bot mir von ihren Brotfladen an. Sie lud mich zu ihrem abendlichen Mahl in ihre Hütte ein, und hätte ich Zeit gehabt, wäre für mich noch Platz gewesen auf dem Fußboden neben ihr und ihren Kindern.

Lehm ist das Kennzeichen des Landes, wohin das Auge schaut. Aus dem feuchten Lehm formen die Menschen seit Jahrtausenden Tag um Tag ihre Ziegel und stampfen sie ihre Mauern. Im Lehm legen sie ihre Äcker an. Trokkener Lehm weht wie feiner Staub über das Land hin. Die Tiere scheinen ein Teil der Erde zu sein, und auch die Menschen sind, wie die Bibel sagt, aus Erde gemacht, jedenfalls braun und grau wie die Erde. »Gott, der Herr, nahm einen Erdkloß und formte den Menschen.« Der Gedanke muß diesem Land entstammen.

Wenn aber die Judäer hierher kamen, so gerieten sie nicht an irgendeinen fremden Ort, sondern an den Ausgangspunkt ihrer eigenen Geschichte. Wer vom Kanal Kebar aus an einem klaren Tag nach Südosten schaut, sieht die Spitze des Stufenturms von Ur über dem Wüstensand stehen. Ein paar Stunden zu Fuß genügen, um dorthin zu gehen, von wo der Urvater aufgebrochen war, dem Ruf Gottes folgend, auf der Suche nach dem neuen Land, in dem seine Kinder und Enkel wohnen sollten. Nun kamen sie, die Kinder Abrahams, tausend Jahre nach dem Aufbruch des Urvaters, wieder zurück in die Heimat, die Abraham verlassen hatte. Sollte das bedeuten, daß nun alles zurückgenommen war? War nun alles nicht mehr wahr? Waren sie nun zurückversetzt unter die unfreien Menschen, die für den babylonischen König und seine babylonischen Türme Ziegel brannten?

Mit einem jüngeren Mann, der ein wenig englisch sprach, saß ich im Schatten einer Hütte am Kanal Kebar, während die schweren dunklen Wasserbüffel im lauwarmen Wasser die Hitze des Tages verträumten: Wir fürchten um das Wasser in diesem Kanal. Wir leben vom Euphrat. Seit sieben Jahren hat es hier nicht mehr geregnet. Wir haben nur das Wasser aus dem Fluß. Aber die Syrer stauen den Euphrat auf und bewässern die Steppe im Norden bei Aleppo. Wenn der Euphrat absinkt, ist der Kanal trocken, und wir verhungern. Nebenan standen mittlerweile die drei schwarz verhüllten Bewohnerinnen der Nachbarhütte und lachten über den Fremden, der ein merkwürdiges schwarzes Ding immer wieder ans Auge hielt, ein Ding, das »Klick« machte.

Am unteren Euphrat, einige Stunden Weg von Ur aus nach Osten, ändert sich das Bild. Palmen beherrschen die Landschaft, und Wasser. Die Fischer am Hor al Hammar bauen ihre Hütten nicht aus Lehm, sondern aus Schilf, nach uralten Mustern. Aus dem vierten Jahrtausend hat man Reste solcher Häuser ausgegraben, die genau nach denselben Mustern geflochten und gebaut waren. Es ändert sich nicht viel in diesem Land. Besser: Es hat sich nicht viel geändert. In unseren Jahren geht dies alles am europäischen Import zugrunde.

In diesem Land entstand der Gedanke vom Paradies. Östlich von Ur müssen es die Alten sich vorgestellt haben, in jener Oase des Friedens und der Fruchtbarkeit, die Hor al Hammar heißt, einer Seenplatte von zauberhafter Schönheit mitten in der Wüste, wo Millionen Dattelpalmen auf den Landzungen stehen, Schatten und Nahrung für ein glückliches, abseits der modernen Entwicklung des Irak lebendes Volk. Wie tanzend schob ein Junge seinen Kahn vorbei, elegant, musikalisch. Wie einen Geigenbogen hielt er seine Stange, glücklich nicht nur in diesem Augenblick, sondern ganz offenbar auch sonst einig mit sich selbst und mit seiner Welt.

Er weiß nichts von den Jungen seines Alters, die bei Bagdad von morgens bis abends in einer der hundert Ziegeleien stehen, die dort Lehm von der Grube zur Presse fahren, Ziegel von der Presse zum Trockenplatz. Tag um Tag, ohne die Aussicht, je im Leben etwas anderes tun zu können, bis die Hände nach fünfzig oder sechzig Jahren der Sklaverei die Ziegel nicht mehr halten. Die Judäer aber sahen gewiß mehr vom Lehm als von den Palmen des Landes.

Ein babylonischer Soldat steht am Ufer eines Flusses und faßt einen gefesselten Gefangenen am Bart, schwingt das Schwert und haut ihm den Kopf ab. Diese Szenen lagen hinter den Judäern. Das hatten sie tausendfach mitangesehen. Nun verlangte man von ihnen, Lieder vom Zion zu singen, zu Harfen, wie sie auf dem Relief einer mit sich trägt. Aber die Harfen hängten sie an die Bäume. Es gab nichts zu singen. Die Treiber waren noch immer hinter ihnen wie auf dem langen Marsch, nur daß sie nun in den Ziegeleien hinter ihnen standen.

Die einfachen Menschen dieses Landes leben in der Erde. Ihr Baumaterial gewinnen sie aus einem Loch, in das sie Wasser schütten, um die Masse knetbar zu machen. Für die Könige allerdings schufen sie die ungeheuren Stufentürme, deren Reste wir bewundern, aus Millionen und Abermillionen Ziegeln aufgetürmt. Der Turm von Aqar Quf bei Bagdad, fast tausend Jahre vor der Gefangenschaft der Judäer gebaut, wird heute mit großer Sachkenntnis von den Irakern rekonstruiert. Die unterste Stufe ist inzwischen fertiggestellt.

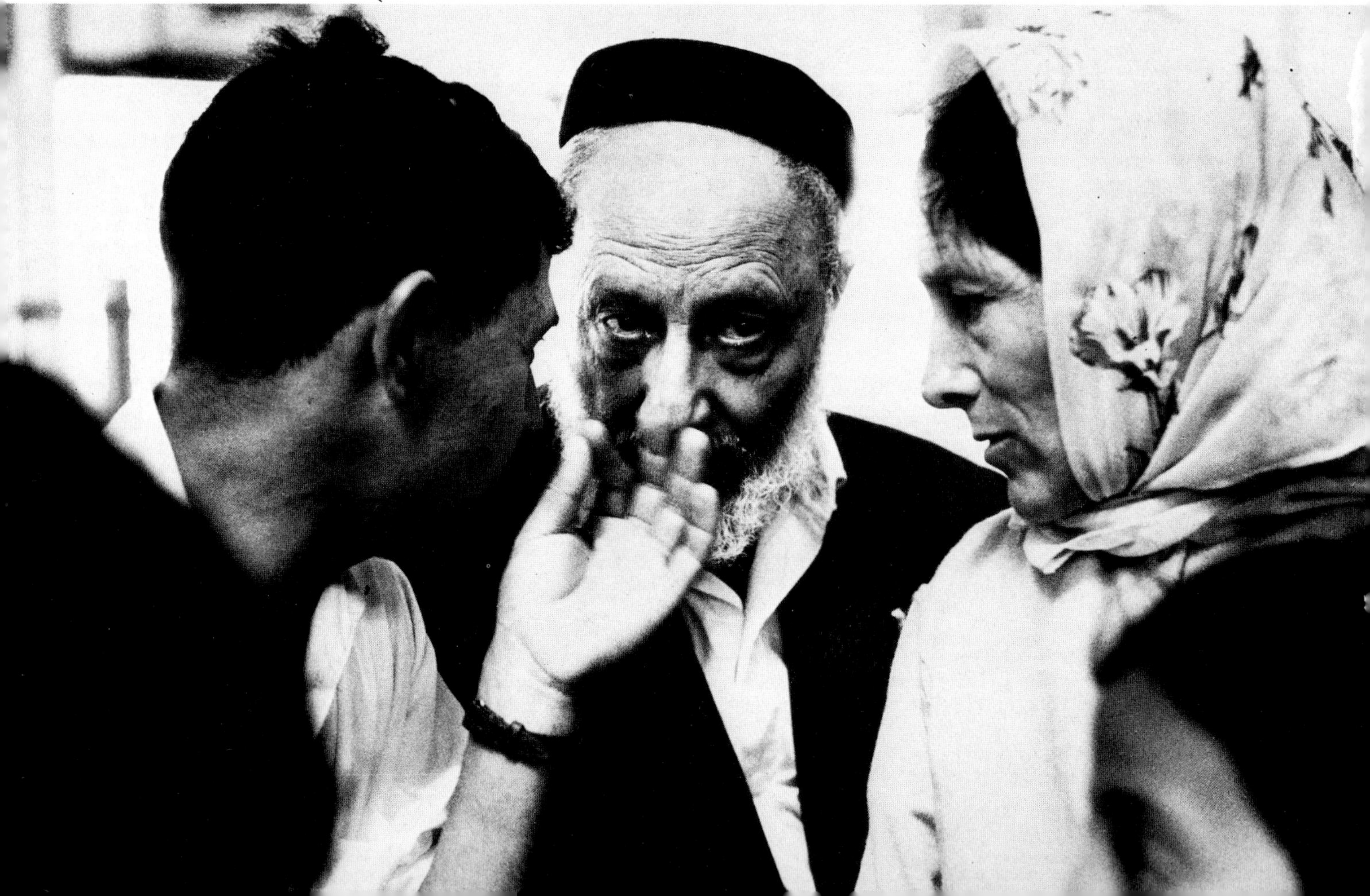

Abraham und seine Familien vor und nach ihm führten das Leben freier Nomaden. Wie widersinnig muß es ihnen erschienen sein, daß da im zweiten Jahrtausend vor Christus Könige aufkamen, die ganze Völker gefangennahmen, sie abtransportierten, irgendwo festsetzten und zu Sklaven an Lehmgruben und Ziegelöfen machten.

In Babylon steht das Symbol des Schreckens. Irgendwo auf dem ungeheuren Ruinenfeld, zwischen Resten von Ziegelmauern, steht der Löwe aus Basalt, der Babylon verkörpert. Der massige Körper steht aufgerichtet, die Vorderpranken sind einem auf dem Rücken liegenden Menschen auf die Brust gestellt. So verstand Babylon sich selbst und sein Verhältnis zur übrigen Menschheit.

Der freie Mensch auf dem mit ihm verbundenen Tier auf der einen Seite, der unterworfene Mensch unter der politischen Macht, die wie ein Raubtier über ihm steht, auf der anderen. Was sind denn nun Freiheit und Recht eines Menschen angesichts von Drohung und Gewalt?

Der alte Jude im heutigen Jerusalem, der sich gefragt sieht, der nachdenkt und seine Antwort sucht und dem die jahrtausendealte Anstrengung des jüdischen Nachdenkens über Gott im Gesicht steht, könnte einem jener Priester gleichen, die in Babylon von den Mitgefangenen gefragt wurden: Wie ist es nun mit dem Gott Israels? Wie ist es mit der Verheißung an Abraham? Was ist mit uns, die er nach Babylon verstoßen hat?

Der Priester saß, so stelle ich mir vor, an den Abenden an der Gebetsstätte der Verbannten am Ufer des Kanals und erzählte. Und indem er das tat, zeigte er einen Gott, der größer war, als ihre Vorfahren ihn gedacht hatten. Indem er erzählte, vom Bund ihrer Väter mit Gott und von der Verheißung, zeigte er den größeren Gott, der nicht nur den Vätern, sondern auch ihnen eine Zukunft gab. Indem er davon erzählte, wie die Väter durch die Wüste gezogen waren, wurde ihnen die Wüstenwanderung zum Bild ihres Heimwegs, auf dem ihnen Gott aufs neue vorangehen werde bis zur Erfüllung aller Hoffnung.

So gab es doch noch immer eine Zukunft, die sie ihren Kindern zumuten konnten? Es gab noch eine Rettung? Der Priester sagte: Es gibt sie. Und erzählte seine Geschichten.

Was geht das uns an?

Wenn wir aber heute die Bibel lesen, lesen auch wir sie vor dem Hintergrund unserer Zeit und unseres Schicksals und verstehen die alte Wahrheit zugleich mit unserer eigenen Erfahrung. Denn die Gestalten und Geschichten der Bibel haben die Gedankenwelt Europas so nachhaltig bestimmt, daß auch die Geschichte jener Leute von Babylon, im Abendland tausend- und abertausendmal erzählt, im Grunde ein Stück unserer eigenen geschichtlichen Herkunft ist.

Die alten Erzähler griffen die Geschichten auf, die ihnen ihre Väter erzählt hatten. Sie deuteten ihre eigene Zeit mit den Bildern der alten Geschichte und faßten ihre Erkenntnis Gottes, ihre unter Umständen sehr andere und neue Erkenntnis, in eine neugeformte Fassung der alten Erzählungen. Was man die »Widersprüche in der Bibel« nennt, das ist sehr häufig die Tatsache, daß zwei- oder gar dreimal eine und dieselbe Geschichte in verschiedener Deutung aus verschiedenen Epochen wiedergegeben ist, daß an ihr demnach ein Erkenntnisweg, der über Jahrhunderte hin dauerte, sichtbar wird.

Lesen wir heute die Bibel, so geschieht mit uns und durch uns durchaus Ähnliches. Wir lesen Geschichten aus sehr weit zurückliegenden Zeiten. Wir lesen sie als Menschen unserer eigenen Epoche mit ihren eigenen und durchaus anderen Erfahrungen und Aufgaben. Und im Lesen geschieht es, daß uns plötzlich aufgeht: Das ist ja unsere Geschichte! Nein, es ist nicht unsere. Die unsere verläuft hier und dort, an diesem und jenem Punkt anders.

Wir hören, was Menschen einer vergangenen Zeit gehört haben, und zwar als ein Wort von Gott, das sie traf, das sie tröstete, das ihnen ein Ziel zeigte, einen Weg, das sie freier machte und ihnen Mut gab. Und wir hören, indem wir die Geschichte lesen und unsere eigene Situation in ihr spiegeln, dasselbe Wort Gottes. Nein, nicht dasselbe, wir empfinden: Dies und dies sagt Gott uns mit anderen Worten; dies und dies gilt für uns noch entscheidender als für die Menschen damals. Dies und dies gilt für uns anders als für sie.

Wir lesen die Geschichte, die erzählt, wie der Geist Gottes, Feuer oder Sturm ähnlich, einbrach und Menschen, die rastlos im Kreis saßen, plötzlich hörten und plötzlich verstanden, plötzlich reden konnten, plötzlich eine Deutung ihres Weges und Auftrages sahen. Und wir glauben, das allerdings ist die Bedingung, daß der Geist Gottes lebendig ist wie eh und je: Der Geist, durch den die Welt wurde, durch den die Propheten redeten, durch den die Menschen der Zeit Jesu ihn, den Herrn, den Meister, den Sohn erkannten. Das ist die Bedingung, daß wir damit rechnen, daß im Lesen und Hören, im offenen, dem Geist geöffneten Nachdenken Inspiration geschieht. Daß der Geist uns Licht gibt und wir sehen: Das also ist Gott! Das also ist Wahrheit! Das also ist unser Weg! Das also sind wir selbst!

Das bedeutet, daß nicht alle Geschichten der Bibel zu jeder Epoche mit gleicher Intensität sprechen. Die Geschichte von Jona und dem großen Fisch mag man vor fünfzig Jahren ein wenig ratlos betrachtet und mit Verlegenheit gelesen haben. Heute ist sie eine der großen Chiffren, in denen eine ganze Epoche sich wiedererkennen könnte. Die Schöpfungsgeschichte von 1. Mose 1 war lange Zeit die Verlegenheit einer den wissenschaftlichen Verstand verehrenden Christenheit. Heute enthält sie eine der großen Botschaften, von denen unsere Zukunft abhängt.

Wenn wir heute die Bibel lesen, steht uns einerseits der Weg des Fragens offen. Wir kommen von unseren Problemen her und fragen: Ist in diesem Buch eine Antwort, eine befreiende Lösung? Und wir werden, vielleicht auf langen Umwegen, plötzlich einem Wort begegnen, das uns wie ein Blitz trifft. Wir können andererseits auch den Weg des Schweigens gehen. Wir wandern sozusagen horchend durch die Landschaft dieses Buchs und schauend durch alle seine Bilder und bitten den Gott, der hier spricht, er möge unser Leben formen. Er möge ihm seine Gestalt geben. Und wir erkennen nach einiger Zeit, daß wir nicht nur in der Bibel »zu Hause sind«, daß uns vielmehr in der Bibel jenes große Zuhause offen steht, in dem unser Dasein ohnedies seinen Ort hat.

Der Geist Gottes öffnet dem Lesenden den Sinn und die Botschaft eines alten Worts, und er öffnet dem Lesenden das Ohr dem alten Wort gegenüber. Die Väter sprachen vom »Zeugnis des heiligen Geistes im Menschen« und meinten: Der Blitz der Erkenntnis springt über, wo der Geist das Ohr und das Wort zugleich öffnet. Und dann sind keine Beweise nötig, daß dies die Wahrheit sei. Die Wahrheit steht vor uns, und unser Dasein steht in der Wahrheit.

2. Kapitel

Reise in die Vergangenheit

Verlorene Heimat

Als der Alte am Kanal Kebar mit seinen Geschichten zu Ende war – ich weiß nicht, wie viele Jahre nach dem langen Marsch nach Babylon –, schrieb einer, vielleicht er selbst, vielleicht ein anderer aus demselben Kreis, wie eine Summe all ihrer gemeinsamen Erkenntnisse jenen Bericht nieder, den wir die Schöpfungsgeschichte nennen und den wir im ersten Kapitel der Bibel lesen.

Die Weltliteratur kennt nicht viele Texte, die so gegensätzliche Empfindungen auslösen. Der eine verspottet die alte Geschichte aus der Überlegenheit dessen, der so primitiven Zeiten entwachsen ist, der andere bewundert in ihr etwas vom Vollkommensten, das Menschen je in Worte gefaßt haben. Wir Heutigen aber, so meine ich, kommen dem Geheimnis dieses Berichts erst wieder auf die Spur, wenn wir zuvor durch die ganze Bilderwelt, die hintergründige Landschaft gewandert sind, die der alte Mann in seinen Geschichten vor uns entrollt.

In sechs Tagen entstand die Welt, behauptet die Schöpfungsgeschichte, grandios einfach, mit wie in Stein gehauenen Worten. Gott sprach, und es geschah. Gott sah es an, und es war gut. Am siebten Tag aber ruhte Gott von seinem Werk.

Was mag das bedeuten? fragen wir. Was für eine Erfahrung mag hinter den kindlich einfachen Bildern verborgen sein? Was müssen wir tun, wohin müssen wir blicken, damit – falls in der alten Geschichte ein Geheimnis ist – wir dieses Geheimnis wahrnehmen?

Es könnte doch sein, daß wir hier wider Erwarten etwas Gültiges über unsere Welt fänden? Und wenn wir vom Geheimnis dieser Welt etwas verstünden, wüßten wir dann nicht auch mehr über unsere eigene Seele, in der sich diese Welt spiegelt? Und wenn wir wieder wüßten, wie unsere Seele in dieser Welt lebt und die Welt in unserer Seele, könnten wir dann nicht auch wieder mehr wissen oder ahnen von Gott? Denn diese Dreiheit, die Welt, die Seele und Gott, ist das uralte und immer gegenwärtige Thema, mit dem wir Menschen uns beschäftigen müssen. Es ist aber heute aktueller als viele meinen, gerade weil Welt, Seele und Gott in unserem Empfinden so sehr allen Zusammenhang miteinander verloren haben.

Es gab in Europa eine Zeit, in der das beherrschende Gefühl, das die Menschen angesichts ihrer Welt erfüllte, das des Triumphs war. Sie fühlten sich als Herren der Schöpfung, als Herren über die Geheimnisse der Natur. Heute greift gerade angesichts der Welt und der menschlichen Herrschaft die Angst um sich. Wie, wenn diese Erde im unendlichen Weltall, in der Randlosigkeit eines nachtschwarzen Universums, die einzige Stelle wäre, an der Herzen schlagen, lebendige Wesen eine Weile das Licht sehen, zwischen Geburt und Tod, zwischen Lebenslust und Lebensangst, bis auch sie alle miteinander zugrunde gehen? Wie, wenn der wunderbare Garten eines Tages zerstört wäre, verbraucht, ausgeplündert, vergiftet, verwüstet? Wie, wenn die zauberhafte Heimat, in der wir leben, uns verstoßen sollte, in eine technische Ersatzwelt entlassen, die nichts mehr hat von Wärme und Geborgenheit, von mütterlicher Güte und traumweicher Schönheit? Die Angst beherrscht diese Zeit in vielerlei Gestalt, aber diese, die Angst vor dem Verlust der heimatlichen Erde, durchzieht alles andere. So sehr fremd ist uns die Verbannung der Leute in die Ziegeleien bei Babylon durchaus nicht. Sie könnte in anderer Form uns selbst widerfahren.

Angst

Wir ängsten uns aber nicht nur um unsere Welt, sondern auch um uns selbst. Wer sind wir eigentlich? Keine Generation hat so ratlos diese Frage gestellt wie die unsere.

Was meinen wir, wenn wir Seele sagen, und wie dringen wir in ihr tiefes, dunkles Geheimnis ein? Die moderne Tiefenpsychologie hat uns ungeahnte Einblicke in uns selbst geschenkt, aber das neue Wissen gibt uns noch keinen Halt, noch keine Gelassenheit und keine Freiheit. Und kaum je hat die Angst um die eigene Unversehrtheit und um den Sinn des Daseins überhaupt die Menschen so bedrängt wie heute. Was tun wir mit der Angst?

Einer ängstet sich vor der Welt draußen vor der Tür. Vor der gefährlichen Überlegenheit der Menschen. Vor den Nachrichten, die in sein Haus kommen und die von Katastrophen und Kriegen, von Verbrechen und Terror erzählen. Vor der Machtlosigkeit derer, die für Ordnung und Sicherheit verantwortlich sind. Er fürchtet den Staat, aber weil er den Terror noch mehr fürchtet, ruft er selbst nach einem noch stärkeren Staat, und wäre eines Tages der Terror gebannt, bliebe immer noch die Angst vor dem Staat. So tut er, was man tut. Er denkt, was man denkt. Er verhält sich reglos, um nicht aufzufallen. Er verzichtet auf Freiheit und weiß, daß er nur leben könnte, wenn er aufatmen dürfte und ein freier Mensch sein. Aber wie wird man frei?

Ein anderer ängstet sich vor der dunklen Welt in sich selbst. Da sind Erinnerungen und Ahnungen und verdrängte Wünsche. Da ist die Ahnung, das Leben in dieser Welt sei nicht das Ganze. Da sind Bilder, dunkle, faszinierende und gefährliche Bilder, die im Traum aufsteigen oder in der wachen Phantasie, und er ahnt, diese Bilder wollten ihn ansprechen, ihn mahnen, führen oder ändern. Wer kann wissen, was geschieht, wenn er sich ihnen aussetzt? Wer kann wissen, was geschieht, wenn er diese verborgene Innenwelt betritt? Vielleicht lenkt er sich ab durch Arbeit oder Zerstreuung, während er doch heimlich wünscht zu erfahren, was dort ist, oder besser: Wer der ist, der dort lebt. Er selbst. Aber wie findet er den Weg?

Ein dritter ängstet sich vor allem, was oben ist: vor Vorgesetzten und Behörden, vor dem Mann oder der Frau, die ihn beherrschen, vor dem Vater, der ein Tyrann ist oder war, vor der Mutter, die nicht losläßt, vor dem Lehrer, der alles weiß und alles beurteilt. Und wenn ihm einer sagt, Gott sei der Herr der Welt, dann fürchtet er sich vor Gott wie vor allen Herren; wenn man ihm sagt, Gott sei ein Vater, fürchtet er sich vor Gott wie vor allen Vätern; und eine bergeschwere Last fällt auf seine Seele. Gott ist die ungeheure, die drohende Autorität hoch oben, vor der er seine kleine Angst und seinen kleinen Lebensdrang verbergen muß, will er leben. Und er sichert sich nach allen Seiten ab, damit niemand etwas von ihm zu fordern und er selbst keinem etwas zu danken hat. Gibt es einen Weg aus der Angst vor Gott?

Ein vierter ängstet sich vor allem, was unten ist, vor Elend und Armut, vor Leid und Befleckung, vor dem Niedrigen und dem Bösen. Er möchte ein guter Mensch sein und das Böse unter sich lassen. Er scheut die Berührung mit allem, was verunreinigt, und ängstet sich vor allem Kontakt mit Menschen. Er vereinsamt in seiner Angst und sehnt sich nach Liebe und Gemeinschaft. Aber Liebe und Gemeinschaft fordern ja gerade einen Schritt abwärts, ein Ja zur Welt, zur Erde, zum Leib und zur Hingabe. Wie will er frei werden?

Nun ist Angst ja nichts Neues. Seit der Mensch über diese Erde geht, ist er ein geängstetes Wesen, und in der Angst lag zwar die Last seines Lebens, aber doch auch das Geheimnis seiner schöpferischen Kraft. In seiner Sorge um Sicherheit und Brot kultivierte er die Erde, und indem er mit dieser Erde umging, fand er die Spur zu seinem eigenen Wesen. Kaum etwas Großes entstand ohne Gefahr und ohne die Bedrohung, die aus dem Grund der Menschenseele immer und immer wieder aufstieg.

Aber mir scheint, die Zahl der Menschen, die sich heute ihrer Angst nur noch mit Mühe erwehren, nehme ständig zu. Immer schon stand sie wie ein tiefes Wasser im Grund der Seele, aber zuzeiten steigt der Pegel, und in unseren Jahren scheint eine Flut weite Bereiche der Seele zu überschwemmen. Warum das so ist und warum es gerade heute so ist, können wir nur ahnen. Aber vielleicht ist es eine Hilfe, zu wissen, was denn Menschen früherer Zeiten taten oder unterließen, um mit dieser Gefahr von innen und von unten zurechtzukommen. Denn die alten Geschichten schildern eine Wanderung nicht nur durch Wasser und Wüsten des Vorderen Orients, sondern durch die Urlandschaft der Seele, auch der unseren.

Unkenntnis über Gott

Den Gefahren, die uns von unserer Welt her und aus unserer eigenen Seele drohen, gesellt sich eine dritte: die Zerstörung des Bildes von Gott und die tiefe Unkenntnis, wen denn dieses Wort meine.

Schon immer haben die Menschen mit irgendeinem Bild von Gott gelebt. Ob sie ihre Ahnengötter in den Höhlen verehrten, ihre Himmels- oder Erdgötter, irgendein Bild stand von jeher vor ihnen, wenn sie das Wort Gott gebrauchten. Fragen wir aber heute, was Junge oder Alte, Gebildete oder Ungebildete in unserem Land sich unter Gott vorstellen, so erschrecken wir darüber, wie wenig aus der eigenen Geschichte und Überlieferung bekannt ist, wie wenig eigene Gedanken auch der Einzelne an das gewandt hat, was er Gott nennt. Kaum je dürfte das Bild, das sich Menschen von Gott machen, so unzureichend, so undifferenziert ausgefallen sein, und bis in die Kreise ernsthafter Christen hinein bedürfen wir dringend der Klärung und Vertiefung unseres einfältigen Schulwissens von Gott.

Denn mir scheint, das Bild, das ein Mensch von Gott hat, werde immer in irgendeiner Beziehung zu der Angst stehen, von der er umgetrieben ist, es werde die Ursache seiner Angst sein, weil es schreckhaft, weil es gewalttätig, weil es bedrohlich auf ihn wirkt, oder es werde die Folge seiner Angst sein, weil er sich nicht vorstellen kann, diese Welt, die so viel Angst schafft, könne von einem gütigen Gott umfaßt und bewahrt sein. Und so erscheint Gott dem geängsteten Menschen fremd oder feindlich, wenn nicht gefährlich, unberechenbar, wenn nicht gar heimtückisch.

Es gilt wohl, die Angst des Menschen und sein Bild von Gott erst einmal sorgfältig voneinander zu lösen und dann zuzusehen, was dabei mit der Angst und was mit dem Bild von Gott geschieht.

Denn die Angst und das Bild von Gott sind auf vielfältige Weise ineinander vermischt oder verstrickt oder verknotet: Ein bestimmtes Bild von Gott kann die Ursache seelischer Verkümmerung sein, seelischer Versteinerung oder seelischer Labilität.

Umgekehrt kann eine seelische Verkümmerung oder Versteinerung verdeckt werden durch ein bestimmtes Bild von Gott, dessen Willen der verkümmerte oder versteinerte Mensch in seiner Armut gerade entspricht. Nicht wenig, das sich Frömmigkeit nennt, ist ein solcher Versuch, die eigene Armut mit einem passenden Bild von Gott zu verdecken.

Das Bild eines Gottes, der gewaltig in seiner Höhe herrscht und vor dem der Mensch klein und machtlos ist, kann eine Rechtfertigung der inneren Schwäche eines Menschen sein, der es nicht zu einem eigenen, selbständigen, freien Ich gebracht hat und der sich nun dadurch den Anschein von Kraft oder gar von Vollmacht verschafft, daß er sich mit der Macht des gewaltigen Gottes in der Höhe sozusagen aufbläht.

Das Bild eines Gottes, der »alles regieret«, alles bestimmt, alles vorwegnimmt, einschließlich des endgültigen Gelingens oder Mißlingens eines Menschenlebens, kann zur Ausrede geraten für einen Menschen, der sich weigert, es mit seinem Leben aufzunehmen, seine Aufgaben anzufassen, selbst etwas zu vollbringen.

Das Bild Gottes kann zur Entschuldigung geraten für alles Versagen eines Menschen, für seine Schwachheit und Willenlosigkeit, oder zur Entschuldigung für alle Gewalttätigkeit und Brutalität, mit der der Mensch sich dem Verhalten eines gewalttätigen und brutalen Gottes angleicht.

Und wie ein Mensch mit dem Hinweis auf seine Erbmasse, also dem Hinweis auf Vater oder Mutter, alles erklären und beschönigen kann, was ihm und anderen an ihm mißfällt, so kann auch das Bild von Gott zu jener Ausrede werden, die einer braucht, um zu begründen, warum er an seinen guten Vorsätzen auch in Zukunft immer und immer scheitern werde.

Gott ist in den äußeren Mächten, im Milieu, in der Umwelt am Werk. Bin ich also nicht meiner Umwelt ausgeliefert? Gott ist in meiner Umwelt mißachtet, verstoßen, verdrängt durch unberechenbare Entwicklungen der menschlichen Zivilisation. Muß ich mich also nicht – gleich Gott – aus dem Gedränge und Gemenge des sozialen und politischen Streits herausziehen und ihm dienen in der Kammer meines Herzens, fromm, unpolitisch, dem Gewesenen und Verlorenen zugewandt, in der Hoffnung, die Wiederherstellung des alten Glaubens bringe mir die Sicherheit, die mir fehlt? Die Restauration, die heute durch die christliche, aber ganz ebenso durch die islamische Welt geht, könnte hier ihren Hintergrund haben.

Gott ist in mir selbst am Werk. Sollte ich mich also nicht fürchten vor dem, was in mir ist? Gott ist in allen Autoritäten, Regierungen, Obrigkeiten. Sollte ich mich also nicht ducken und bücken? Vielleicht ist Gott nicht böse, aber in irgendeiner Weise muß Gott ja mit allem Chaotischen, Bösen, Zerstörenden in seiner Welt zu tun haben; sollte ich also nicht mich von Trieb und Drang, diesen ewigen Quellen der Sünde, fern- und freihalten und ein Leben führen, das mit Leib und Sinnlichkeit nichts zu schaffen hat, und also Gott oben suchen, wo er mir als der Gute begegnet und ich ihm als der gute Mensch dienen kann?

Ich meine, es stünden uns heute einige entscheidende Entdeckungen bevor, ehe wir wieder genau und zutreffend zu sagen wüßten, welches Bild von Gott uns die Bibel eigentlich vor die Seele stellt, ehe wir vor allem begreifen könnten, von welchem Gott Jesus Christus spricht. Und ich meine, wir sollten den Geschichten, in denen der alte Mann in Babylon seine Zuhörer durch das Außen ihrer Welt und das Innen ihrer Seele führt, in das Oben eines göttlichen Willens und in die Tiefe einer dämonischen Unterwelt, folgen. Denn uns steht die Entdeckung bevor, daß dort überall ein und derselbe Gott sei.

Erinnerung

Der Weg in die Vergangenheit ist nur äußerlich ein Weg in eine fremde Zeit und eine fremde Welt. Denn was früher war, lebt in uns selbst, und die Überlieferungen der Menschen gehen nur zum Teil an der Oberfläche der Geschichte hin, zum größeren Teil aber gehen sie den Weg durch das Unterbewußte der Menschen, durch die Träume und die Bilder, die in der Tiefe der Seele leben. Wir brauchen sie nur aufzurufen, diese Bilder, und finden in der scheinbar fernen Geschichte plötzlich uns selbst. Die Vergangenheit ist nicht vergangen. Sie lebt in uns. Und wir selber wären nichts ohne die Vergangenheit der Menschengeschichte. So ist die Welt nicht nur außen, sondern auch innen, und unsere Seele ist ein Teil der Welt.

An den Abenden also saß der alte Mann in Babylon unter seinen Leidensgenossen und erzählte von den Vorvätern, die aus der Sklaverei ausbrachen und mitten durch das Meer gingen. Er erzählte von einer Wanderung durch die Wüste, von einer Gotteserfahrung, die an einem gewaltigen Berg unter Wolken und Blitzen geschah, und von der Begegnung mit den Mächten des Abgrundes. Aber er sprach nur äußerlich von einer Vergangenheit. Er führte sie durch die Landschaft ihrer eigenen Seele; und wenn wir die Geschichte heute aufs neue lesen, finden wir Meer und Wüste, Berg und Abgrund unmittelbar in uns selbst.

Es begann damit, daß er seine Zuhörer in Gedanken an den Nil führte, in das Reich der Pharaonen, und ihnen die Geschichte von den Söhnen Jakobs erzählte, die dort als Sklaven an den Ziegelöfen saßen wie sie selbst in Babylon.

In der Nilebene finden wir noch den Palmenwald, in welchem Ramses II., der Pharao, mit dem Mose zu tun hatte, einen Palast und einen riesigen Tempel baute: in Memphis, der uralten Hauptstadt Ägyptens. Heute noch liegen oder stehen die granitenen Säulen, eingesunken ins Grundwasser zwischen den Palmen, und die Kraniche leben wie in einer eigenen, abgeschlossenen Welt. Immer wieder, ehe die Sonne aufging, stand ich bezaubert im Frühlicht in der alten Anlage.

Wir wissen nicht, wie es in der Palast- und Tempelanlage aussah, die die Israeliten zur selben Zeit für denselben Pharao hundert Kilometer nördlich davon zu bauen hatten, aber wenn wir eine Anschauung dafür suchen: Memphis bietet sich an.

Wie lebten die Ziegelsklaven? Es war in der Ebene des Tigris, in der ich ein Bild davon bekam. Auf dem Dach eines großen Brennofens in der Gegend von Bagdad standen sie. Die Sonne brannte vom Himmel. Fast vierzig Grad maßen wir im Schatten. Der Ofen, auf dessen Dach wir standen, glühte, daß uns die Füße durch die Schuhsohlen schmerzten. Und da standen sie also vom frühen Morgen bis in den Abend und mischten dickes Erdöl, wie es aus der Erde kam, mit Stroh und schoben die getränkten Strohhaufen durch schwarze Löcher in die Feuerhölle hinab. Nicht weit von Babylon.

Ein wenig versöhnlicher schien das Bild, das sich in Kom Ombo bot, wenig nördlich von Assuan. Ein roh aufgemauerter Ofen. Im Schatten eine Gruppe von Arbeitern, rohe Lehmziegel, zum Trocknen aufgestellt, und ein Haufen Stroh. Ich hatte mich immer wieder gefragt, wozu denn die Söhne Israels in Ägypten Stroh suchen mußten, um Ziegel zu machen. Es ist einfach: Das Stroh ist getrocknetes Schilf und dient, da es kein Holz gibt, als Brennmaterial.

3. Kapitel

Auf dem Grunde des Meeres

Unternehmen Ausbruch

Eines Abends also führte der alte Mann seine Zuhörer am Kanalufer in Gedanken ans andere Ende der Welt, nach Ägypten: Weit jenseits der Heimat liegt es, hinter der Wüste Sinai, am Nil. In Jerusalem, früher, als wir noch zu Hause waren, erzählten die reisenden Händler von dort, vom Land der Pharaonen.

Eines Tages kam eine Hungersnot über das Land Kanaan, und Jakob, der Urvater, und seine Söhne suchten Zuflucht in Ägypten. Fast tausend Jahre sind seitdem vergangen. Joseph, ihr Bruder, der am Hof des Pharao lebte, verschaffte ihnen Land zwischen dem Nil und der Wüste Sinai, und er, der Wohltäter Ägyptens, hielt seine Hand über sie. Als aber Joseph und seine Brüder gestorben waren, kam ein neuer König an die Macht; der wußte nicht mehr, was Joseph für Ägypten bedeutet hatte, und sah plötzlich Feinde in ihnen: »Seht euch vor, daß die Israeliten nicht zahlreicher und stärker werden als wir! Wenn ein Krieg ausbricht, laufen sie zu unseren Feinden über und reißen das Land an sich.« So versklavte er sie, und sie bauten dem König die Städte Pithom und Ramses. Er zwang sie unbarmherzig zur Arbeit und machte ihnen mit harter Fron an Lehm und Ziegeln das Leben zur Last.

Die Geschichte hat ihren realen Hintergrund. Es ist aus der Zeit jener Sklaverei der Nachkommen des Jakob ein ägyptischer Brief erhalten, in welchem davon die Rede ist, man habe »an die Hebräer, die für die große Toranlage am Palast des Ramses Steine ziehen«, Lebensmittel ausgegeben, wie es vorgeschrieben sei. Pithom heißt auf deutsch: Haus des Atum, des Staatsgottes. Es ist also vielleicht eine Tempelanlage gemeint. Piramses heißt Haus des Ramses, des Königs, also wohl der Palast. Pithom lag in der Nähe des heutigen Ismailiya, Ramses etwa hundert Kilometer nordöstlich von Kairo, wo heute der Ort San el Hagar liegt.

Die Sklaverei der Söhne Israels fiel in die Zeit, als die Pharaonen der neunzehnten Dynastie regierten, die Ramses und Sethos hießen, Merenptah und Amenmes, die Herrscher des ausgehenden Neuen Reichs. Die bauten sich in jener Zeit, fern von Memphis und Theben, den Hauptstädten der älteren Zeit, ihre Hauptstadt in den Palmenwäldern an den Schilfseen des Nildeltas, nahe der Wüste. Es war das dreizehnte Jahrhundert vor Christus.

Da ging eines Tages, fuhr der Erzähler fort, ein Mann namens Mose zu den arbeitenden Sklaven, den Israeliten, hinaus. Er war selbst ein Israelit, aber er war von einer Prinzessin des Hofes adoptiert worden und als Ägypter erzogen. Der sah, als er an den Arbeitsplatz kam, einen Ägypter, der eben einen Sklaven, einen Israeliten, schlug. Als er den Ägypter danach allein traf, erschlug er ihn und verscharrte ihn im Sand.

Die Sache sprach sich herum, und es blieb Mose nichts übrig, als in die arabische Wüste zu fliehen und dort bei den Midianitern, einem Stamm von Kamelnomaden, zu leben.

Lange Zeit danach – er hatte inzwischen die Tochter eines midianitischen Priesters geheiratet und arbeitete nun als Schafhirt – geriet er mit seiner Herde über die Grassteppe hinaus in die Wüste und kam an den Berg Gottes. Dort sah er einen Strauch, der mit heller Flamme brannte und doch vom Feuer nicht verzehrt wurde, ging hin und wollte die seltsame Erscheinung prüfen. Da rief ihn eine Stimme aus dem Feuer an: Mose! Mose! Der antwortete: Ich höre! Und die Stimme fuhr fort:

44

»Tritt nicht näher heran!
Zieh deine Schuhe von deinen Füßen,
denn der Ort, auf dem du stehst,
ist heiliges Land.
Ich bin der Gott deines Vaters,
der Gott Abrahams, Isaaks und Jakobs.«

Da streifte Mose die Sandalen ab und zog sein Obergewand über das Gesicht, aus Furcht, beim Anblick des fremden Gottes zu sterben.

Er erinnerte sich: Von jenem Gott Abrahams, Isaaks und Jakobs hatten seine israelitischen Stammesgenossen geredet, wenn sie aus der Zeit ihrer Väter erzählten, wenn sie abends, nach der Arbeit, vor ihren Lehm- und Schilfhütten saßen. Und immer wieder hatten sie von diesem Gott erzählt, er habe einen Menschen gerufen. Zum Beispiel einen Abraham, der auf einen solchen Ruf hin seine Heimat Babylon verließ und durch die Wüste nach Kanaan zog. War dies ein solcher Ruf, der nun an ihn erging? »Geh zu deinem Volk! Führe es aus der Sklaverei! Bring es in das Land, das Abraham bewohnt hat!«

Mose ließ seine Frau und sein Kind im Haus ihres Vaters in Arabien, um sie nicht in Gefahr zu bringen, und wanderte durch den Sinai zurück, durch die Grenzsperren und zu den Hütten der Zwangsarbeiter, und schließlich zum nahe residierenden Pharao, der offenbar von der Vergangenheit des Mose nichts mehr wußte.

Nach langen und mühsamen Gesprächen mit den israelitischen Sklaven und nach langen und immer wieder unterbrochenen Verhandlungen am Hof schien es, als sei der Pharao überwunden und willige in den Auszug des Stammes Israel ein. So kam es zum nächtlichen Aufbruch. Was sie eben tragen konnten, rafften sie zusammen und eilten nach der Wüste hin, durch das Wadi Tumilat, vorbei am heutigen Timsaesee, durch die Grenzbefestigungen nach Osten. Vielleicht wollten sie ursprünglich die Halbinsel Sinai in südöstlicher Richtung überqueren, um an den Golf von Eilat zu gelangen und hinüber in das Gebiet, das heute den Süden Jordaniens ausmacht. Wir können es nur vermuten.

Es fällt aber auf, daß der Erzähler von Babylon in die alte Geschichte eine Episode einschiebt: »Da sprach Gott zu Mose: Befiehl den Israeliten, den Weg zu ändern und sich vor Pi Hachiroth zwischen Migdol und dem Meer, gegenüber von Baal Zephon, zu lagern. Genau im Angesicht von Baal Zephon sollt ihr euch am Meer lagern.«

Als nun der Pharao erfuhr, die Israeliten seien ausgebrochen, ließ er sie von einer Streitwagenabteilung verfolgen. Die holte die Flüchtlinge eben dort ein: bei Pi Hachiroth gegenüber von Baal Zephon. Und als die Israeliten sie erblickten und vor Angst aufschrien, sprach Gott zu Mose: »Recke deinen Stab über das Meer und spalte es, so können die Söhne Israels auf trockenem Boden mitten ins Meer hineingehen. Und wenn euch die Ägypter verfolgen, will ich meine Macht am Pharao, an seinen Streitwagen und Kriegern zeigen.«

Da reckte Mose seine Hand aus über das Meer, es teilte sich, und die Israeliten konnten auf trockenem Boden ins Meer hineingehen, während das Wasser zur Rechten und zur Linken stand. Die Ägypter aber setzten ihnen nach.

Am anderen Ufer erhob Mose wieder seine Hand über das Meer. Das Wasser kehrte zurück und überschwemmte die Streitwagen und die Krieger des Pharao, so daß sich niemand retten konnte.

So erzählte der Priester. Aber was wollte er damit sagen?

Das Geheimnis von Baal Zephon

Er schildert mit eigentümlicher Betonung, die Söhne Israels hätten sich nach Baal Zephon gewandt, hätten sich ihm gegenüber gelagert und seien von dort unmittelbar ins Meer gezogen. Was bedeutet dieses seltsame Baal Zephon?

Der Ort heißt nach Baal. Baal war der Seefahrergott der Phönizier des zweiten Jahrtausends. Mehr noch: Er war der Staatsgott der Handelsstadt Ugarit, aber auch der Landesgott Palästinas, der Gott des Ackers und des Wetters, des Sturms und der Fruchtbarkeit für den ganzen syrisch-palästinensischen Raum.

Da nun die Ägypter in Ugarit an der nordsyrischen Küste vielerlei Interessen zu wahren hatten und die Stadt ein wichtiger Handelspartner war, dessen Schiffe die Küste entlang ins Nildelta und bis nach Memphis fuhren, wurde der Gott der phönizischen Seefahrer für sie selbst bedeutsam. In Memphis baute man ein Heiligtum des Baal, in Ramses neben dem Tempel des Baal gar einen Tempel seiner Geliebten, der Göttin Anat, und am Ostrand des Nildeltas, dort, wo die Schiffe zum erstenmal auf der Fahrt von Norden her die ägyptische Küste erblickten, stand ebenfalls ein Heiligtum des Baal. Das trug den Namen Baal Zephon, das heißt Baal des Nordbergs oder Baal vom Zaphon.

Der Zaphonberg oder Berg im Norden aber war der Dschebel el Akra, der an der Stelle, wo heute die türkische und die syrische Küste zusammentreffen, südlich der Stadt Antakya sich in grandioser Einsamkeit 1700 m hoch unmittelbar aus dem Meer erhebt. Er war der Olymp der Syrer, der Berg, auf dem der Palast des Baal gedacht war. An seinem Fuß lag Ugarit, die Stadt mit dem großen Seefahrertempel des Baal.

Geriet ein ugaritisches Schiff in Seenot und konnte sich die Besatzung retten, so gingen die Geretteten an den Tempel des Baal Zephon und setzten einen Ankerstein als Zeichen des Danks vor das Heiligtum. Das war gut, solange der Schiffbruch an der syrischen Küste geschah; wem aber dankte der Matrose, der sich an die ägyptische Küste retten konnte? Er brauchte gleichsam eine Filiale des großen heiligen Bergs und seines Tempels in Ägypten, und so schüttete man am Ostrand des Deltas, wo heute der Suezkanal ins Mittelmeer führt, auf der Nehrung, die den Sirbonischen See umgrenzt, einen künstlichen Berg für ihn auf.

Dazu kam ein Zweites: Dieser Gott war nicht nur zuständig für die Seefahrt, er war zugleich, da er mit dem ägyptischen Gott Seth identisch war, der Dynastiegott der Pharaonen der neunzehnten Dynastie, mit denen Mose sich auseinanderzusetzen hatte. Er war also die beherrschende geistige und kulturelle, aber eben auch politische Macht, und die israelitischen Sklaven standen in jeder Hinsicht unter seiner Gewalt.

Viele Generationen lang hatten sie in unmittelbarer Nachbarschaft dieses Heiligtums gelebt und vermutlich an den Festen zu Ehren des Staatsgottes teilgenommen. So dürfte ihnen der Mythus von Baal, den man dort erzählte, bekannt und muß er ein Teil ihres Weltbildes gewesen sein. Dieser Mythus, den wir von den Keilschrifttafeln von Ugarit kennen, berichtet:

Es begab sich einmal, daß Jamm, der Gott des Meeres, sich gegen die Götter erhob, um auch Herr des Himmels und der Erde zu werden. Die Götter zitterten, als sie das hörten, und waren bereit, sich ihm zu unterwerfen. Nur

Baal trat ihm entgegen, Baal, der Herr des Akkers, der Kultur und der Polis, und widerstand dem Chaos im Zweikampf:

»Herab schlug die Keule in Baals Hand,
sie traf den Scheitel des Königs der Meere.
Der brach zusammen und stürzte zu Boden.
Und Baal schleppte ihn davon
und spaltete den Herrscher des Wassers.
Astarte aber frohlockte:
Tot ist das Meer! Baal soll König sein!«

Diese mythische Erzählung handelt von der Bedrohung der menschlichen Zivilisation durch das Chaos. Zunächst könnte hinter ihr die Erfahrung stehen, daß die Stadt und das Land um Ugarit alle Jahre von Winterstürmen heimgesucht wurden, die vom Meer her gegen das Land tobten. Es steht also zunächst ein Jahreszeitenmythus hinter dem Bild vom Kampf des Meeres gegen das Land.

Das ist aber längst nicht alles. Denn in den Winterstürmen wurde eine viel umfassendere Gefahr spürbar, die nämlich, daß das Chaos überhaupt nach der geordneten Welt griff, archaische Mächte der Tiefe und der Vorzeit sich der schon durch den Geist des Menschen geordneten und entwickelten bäuerlichen und städtischen Welt zu bemächtigen suchten. Psychologisch gesprochen hieße dies, daß das Unbewußte nach dem Bewußtsein griff, um den noch kaum wach und frei gewordenen Geist des Menschen in die Tiefe zurückzuziehen.

Mit dieser alten Geschichte verband sich ein verwandter, jüngerer Mythus. Im syrischen Raum wurde erzählt, Baal, der Herr des Zaphonberges, sei einem Unterwelttier, das die Griechen später Typhon nannten, entgegengetreten und habe es vertrieben. Das Untier erscheint in der Bibel unter dem Namen Leviathan. Dieser Leviathan oder Typhon flüchtete vor Baal nach Ägypten und suchte sich im Sirbonischen See ein Versteck. Auf dem Grunde dieses ans Meer angrenzenden Sees dachten Syrer wie Ägypter sich das Untier liegend, und die häufigen Seebeben, Erdeinbrüche und Überschwemmungen dort mußten wohl von dem sich wälzenden und von unten drohenden Ungeheuer herrühren. Am Ufer aber stand das Heiligtum Baals, des Überwinders des Leviathan: Baal Zaphon.

Über die Landschaft am Sirbonischen See berichtet der Geschichtsschreiber Diodor im ersten Jahrhundert vor Christus:

»Zwischen Palästina und Ägypten liegt ein See, zweihundert Stadien lang, der ›Sirbonischer See‹ genannt wird und der denen, die sich ihm unkundig nahen, ganz unerwartete Gefahren bringt. Denn da das Wasser nur sehr schmal ist und große Sandflächen überall ihn umgeben, so wird, wenn anhaltende Südwinde gehen, viel Sand hineingewirbelt. Der macht das Wasser für das Auge unerkennbar und läßt den See unmerklich ins Festland übergehen, so daß man ihn davon gar nicht unterscheiden kann. So sind auch schon viele von denen, die die Eigentümlichkeit der Gegend nicht kannten, hier mit ganzen Heeren untergegangen, indem sie den rechten Weg verfehlten. Denn der Sand gibt, sobald man ihn nur eben betreten hat, nach und täuscht die darüber Gehenden wie mit böser Absicht, bis sie endlich die drohende Gefahr ahnen und sich zu helfen suchen, wo doch keine Flucht und Rettung mehr möglich ist. Denn der vom Sumpf Verschlungene kann weder schwimmen, da der Schlamm die Bewegung des Körpers unmöglich macht, noch kann er heraussteigen, da er nichts Festes zum Drauftreten hat. Wer also diese Gegend betritt und zur Tiefe hinabgezogen wird, hat keinerlei Möglichkeit der Rettung, da auch der Sand an den Rändern mit herabgleitet.«

Dennoch ziehen also die Israeliten unmittelbar gegenüber Baal Zephon durchs Meer, und der Erzähler schildert diesen Durchzug so, daß er gleichsam durchscheinend ist auf den Mythus von Baal.

So sind zum Beispiel aus jener Zeit Statuetten des Gottes Baal überliefert, die zeigen, wie er mit erhobener Hand vorwärtsschreitet, den Arm erhoben zum Zeichen seiner Kraft. Von Gott, dem Gott Abrahams, Isaaks und Jakobs aber, der seinem Volk vorangeht, heißt es: Er führte Israel aus Ägypten mit erhobener Hand.

Wie Baal dem Meer mit einer Keule entgegentrat und Jamm den Schädel spaltete, so tritt Mose dem Meer mit einem Stab entgegen. Das Meer aber reagiert, als wäre es ein lebendiges, ein dämonisches Wesen, es weicht zurück vor dem erhobenen Stock des Mose wie Jamm vor der Keule des Baal, und Mose spaltet es, wie Baal den Meergott spaltete. Es findet kein Zweikampf statt, es genügt das Erheben des Stabes, und das Meer weicht.

An Baal Zephon vorbei also zogen die Söhne Israels aus Ägypten hinaus. Wie zum Spott für den Gott, der zuständig war für die Rettung vor dem Meer, rettete der Gott ihrer Väter sie aus dem Wasser. Wie zum Spott für den Pharao und sein tyrannisches Regime, das ihnen den Weg in die Freiheit verlegen wollte, wie zum Spott für den Gott des Pharao und seinen Mythus führte Mose sie an Baal Zephon vorbei durch den Sirbonischen See.

Und was trafen sie an auf dem freiliegenden Grund des Sees? Leviathan, das Ungeheuer mit den sieben Köpfen? O nein. Unbehelligt von den Mächten der Tiefe gingen sie ihren Weg durch das Wasser wie auf festem Grund.

Angst vor dem, was außen ist

Die Geschichte vom Auszug ist seit dem Bekenntnis der Erzähler von Babylon ein Modell der Hoffnung geblieben, ein Symbol für Freiheit.

Als die Afroamerikaner, die schwarzen Sklaven der Südstaaten in den USA, ein Bild brauchten, das ihre eigene Hoffnung auf Freiheit ausdrückte, dichteten sie die Geschichte neu, in der Gott zu Mose spricht:

Go down, Moses.
Way down in Egyptland!
Tell old Pharao,
to let my people go!
Geh hin, Moses,
ins Ägypterland,
sag dem alten Pharao:
Laß mein Volk ziehen!

Die Spirituals der Negersklaven hätten eigentlich die Christenheit zur Überprüfung ihres Gottesbildes zwingen müssen. Denn sie wurden im Namen des Gottes der Christen versklavt. Der Gott des Christentums, wie er sich weltweit ausgebreitet hat, ist dem Gott des Pharao ähnlicher als dem Gott Moses. Unser Gott stabilisiert noch immer das Abendland, seine Herrschaft in der Welt, seine Kultur, seine soziale Schichtung oder auch seine Ideologie von der Freiheit der Wirtschaft und des Wettbewerbs. Er segnet noch immer die Mächtigen, die Tüchtigen, die Ordentlichen, Pflichtbewußten und Gehorsamen. Sauberkeit und Bürgerruhe sind noch immer christliche Tugenden, und die Freiheit des Menschen hat erst viel später und viel weniger unmittelbar mit dem Gott unseres Glaubens zu tun.

Der Gott des Abendlandes steht noch immer für die politische oder auch militärische Abwehr fremder Mächte vom Herrschaftsbereich christlicher Völker, aber nicht für die Freiheit der Erniedrigten und Beleidigten. Noch immer haben die Anständigen, die so sind, wie man bei uns zu sein hat, mehr mit Gott zu tun als die Außenseiter, die Asozialen, die Farbigen, die Taugenichtse, die Pechvögel und die Arbeitsunfähigen.

Uns steht eine Offenbarung, wer denn der Gott sei, den Jesus Christus verkündigt hat, erst noch bevor. Wir Europäer von heute können die Sklaven kennen, die rund um die Welt ums Überleben schuften, und wir können wissen, daß der Gott, auf den die Hoffnung der Rechtlosen sich richtet, einen Weg in die Freiheit hat. Wir können wissen, daß Gott Menschen sucht, die hingehen, um Sklaven zu befreien. Aber dazu wären wohl eine mutigere Kirche nötig und ein zuversichtlicherer Glaube. Denn erst die Zuversicht befähigt zur Liebe, und erst die Liebe bezwingt die Furcht.

Aber die Geschichte von den Sklaven und ihrer Befreiung hat auch ihre andere, ihre »private« Seite. Es gibt ja einen Zeitpunkt im Leben fast jedes Menschen, an dem er sich deutlich machen und eingestehen muß, inwiefern er das Leben eines Sklaven führt, und an dem er die Richtung in die Freiheit finden muß. In der Regel wird er um das vierzigste Lebensjahr liegen. Äußerlich ist er in Pflichten eingespannt, denen er nur gerade gerecht wird, innerlich fürchtet er sich vor einer Leere, die er nicht füllen kann, und er entgeht der Verzweiflung nur, wenn er anfängt, sich um den Menschen zu kümmern, der in ihm selbst lebt.

Er blickt zurück und zieht etwa folgende Summe aus seinen Erfahrungen: Als ich ein Kind war, brauchte ich gute Zensuren, um bei meinem Lehrer etwas zu gelten. Ich habe gelernt: Die Erwachsenen haben immer recht. Ich wußte, daß die Erwachsenen die Macht haben, das Leben schön oder verdrießlich zu gestalten. Also fand ich richtig, was sie richtig fanden, und tat, was sie von mir verlangten. Die Angst stand mir bis zum Hals, aber ich habe dabei gelernt: Dies ist die Wirklichkeit.

Als ich ein Kind war, glaubte ich an Gott. Später war das vorbei. Als junger Mensch glaubte ich an die Liebe, aber ich erfuhr, daß sie in dieser Welt nicht zählt. Ich glaubte an die Menschlichkeit, aber man belehrte mich, damit komme man nicht durch. Die Enttäuschungen, die mich durch meine Jugend begleiteten, gaben immer meiner Umwelt recht. So habe ich in der Verzweiflung alles in mir auf die Seite geräumt, was anders war, als man es um mich her wollte, und viel, sehr viel in mir selbst zerstört.

Als ich in meinem Beruf anfing, lernte ich, daß der gesichert ist, der die Arbeiten erledigt, die keiner tun will.

Im Geschäftsleben habe ich gelernt, daß jeder Mensch käuflich ist und nur eben die Preise verschieden sind. Und als ich mir Inseln suchte, Kunst, Religion und manches andere, sagte man mir, damit sei ich auf der Flucht vor der Wirklichkeit. Nun habe ich die Wirklichkeit eben angenommen, mich ihr gestellt wie einem Feind, und muß ihr standhalten, bis sie mich ruiniert hat.

Werde ich am Ende krank, dann tue ich gut daran, ein guter Patient zu sein, auf die Freiheit und Selbständigkeit eines Erwachsenen zu verzichten und mich auf die Stufe eines Säuglings zurückzuentwickeln. So will man es in den Krankenhäusern. Werde ich alt, dann gilt dasselbe. So will man es in den Altersheimen. Und die Welt, das Leben, gehört dann anderen Leuten.

Was wir Wirklichkeit nennen, ist in der Tat für Millionen Zeitgenossen so etwas wie eine

Front von Spießen. Die Spieße rücken langsam auf sie zu und wachsen in sie hinein. Da sie selbst der Realität glauben, wenden sie Spieße und Messer gegen sich selbst, verhöhnen den Menschen in sich selbst, der noch anderes kennt oder liebt, der sich noch sehnt, der noch träumt und glaubt, und sterben seelisch am Ende an den Verletzungen, die sie sich selbst beigebracht haben.

Hinter der Wirklichkeit aber steht der Gott, der diese Wirklichkeit beherrscht, und unzählige Menschen meinen, sie hätten mit dem wirklichen Gott zu tun, wenn sie sich dieser Wirklichkeit fügen. Die Söhne Israels hatten unter einem solchen Gott der Mächtigen gelebt. Die Aufseher schlugen sie im Namen des Königs, und der König wahrte die Weltordnung im Namen seines Gottes. Wer ein Realist war, schuftete und gehorchte und wagte keinen Widerspruch oder gar Widerstand. Wer sein Soll erfüllte, wer die Zahl seiner Ziegel abgeliefert hatte, hatte nichts zu fürchten. Sein Leben war gesichert, seine Ernährung gut, nur eben an Freiheit durfte er nicht denken. Der Pharao forderte die Leistung, und das Beste, das zu erreichen war, war die Behandlung, die der Herrscher dem guten Sklaven angedeihen ließ.

Und eben diese Situation des guten Sklaven ist die unsere. Wir sprechen mit Stolz von der Leistungsgesellschaft als der Voraussetzung für den Wohlstand und das zivilisatorische Niveau, auf dem wir leben. Sie ist die Wirklichkeit. Um in ihr bestehen zu können, ist Leistung nötig. Die Wirklichkeit, wie man allen Träumern und Idealisten unablässig deutlich macht, ist das einzige, das zählt. Wer überleben will, muß eine Eigenschaft aufweisen, durch die er sich ihr angleicht, sich ihr einpaßt oder sich doch zur nützlichen Verwendung empfiehlt.

Landschaft am Nil. Lehmfarbenes, träges Wasser. Lehmige Ufer, ein Dorf aus Lehmhäusern. Staub und Hitze und ein leichtes, luftiges Dach aus Palmen darüber. Ein einziges Thema, immer neu variiert auf den tausend Kilometern von Assuan bis zum Delta oder auch im Lande Gosen, das heißt im Wadi Tumilat, wo die Brüder Josephs angesiedelt wurden, an dem schmalen Streifen fruchtbaren Landes entlang dem Kanal vom Nil zum Timsasee. Und überall die schweren Felukken mit ihren schrägen Mastbäumen, von Dorf zu Dorf unterwegs, die wichtigsten Verkehrsmittel über weite Strecken des Niltals.

»Unter einer hoch erhobenen Hand zogen die Israeliten aus Ägypten hinaus.« Die hoch erhobene Hand ist die charakteristische Geste, mit der man damals Baal darstellte. Sie ist das Zeichen seiner Macht nicht nur über die Unterwelt und das Meer, sondern auch über die fremden Völker, die zu seiner Ehre gefangen sind. Aber nun, so der Erzähler von Babylon, ist es Jahwe, der den Arm emporreckt. Gefangene. Welchem Volk immer sie angehören, wer immer sie hinter den Stacheldraht getrieben haben mag – noch immer reagiert die Macht mit der Einkerkerung von Menschen. Es könnte inzwischen deutlich geworden sein, daß Gott die Freiheit des Menschen vom Menschen will und daß die Befreiung des Menschen von Ausbeutung und Gewalt heute noch dringender ist als in den Zeiten des Mose. Rund um die Welt.

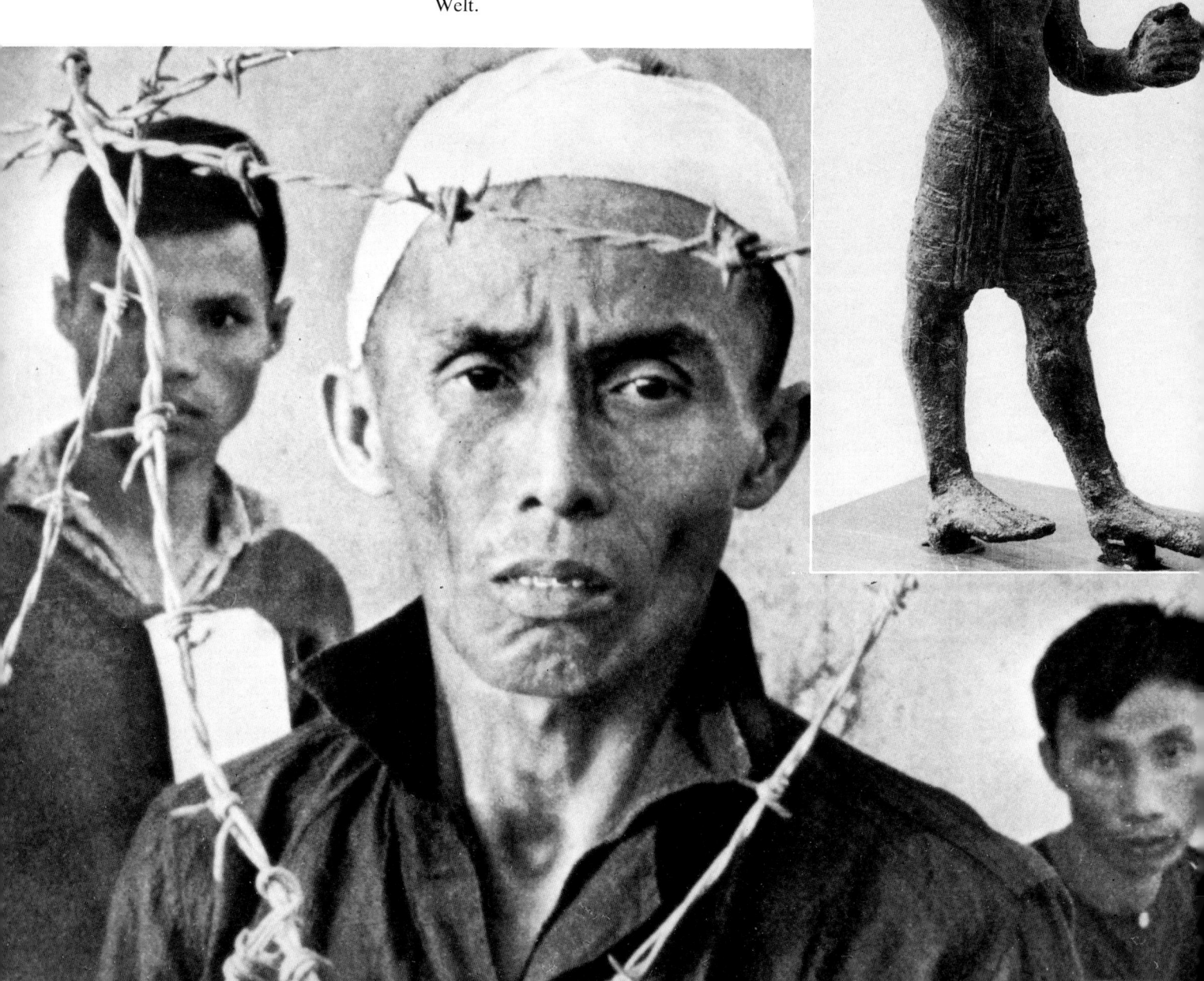

An einem heißen Tag, als ich in der weiten Steppe um die alten Städte von Sumer und Babylon unterwegs war, sah ich diesen Esel, der mit zugebundenen Augen seine endlosen Kreise trottete, immer rund um die Wasserpumpe. Er erschien mir wie ein Symbol für Entwürdigung und Sklaverei und sein Dasein so sinnlos wie das der unzähligen Internierten, die irgendwo im Nahen Osten in einem Lager leben und denen niemand eine Chance oder gar die Freiheit gibt.

Wie ein Schilfmeer aussieht, zeigt das Nildelta heute noch an unzähligen Stellen. Flache Salzlagunen unmittelbar an der Küste oder breite, seenartige Nilarme sind es, auf denen heute die Fischer mit schmalen Booten und langen Stangen ihrer Arbeit nachgehen. Die Stangen reichen aus, um das Boot zu bewegen, denn die Lagunen sind nirgends so tief, daß nicht ein Mensch hindurchwaten könnte. Gefährlich ist nur der Schlick, der unter den Schritten nachgibt.

Die Tempelanlagen von Luxor in der alten Hauptstadt No Amon am Nil. Wenn wir uns Baal Zephon vorstellen wollen, so bieten sie sich unmittelbar zum Vergleich an. Luxor liegt über dem Nil, wie Baal Zephon über dem Sirbonischen See lag. Es ist in derselben Zeit und vermutlich im selben Stil errichtet worden. So, majestätisch, selbstbewußt und für den Fremden bedrohlich, muß das Heiligtum der Seefahrer dagelegen haben, als die Israeliten, wie der Priester erzählt, vor Baal Zephon, ihm gegenüber, rasteten, um danach an ihm vorbei durch das Meer zu ziehen.

Dem Aufseher mit seinem Karabiner begegnete ich in der Wüste zwischen Nil und Suezkanal. Daß ich die Kamera hob, empfand er als Angriff und faßte nach dem Gewehr.

An einer Wand des grandiosen Tempels in Karnak ziehen, in Stein gehauen, lange Reihen von Gefangenen vorbei. Es sind, die Haartracht zeigt es, Semiten, also Stammesverwandte der Söhne Israels. Jeder Gefangene stellt einen Ort dar. Eine Zinnenmauer umgibt den Rand des Schilds, der vor seinem Körper steht, und die Schrift bezeichnet den gemeinten, besiegten Ort. Einer der vielen Schilde trägt den Namen Felder Arads. Arad ist ein Ort zwischen Beerschewa und dem Toten Meer. Zwei andere Schilde tragen den Namen Feld Abrahams.

Der schwarzbärtige Jude stand an der Klagemauer in Jerusalem mit der Geste des Freiheitskämpfers, ein lebendiges Denkmal für den Zorn jenes Mose, der den ägyptischen Aufseher totschlug.

Frauen, wie sie oft weite Strecken durch die Sanddünen oder entlang den Uferwegen am Nil gehen, eine hinter der anderen, ihre Last auf dem Kopf tragend. Sie gingen an mir vorbei in jener Gegend, in der der lange Zug der Israeliten, das nötigste Gepäck auf Kopf und Schulter, der Wüste zu eilte.

Wenn die Gefangenen Gelegenheit hatten, an Festtagen Babylon zu besuchen, dann sahen sie auf der großen Prachtstraße das Ischtartor und an seinen Wänden in glasierten Ziegeln die beiden Götterbilder: den Stier und den Drachen.

Den Stier kannten sie von zu Hause. Das war Baal, der syrische Gott, der ihnen vertraut war, und daß er hier stand, bedeutete, daß das ganze Reich Baals bis an die Grenzen von Ägypten der Herrschaft Babylons unterstand.

Der Drache gehörte dem Land der Babylonier an; er stellte Marduk dar, den Drachenüberwinder, den Herrn dieser Stadt und dieses Staats.

Wenn der alte Erzähler die Geschichte vom Auszug vortrug, dann schilderte er die Überwindung des Stiers Baal durch Jahwe, den Gott Israels. Wenn später er selbst oder ein anderer der Gefangenen die Schöpfungsgeschichte erzählte, meinte er die Überwindung des Marduk, des Weltschöpfers der Babylonier, durch den einen Gott des Himmels und der Erde. Und praktisch bedeutete dies den Abbau der Angst vor dem übermächtigen Staat.

Aus den späteren Jahrzehnten, die die Judäer in Babylon verbrachten, erzählt die Geschichte des Danielbuchs, wie Belsazar, der König von Babylon, ein herrliches Mahl veranstaltete. Da ließ er die goldenen Gefäße kommen, die sein Vater Nebukadnezar aus dem Tempel in Jerusalem geraubt hatte, und trank mit seinen Gästen aus ihnen.

Als ich in Babylon durch den rekonstruierten Palast ging, fielen mir im königlichen Saal Steine auf, die mit den Ruhmestaten der babylonischen Könige beschrieben waren. An dieser Wand erschienen, so erzählt die Geschichte, Finger und hinterließen eine Schrift aus Feuer, in fremden Zeichen, die niemand lesen konnte. Daniel aber las die Schrift. Es war ein Gotteswort über den König: Gewogen und zu leicht befunden.

Ein solches Reich – zu leicht befunden. Das ist die politische Frucht der Erkenntnis, daß Baal und Marduk überwunden seien.

Im Rockefeller-Museum in Jerusalem steht sie in einer Vitrine, Mirjam, Moses Schwester, die das Tamburin nahm am Morgen nach dem Durchzug durchs Meer und sang: »Hocherhaben ist Gott, Roß und Mann stürzt er ins Meer!« Natürlich nicht Mirjam. Irgendeine Tonfigur einer Frau aus Israel, aus der Zeit des Mose, die zum Tanz aufspielt in stiller, gelassener Konzentration.

Unter dem Druck der Wirklichkeit

Unsere Wirklichkeit oder was wir dafür halten, spielt für uns eine ähnliche Rolle wie für den antiken Menschen jene Götteröfen und eisernen Götterstatuen, deren eine im Hinnomtal südlich Jerusalem stand und Moloch hieß, in die man, wenn sie glühten, Kinder als Opfergabe warf. Wer heute nicht will, daß der Moloch Wirklichkeit ihn selbst verschlingt, der opfert ihm wenigstens sein Kind, das heißt, sein Wesen, seine Träume, seine Gedanken, seine Zukunft, seine schöpferischen Kräfte, seinen Frieden mit sich selbst, seine Selbstbestimmung und was immer mehr zu opfern ist. Er stellt sich so ins Leben, daß der gefürchtete Gott seine Devotion sieht.

Diese Art Herrschaft der Realität schafft Angst: die Angst vor dem Nichtentsprechen, die Angst, die Leistung nicht zu erbringen, die gefordert wird, die Anpassung nicht zu schaffen, von der das Leben abhängt, die Angst, noch irgend etwas in sich zu tragen, das sich der Anpassung widersetzt oder die Leistung mindert, das den Gehorsam in Frage stellt, den man doch um seines Überlebens und seiner Geltung willen erbringen will.

Diese Angst scheint mir ein Hinweis darauf, daß es sich in dem, was wir heute Realität nennen, um ein anonymes Machtphänomen handelt. Realität ist heute nicht nur ein Gegenbegriff gegen Traum oder Wunsch, sondern auch gegen Individualität, Phantasie, Eigenständigkeit des Menschen. Die Versuchung der Realisten wird künftig die sein, daß sie auf technokratischem Wege von oben verfügen, was geschehen soll. Die Technokratie ist die künftige Form des Faschismus. Glauben wir ihr, dann übernehmen wir alle ihre Befehle und denken, wie man zu denken hat. Wir passen uns den einfachen Alternativen an, die dann allein gedacht werden dürfen:

Wenn wir nicht rüsten, überrennt uns der Feind. Fördern wir nicht das Wachstum der Wirtschaft, fallen wir zurück. Leisten wir heute nicht, werden wir morgen nicht existieren. Dämmen wir das Verbrechen nicht ein, breitet es sich über das ganze Land aus.

Der Glaube an die Realität läßt nur die primitive Wahl zu: gehorchen oder untergehen. Wie aber gewinnen wir die Freiheit zurück, von der unsere Zukunft tatsächlich abhängt? Diese Frage dürften die Gefangenen am Kanal Kebar, als der alte Mann zu Ende war mit seiner Geschichte, mit oder ohne Hoffnung an ihn gerichtet haben.

Sechs Schritte in die Freiheit

Lesen wir die Geschichte vom Auszug aus Ägypten, wie der Alte in Babylon sie erzählte, sorgfältig, so scheint es uns, als zeigte er seinen Hörern sechs Schritte aus ihrer Angst und Unfreiheit, Schritte, die ganz ebenso vor uns, den Menschen des zwanzigsten Jahrhunderts im Abendland, liegen.

Das erste ist, so mag er begonnen haben, daß ihr euch nicht an euer Unglück gewöhnt. Das eigentliche Elend im Elend ist ja, daß ihr über die nächste Mahlzeit hinaus keine Gedanken mehr frei habt, und schlimmer als die Knechtschaft ist die Resignation. Vielleicht haben eure Väter in Ägypten gar nicht mehr wirklich gelitten, bis einer kam und sie aus ihrer stumpfen Ergebenheit herausriß. Bleibt wach, bis einer kommt und euch ruft! Bleibt bei eurer Sehnsucht, damit ihr eure Stunde nicht verträumt. Vielleicht kommt dann einmal ein Tag, an dem ihr den zweiten Schritt tun könnt.

Welchen zweiten Schritt? fragten sie ihn. Den Weg durchs Meer, erwiderte er. Den Ausbruch. Eure Gefahr ist die, daß ihr meint, ihr könntet euch einer übermächtigen Umwelt fügen und Gott, irgendwo in einem verängstigten Herzen versteckt, dennoch dienen. Wen haltet ihr für Gott? Wem wollt ihr euch anvertrauen? Den Babyloniern oder Gott? Entweder macht ihr eure Umwelt zu eurem Gott, oder ihr begreift, daß Gott wirklicher ist als eure Umwelt und euch samt ihr in Händen hat. In jener langen Nacht, als sie aus den Hütten der Ziegelarbeiter durch das Grenzgelände marschierten, vor sich den Sumpf und das Wasser und am jenseitigen Ufer den Sand der Wüste, hinter sich die Streitwagen des Königs, entschieden sie sich, mit dem wirklichen Gott zu rechnen. Sie sprachen dem Staat, den Aufsehern und den Grenztruppen das Recht ab, sich wie Götter zu gebärden, und setzten auf Gott. Damit waren sie aber nicht etwa Helden. Vielmehr wehrte Mose von Anfang an alles Pathos ab: »Der Herr wird für euch streiten«, rief er den Israeliten zu, »und ihr braucht nur euren Weg zu gehen.«

Gott ist keineswegs der, der den bedingungslosen Gehorsam der Menschen gegen die Obrigkeit will oder die grenzenlose Bereitschaft, sich in Leiden und Unrecht zu fügen. Und wenn euer Schicksal das von Sklaven ist, dann ist doch an eurem Schicksal noch lange nicht der Wille Gottes abzulesen. Denn Gott will gerade die Befreiung. Beruft euch auf Gott und faßt die Veränderung der Verhältnisse und die Freiheit ins Auge.

Und wie geht es weiter? fragten sie. Was ist der dritte Schritt? Zunächst geht es nicht weiter, antwortete der Erzähler. Zunächst bleiben sie stehen. Als die Sonne aufging, nahm Mirjam, Moses Schwester, die Handpauke, sang und tanzte, die Frauen tanzten hinter ihr her, und die Männer schlugen den Takt mit den Händen: »Gott allein hat die Macht! Roß und Mann stürzt er ins Meer!«

Sie hätten nun ihren Schritt in die Freiheit nachträglich entwerten können: War das richtig? Hätten wir nicht bleiben sollen, wo wir waren? Was ist, wenn das ein Fehler war? Aber nein, sie singen! Sie freuen sich ohne Vorbehalt und danken Gott. Sie nehmen an, was die Stunde gibt. Und plötzlich, indem sie ihre Freiheit annehmen, sind sie aus ihrer Angst herausgehoben. Sie finden sich in der Ekstase und singen. Weiter planen können sie später. Zunächst singen sie einfach: Wir sind gerettet! Wir sind frei!

Später fangen sie an nachzudenken: Was ist eigentlich geschehen? Baal mußte einen Kampf gegen das Meer bestehen. Mit einer Keule hat er es besiegt. So besiegen die Militärmächte ihre Feinde. Mose empfing von Gott ein Wort, er erhob seinen Stab, und das Meer teilte sich. Das Meer war nicht sein Feind. Er sah es an als ein Geschöpf Gottes, wie Bäume oder Menschen es sind. Das Meer ist Wasser, ist ein wunderbares Werkzeug in der Hand Gottes. Wozu sollen wir unsere Umwelt ansehen, als sei sie unser Feind? Sie ist die Landschaft, durch die uns Gott führt. Und wozu sollen wir die Menschen als unsere Feinde ansehen? Wozu sollen wir unser Leben als Kampf gegen Menschen auffassen? Wenn ein Kampf nötig sein sollte, dann wird er Gottes Sache sein. Unsere Sache ist der Glaube und das gelassene Gehen.

Wenn das also so ist, dann ist es zum fünften nötig, über Gott selbst nachzudenken. Wer ist denn Gott, wenn Baal nichts ist? Wie groß denken wir eigentlich von Gott? Gerät uns das Bild, das wir uns von Gott machen, nicht notwendig zu klein, wenn unsere Umwelt uns zu mächtig wird? Haben wir nicht allesamt einen im Grunde ohnmächtigen, untätigen Gott? Unser Leben ist in Stufen angelegt. Wer älter wird, betritt immer wieder, von seiner Kindheit bis in sein Alter, eine neue Stufe der Selbsterkenntnis und der Welterfahrung. Es ist nötig, von Stufe zu Stufe neu über Gott nachzudenken und sein Bild zu korrigieren, damit wir nicht den kleinen Gott behalten, den unsere Mutlosigkeit an die Wand malt. Denn Gott ist, auch wenn wir groß von ihm denken, immer noch größer als unser Bild von ihm.

Und noch ein sechstes: Wenn es euch gelungen ist, von Gott größer zu denken, dann denkt auch groß genug von euch selbst.

Denn indem Gott größer wird als die sogenannte Wirklichkeit, wird er auch in euch selbst größer, und mit ihm zusammen werdet ihr selbst mehr sein als ihr gewesen seid: nämlich von Gott gerufene, ganze, unverletzliche Menschen. Das umfassende Bild, das ihr von Gott gewinnt, macht auch euch selbst vollständiger, macht euch zu ganzen Menschen. Und wenn die Umwelt nicht mehr euer Gott ist, dann könnt ihr es im Namen Gottes mit eurer Umwelt aufnehmen, und sie wird euch nicht versklaven können. Ihr braucht nur den Ruf zu hören, der euch gilt, und ihn aufzunehmen. Als freie Menschen. Mit weitem Herzen. Laßt die Welt gleichsam in euer Herz ein und geht in aller Gelassenheit den Weg, den euch Gott zugedacht hat.

Der neue Horizont

In der Zeit, als der alte Mann in Babylon seine Geschichten erzählte, entstanden dort auch Lieder. Etwa dieses:

»Du, Gott, bist ja mein König von altersher, von dem alle Hilfe auf Erden ausgeht.

Du hast das Meer gespalten durch deine Kraft, zerschmettert die Köpfe der Drachen im Meer und dem Leviathan die Köpfe zerschlagen.«
(Psalm 74)

Oder dieses:

»An jenem Tage wird der Herr heimsuchen mit seinem harten,
großen und starken Schwert
den Leviathan, die flüchtige Schlange,
und den Leviathan, die gewundene Schlange.«
(Jesaja 27, 1)

Wer ist dieser doppelte Leviathan? Es war üblich, wenn von Staaten gesprochen wurde, ihr Symbol und nicht ihren Namen zu nennen. So wurde Ägypten öfter mit einem Drachen namens Rahab gleichgesetzt, und hier scheint es, als bezeichne Leviathan das babylonische Reich, unter dem Bild von der flüchtigen Schlange verberge sich der schnell fließende Tigris, unter dem von der gewundenen Schlange der träge Euphrat mit seinen vielen Windungen. Beide Ströme galten als Unterweltsymbole für den bösen, widergöttlichen Staat, dem Gott ein Ende bereiten werde.

Was da in der Zeit der babylonischen Gefangenschaft formuliert wurde, war nicht in jeder Hinsicht neu. Schon in der Zeit davor, als noch die Könige in Jerusalem regierten und noch Frieden war, wurden ähnliche Bekenntnisse gefunden, Bekenntnisse zu dem größeren Gott gegen Baal, den Gott des Landes.

Da lesen wir im 93. Psalm, der wohl im neunten oder achten Jahrhundert, also mindestens zweihundert Jahre vorher, gedichtet wurde:

»Es erhoben Wassermassen,
es erhoben Ströme ihr Tosen,
es erhoben Ströme ihr Brausen.
Über dem Tosen gewaltiger Wasser,
furchtbarer als die Brandung des Meeres,
ist herrlich der Herr in der Höhe.«

Oder wir lesen im 89. Psalm:

»Wer in den Wolken kommt Jahwe gleich?
Wer ist ähnlich Jahwe unter den Göttern?
Du zeigst deine Herrschaft,
wenn das Meer sich erhebt,
wenn seine Wogen toben, du stillst sie.
Du zertrittst Rahab wie ein Aas . . .«

Oder Psalm 77:

»Die Urflut schaute dich, Herr!
Dunkle Gewalten sahen dich und erbebten,
die Tiefe der Urwelt erschrak.«

Und:

»Durchs Meer führte dein Weg,
durch große Wasser dein Pfad,
doch niemand sah deine Spur.
Wie Schafe leitetest du dein Volk
durch Moses Hand und durch Aaron.«

Wir machen uns vermutlich keine Vorstellung mehr von der Gewalt, mit der diese neue Erkenntnis in das Bewußtsein jener Menschen eingebrochen sein muß: Das also ist Gott! So viel größer, so viel umfassender ist Gott! Die kosmische Urordnung, die Abläufe des Jahres und das Menschengeschick liegen in einer und derselben Hand!

Es war gemeinorientalische Vorstellung, daß die Urtiere, die in der Tiefe unter der Erde oder im Meer hausten, älter seien als die Götter in der Höhe. Vorgegeben war das Chaos, und die Götter ergriffen erst durch einen

Machtkampf gegen die Herrscher der Urzeit, etwa Jamm, die Herrschaft.

So lesen wir in dem Schöpfungsepos, das die Judäer in Babylon zu hören bekamen, dem Enuma elisch:

»Als droben noch kein Himmel war
und unten noch kein Grund,
als das uranfängliche Wasser, der Erzeuger,
und Tiamat, die alles geboren hat,
noch eins waren in den Fluten der Wasser,
als noch kein Gott war und kein Schicksal –
da wurden zwischen ihnen
die Götter geschaffen . . .«

Die Tiefenpsychologie würde von der vorbewußten Phase der Menschheitsentwicklung sprechen, in der Männliches und Weibliches ungeschieden im uroborischen Kreissymbol verschlungen waren. Sie würde von einem Urzustand der menschlichen Psyche reden, in dem die überpersönlichen und außerpersönlichen psychischen Mächte, die Archetypen, ihr Schöpfungsspiel beginnen, vor aller menschlich ichhaften und bewußten Existenz.

Der Mythus schildert in seinem Weltentstehungsbilderbuch die Bilderwelt in der Menschenseele. Er schaut hinaus über das, was dem Menschen aus seiner eigenen Bewußtseinsgeschichte zugänglich ist, und deutet von ihr aus die Welt. Und wenn sich im menschlichen Bewußtsein Männliches und Weibliches trennen und es zur Bildung des Ich kommt, dann schildert er dieses Auseinandertreten im Bild eines Urkampfs eines später entstandenen Gottes gegen das ungeschiedene Unbewußte:

»Da trat Marduk der Tiamat auf die Beine,
mit seiner Streitaxt
zerschlug er ihren Schädel . . .
Er spaltete ihren Leichnam,
machte aus der einen Hälfte
das Himmelsgewölbe
und schuf die Sterne . . .«

Marduk ist also in den Augen der Babylonier älter als Baal in den Augen der Syrer. Er hat es nicht nur mit dem gegenwärtigen Kampf zwischen den kosmischen Mächten zu tun, er ist Schöpfer der Welt, freilich einer Welt, die er nur weiterzuentwickeln, zu ordnen und zu gestalten brauchte aus dem Urmaterial, das er vorfand, und der Akt der Neuschöpfung bestand in einem Kampf gegen das Frühere.

Da kam es zu dem grandiosen Entwurf der biblischen Schöpfungsgeschichte, zu dem Werk der priesterlichen Erzähler unter den Gefangenen, zu jenem Bekenntnis, in welchem Gott erkannt wird als allen Geschöpfen, auch dem Urchaos, vorhergehend.

»Im Anfang schuf Gott Himmel und Erde . . .
Und Gott sprach: Es werde Licht!
Und es ward Licht.
Und Gott sah, daß das Licht gut war.
Da schied Gott das Licht von der Finsternis
und nannte das Licht Tag,
die Finsternis Nacht.

Und Gott sprach:

Es werde ein Gewölbe über den Wassern,
das zwischen den Wassern scheidet . . .
Und er nannte das Gewölbe Himmel.

Am dritten Tag schuf Gott
das trockene Land und die Pflanzen,
am vierten die Lichter
am Gewölbe des Himmels,
am fünften die Tiere im Meer und die Vögel,
am sechsten die Landtiere und den Menschen.
Am siebten Tag aber waren Himmel und Erde
vollendet. Gott ruhte.«

Noch erinnert in dieser Geschichte das eine oder andere an den alten Mythus. Gott scheidet das Licht von der Finsternis. Er spaltet das Wasser und scheidet zwischen dem himmlischen und dem irdischen Ozean. Aber er braucht keine ihm vorgegebene Urmacht zu besiegen. Er ist der Anfang. Und im Anfang schon, als für die Babylonier noch die Urwasser zwischen dem Meergott und der Meergöttin zusammenflossen, war der Geist Gottes, der klare, bildende, wirksam.

Für die Gefangenen in Babylon war dies nicht nur eine unerhörte Entdeckung, eine Offenbarung, wie wir sagen. Es war für sie zugleich eine Entthronung des Staatsgottes von Babylon, unter dessen Macht sie standen. Wie Mose das Volk an Baal Zephon vorbeiführte und Baal entthronte, so entthronten die Priester nun selbst im Nachvollzug der alten Offenbarungs- und Rettungsgeschichte den Gott der babylonischen Macht: Marduk.

Der Fallende fällt in Gott

Aber das alles bedarf noch einer Erklärung. Wenn eine solche Erkenntnis aufbricht, muß in der Seele der Menschen etwas vorhergegangen sein. Es muß eine Versuchung vorhergegangen sein, eine unerträgliche Belastung. Und in der Versuchung müssen sie Gefahr und Faszination in einem empfunden haben. Was kann an Marduk fasziniert haben?

Vielleicht gibt das Geschick des Unterwelttieres, des besiegten, einen Hinweis. Marduk, der Reichsgott von Babylon, tritt der Tiamat auf die Beine und spaltet sie, richtet seine Herrschaft auf und stattet mit den Resten der Tiamat sein Reich, die Welt, aus.

Das wird den Judäern erzählt, die ihrerseits von Babylon und seinem Reichsgott zerschlagen sind, zerhauen und gespalten. Das Schicksal der Tiamat, der Feindin der geordneten Welt, ist ihr Schicksal, der Feinde des Marduk. Und hat der Lichtgott Marduk, an seinem Sieg gemessen, nicht in der Tat recht?

Sollte sich im Sieg über Israel und alle die übrigen Länder des Nahen Ostens nicht die Errichtung der Welt durch den Reichsgott von Babylon politisch wiederholt haben? Und bedeutet das nicht, daß die Zerschlagenen aus Juda fast schon in die Nähe des verdammten, verlassenen, zertretenen und gespaltenen Urtiers rückten? Und tun sie, die Überwundenen, die Feinde der großen, neuen, babylonischen Weltordnung und ihres siegenden Gottes, nicht wohl daran, sich ihm nun endlich zu fügen, ihn anzuerkennen und zu verehren und gute Babylonier zu werden? Ist es nicht in der Tat erstrebenswert, von Marduk als Teil seines guten, geordneten Reichs angenommen zu sein? Ist es nicht, in der Erinnerung an die Geschichte vom Auszug gesprochen, sicherer, auf den Pharao zu hören als auf Mose?

Aber das eben geschieht in der Verbannung: daß Menschen, die in den Schatten gedrängt sind, dem Abfall gleichgemacht, die sozusagen ins Bodenlose fallen, sich plötzlich aufgefangen wissen, aufgefangen von den Händen jenes Gottes, der vor Tiamat war und lange vor Marduk.

Am tiefsten Punkt, am toten Punkt sozusagen, an dem sie auf der Sohle der Verzweiflung aufschlagen müßten, fallen sie unversehrt in die Hände Gottes. Am toten Punkt sind sie samt ihrer Angst aufgefangen. Und eines Tages, das zeichnet sich am politischen Horizont ab, wird auch das Machtuntier Babylon erschlagen werden von jenem großen König, den der zweite Jesaja ankündigt: Kyros, der eine neue Ordnung des bewohnten Erdkreises nach Gottes Willen durchsetzt.

Die Schöpfungsgeschichte von 1. Mose 1 ist eine kosmogonische Erzählung, aber sie ist viel mehr: Sie ist Ausdruck des Glaubens an die Neuschöpfung der Welt und des Menschen aus dem chaotischen Handgemenge von dämonischen Mächten und menschlicher Gewalt. Nicht nur die Geschichte von der Befreiung aus Ägypten ist eine Schrift, die Gefangene ermutigen sollte, auch die Schöpfungsgeschichte ist es, und es ist hohe Zeit, daß wir Abendländer von heute aus der langweiligen Fragerei, ob es denn ernsthaft möglich sei, daß die Welt in sieben Tagen geschaffen werde, zu den eigentlich befreienden Gedanken weiterdenken.

Der in jener Zeit entstandene Psalm 104 gibt das Siegesgefühl wieder, das Hochgefühl, aber nicht nur den Triumph, sondern auch die Freiheit und Gelassenheit, die diese Erkenntnis mit sich brachte:

»Da ist das Meer, groß, weit, breit
ein Gewimmel ist dort ohne Zahl,
Tiere, groß und klein.
Schiffe ziehen ihre Bahnen
und der Leviathan, den du geschaffen,
mit ihm zu spielen.
Sie alle warten auf dich,
daß du ihnen Speise gibst,
wenn es Zeit ist.«

Man fühlt heute noch das Aufatmen, das durch die Menschen gegangen sein muß, die Befreiung, die mit ihnen geschah. Nichts ist älter und mächtiger als der Gott, der die Väter aus Ägypten führte und der das Geschick der Menschen heute noch in der Hand hat! Die Chaosmächte: Geschöpfe! Die Menschen: Werkzeuge in der Hand Gottes! Die Geschichte: Von ihm begonnen und geführt!

Die Schöpfungsgeschichte wird zum Ausgangspunkt für die große Hoffnung, in der dieses Volk seine Gefangenschaft überstand und in seinem eigenen Land zu einem neuen Anfang kam. Da singt der zweite Jesaja:

»Ich – euer Gott – bin euer Tröster!
Warum fürchtest du dich vor Menschen,
die doch sterben,
vor Menschenkindern, die wie Gras vergehen?
Warum vergißt du den Herrn,
der dich gemacht hat,
der den Himmel ausgebreitet
und die Erde gegründet hat?
Warum fürchtest du dich
vor dem Grimm des Bedrängers,
der sich vornahm, dich zu verderben?
Ich bin der Herr, dein Gott.
Der das Meer erregt,
daß seine Wellen wüten –
ich habe mein Wort in deinen Mund gelegt
und dich unter dem Schatten
meiner Hände geborgen,
auf daß ich den Himmel von neuem ausbreite
und die Erde gründe und zu Zion spreche:
Du bist mein Volk!« (Jesaja 51, 12–16)

Ein Weg in die Freiheit, der nicht ein Weg in die Heimatlosigkeit sein wird, sondern ein Weg im Schutz der Hände Gottes – das ist die Vision, die aus der Erkenntnis Gottes als des Schöpfers der Welt für die Gefangenen in Babylon erwächst.

In der Gefangenschaft findet dieses Volk eine Freiheit, die es zuvor nie besessen hatte. Unter dem Druck einer fremden Macht findet es den eigenen, den wirklichen Gott. Denn Macht, das gibt es künftig nur noch ernsthaft dort, wo Gott spricht.

»Wie Regen und Schnee herabkommen
vom Himmel
und nicht dorthin zurückkehren,
es sei denn, sie hätten die Erde getränkt,
fruchtbar und sprossend gemacht,
dem Sämann Samen

und dem Essenden Brot gegeben,
so ist es mit meinem Wort:
Es kehrt nicht wieder zu mir zurück,
sondern wirkt, was ich beschlossen,
und führt durch, wozu ich es gesandt.«

Damit aber ist der Hörende das Feld, auf dem Gott wirkt, und das heißt der, der an der eigentlichen Wirklichkeit teil hat.

Er braucht nicht mit dem Blick auf seine geringen Kräfte zu sagen: »Ich kann aber doch nicht!« Er kann.

Er braucht nicht mit dem Blick auf die übermächtige Umwelt zu resignieren: »Man muß eben.« Man muß nicht.

Er ist der Ort, an dem nicht sein, sondern der Wille Gottes sich durchsetzt. Und das ist das Ende der Furcht.

Christus über den Wassern

Im Neuen Testament wird die Geschichte vom Weg durchs Meer vollendet: Von Jesus Christus wird erzählt, er sei dem Sturm auf dem Meer nur mit einem Wort entgegengetreten, und das Meer sei still geworden. Er bedurfte keiner Keule mehr und keines Stabs. Er sprach, und das Meer lag ihm zu Füßen wie ein Raubtier, das sich niedergelegt hat und sich wohl und behaglich fühlt. Er setzte seinen Fuß aufs Wasser, und das Meer trug ihn. Er brauchte es nicht zu spalten.

In der Schöpfungsgeschichte wird von Gott gesagt: Er sprach, und es ward, und es war gut. Mit dem Christus, der den Fuß aufs Wasser setzt, ist die Schöpfungsgeschichte an ihrem Ziel. Der Geist Gottes durchdringt und gestaltet und erfüllt endgültig, was sich so chaotisch gebärdete, und die Welt außen und die Welt innen, die Welt der Dinge und die Seele sind Ort und Raum des größeren Gottes.

Der Schauplatz. Vom Mittelmeer westlich des Nildeltas aus fotografierte Gemini 4 das Land um den Suezkanal. Das dunkle Dreieck im Vordergrund ist das Nildelta. Der Nil strömt ein und verteilt sich durch das Garten- und Ackerland strahlenförmig zum Mittelmeer hin.

Der dunkle Faden dahinter links ist der Suezkanal. Er führt von dem schwarz hereinreichenden Roten Meer zum Mittelmeer, in der Mitte unterbrochen durch den großen Bittersee. Von der Mitte des Suezkanals zieht sich ein dunkles Band zum Nildelta hin. Das ist der Verbindungskanal zwischen Nil und Suezkanal, der durch das Wadi Tumilat führt, in welchem wir das Land Gosen finden, in dem sich die Söhne Israels ursprünglich auf Befehl des Pharao angesiedelt hatten. Links davon, im oberen Zipfel des dunklen Nildeltas, lag die Hauptstadt Pi-Ramses, wo sie ihre Ziegel zu brennen hatten.

Über dem Suezkanal erkennen wir die Sinaihalbinsel mit den ebenen Sandwüsten im Vordergrund und den schroffen Gebirgen im rechten Hintergrund, dahinter als schmalen dunklen Streifen den Golf von Eilat. Hinter diesem die Arabische Halbinsel.

Links oben zieht sich die Wüste hin bis Gaza, und hinter dem letzen Bogen zur Linken, wo das Land wieder dunkel wird, das fruchtbare Ackergebiet im Süden Israels. Dahinter, als dunkles Band erkennbar, das Tote Meer.

Zwischen Delta und Totem Meer erkennen wir an der Mittelmeerküste eine sehr schmale helle Nehrung und dahinter ein dunkles Haff: den Sirbonischen See, der in der Geschichte vom Auszug eine so zentrale Rolle spielt. Wo die dünne weiße Linie der Nehrung in der Mitte eine zarte punktförmige Verbreitung zeigt, lag das Heiligtum Baal Zephon. Von hier müssen nach der Vorstellung des Priesters in Babylon die fliehenden Israeliten nach rechts in die sandige Wüste weitergezogen sein, von dort an die Küste des Roten Meeres und schließlich ins Innere des felsigen Teils des Sinai.

»Du hast den Drachen über den Fluten zerschmettert«, so preist Israel Jahwe, seinen Gott. Wie man sich das vorstellte, zeigt eine Darstellung aus Syrien, die Teschub, einen baalähnlichen Gott, im Kampf mit dem Drachen zeigt. Die Hörner an seiner Götterkrone zeigen den Baal, die Wellenlinie links an seiner Gestalt entlang den Herrn über das Meer. Und so, das Haupt der Schlange mit der Streitaxt zerschlagend, steht er im Bewußtsein der Menschen. Die Söhne Israels übertrugen dieses Bild auf Jahwe. Unter seinem Schutz wußten sie sich durch das Meer, auf dessen Grund die Schlange hauste, geführt, ungefährdet und trockenen Fußes.

Im Norden, an der syrisch-türkischen Grenze, steigt er aus dem Meer auf, der Dschebel el Akra, der Zaphonberg des Baal, königlich, mit strahlend weißem Haupt. Davor die Bucht, in der der Hafen von Seleukia lag, den wir aus der Apostelgeschichte kennen als den Ort, an dem Paulus sich zu seiner ersten Missionsreise einschiffte.

Auf der anderen Seite des Berges liegt die alte phönizische Seefahrerstadt Ugarit, deren gewaltige Anlage heute ausgegraben vor uns liegt. Auf dem breiten Altartisch im Heiligtum des Baal steht ein Stein, der die Gegenwart des Gottes anzeigt, zu seinen Füßen, von vorjährigem Gras verdeckt, die ihm dargebrachten Ankersteine. Im Hintergrund der alte Hafen und das Meer.

Den Alten und den Jungen sah ich am Tempel des Pharao Sethi I. in Gurna, das westlich des Nil gegenüber Luxor liegt, damit beschäftigt, Erde wegzuschaffen, Ziegel zur Baustelle zu tragen und unter Anleitung deutscher Archäologen den Vorhof und die umgebenden Grundrisse zu rekonstruieren.

Der Tempel mit seinen schönen Lotoskapitellen wurde kurz vor der Zeit gebaut, in der die Söhne Israels in den Ziegeleien der Hauptstadt zu schuften hatten, und der Pharao, unter dem sie stöhnten, war der Sohn des Sethi, Ramses II. Die Zeit rückt seltsam zusammen an einem solchen Ort, und wer vor dreitausend Jahren auf einem ägyptischen Bauplatz gestanden hat, kann leicht das gleiche Bild gesehen haben.

Kein Kampf gegen das Böse

Seit Christus über das Wasser ging, findet kein Kampf um die Wahrheit und kein Kampf gegen das Böse mehr statt. Der Knüppel des Baal ist weggelegt. Haben wir nie gelesen, daß Christus sagt: Ihr sollt nicht dem Bösen widerstehen? Woher mag es kommen, daß wir dieses Gebot so gar nicht begreifen?

Das Christentum hat in seiner langen Geschichte Kriege verhindert und Kriege geführt. Es hat Mord und Totschlag verurteilt und gesegnet. Und immer stand als selbstverständlicher Hintergrund die archaische Vorstellung fest: Dem Christen ist ein Kampf aufgetragen. Ein Kampf gegen die Bösen und gegen die Fälscher der Wahrheit. Ein Kampf gegen Heiden, gegen Ketzer, Verführer, Hexen und Dämonen. Wann soll der Unsinn enden? Wie lange fühlen sich Christen in der Rolle jenes Gottes, von dem, Jahrhunderte vor Christus, gesagt wird, er habe den Drachen über den Fluten zerschmettert?

Ist nicht der Kampf gegen das Böse eine Sache, die mit Christus ihren Sinn verlor? Und wenn in den Briefen des Neuen Testaments von einer »geistlichen Waffenrüstung« die Rede ist und so doch wieder auf das Gleichnis vom Krieg zurückgegriffen wird – ist es vermessen, festzustellen, es habe mancher Lehrer der Urgemeinde noch nicht völlig begriffen, was Jesus Christus wollte?

Wir sprechen doch davon, Christus habe den »Sieg« errungen. Wenn wir das meinen, warum setzen wir den Krieg fort?

Von Bert Brecht haben wir den Vers:
»Verfolgt das Unrecht nicht so sehr, in Bälde erfriert es schon von selbst, denn es ist kalt…«

Im vergangenen Krieg haben wir als Soldaten beim Marsch durch Eis und Schnee diesen

Vers auf eine Choralmelodie gesungen. Könnten wir an seiner Stelle heute nicht in aller Gelassenheit sagen: Verfolgt das Unrecht nicht zu sehr! Es gibt seit Christus ganz andere Mittel zu seiner Überwindung?

In der Geschichte der Mission spielen die kriegerischen Gleichnisse eine, wie ich meine, weit überzogene Rolle. Lesen sich ihre Berichte nicht viel zu oft so, als handle es sich um Kämpfe gegen die Sünde, gegen den Aberglauben, gegen die Magie, gegen den Irrtum, gegen Dämonen und Götter? Geht es nicht vielmehr darum, mitten in der Welt der Irrtümer und der Sünden und der dämonischen Mächte ganz schlicht ein Licht anzuzünden, durch das Helligkeit entsteht?

Der Kampf gegen das Böse hat immer wieder das Ergebnis gehabt, daß Böses niedergetreten oder niedergeschlagen wurde. Aber es hat mit Regelmäßigkeit sein Haupt alsbald wieder erhoben. Und die kämpferische Attitude hat immer wieder den Anschein erweckt, in der Spaltung zwischen Geist und Natur des Menschen liege das Heil, die Welt aber sei nicht die Welt Gottes, sondern die Welt des Teufels.

Schon die gefangenen Judäer in Babylon waren einen guten Schritt weiter als wir. Indem ihnen im Bild des Marduk, im Bild des Fremden und Gewalttätigen, des Bedrohlichen, des Magischen oder gar Dämonischen dieses babylonischen Gottes plötzlich der Wille des Schöpfers begegnete, waren sie über den Zwang zum Kampf gegen die Götter hinaus.

Fänden wir durch Christus zu einem gelasseneren, gütigeren Umgang mit dem Bösen, so könnte auch unser Glaube plötzlich mit unserem eigenen Leben dichter zusammenrücken und brauchte sich nicht dagegenzustellen. Er wäre eine Antwort nicht auf die künstlichen Fragen, die wir vorwenden, sondern auf die wirklichen, mit denen wir umgehen. Wir könnten wieder einen Zusammenhang sehen zwischen Leib und Seele, Geist und Welt. »Was die Welt im Innersten zusammenhält«, das brauchte ja nicht satanisch zu sein, es könnte, nach Jesus Christus, auch göttlich sein.

Wenn ich also der Wahrheit dienen will, dann kann ich das, nach Christus, nicht mehr tun, indem ich für sie streite. Denn die Wahrheit ist ein Licht. Wahrheit leuchtet. Wahrheit ist weder die Keule des Baal noch der Stecken des Mose. Mit Wahrheit schlägt man nicht zu.

Wahrheit macht frei, macht überlegen. Die Wahrheit ist die Verkündigung des Sieges, den Christus errungen hat, nicht die Ankündigung des Krieges. Wahrheit bringt den Frieden. Wahrheit ist, wo die Welt Gottes Welt ist und wo Gott die Angst löst.

Wahrheit ist ein Weg. Wahrheit ist eine Brücke. Der Wahrheit dienen, heißt, nicht streiten, sondern über eine Brücke zu anderen Menschen hinüberzugehen. Und wenn keine Brücke da zu sein scheint, dann geht, wer die Wahrheit bringt, mit Christus wehrlos und vertrauend über das Wasser.

4. Kapitel

Wüsten-wanderung

Der Weg ins Leere

Das Heer des Pharao lag begraben unter den flachen Wellen. Die Söhne Israels standen am Ufer und sangen in der Ekstase nach der plötzlichen Rettung: Gepriesen sei Gott! Der Weg in die Freiheit konnte beginnen.

Ich denke mir, daß die Zuhörer am Kanal Kebar mit solcher Ekstase nicht viel anfangen konnten. Was nützte denn diese Art Freiheit? Die Bogenschützen waren tot. Aber vor den Befreiten lag leeres Land.

Sie gingen, fuhr der Erzähler fort, drei Tage weit in die Wüste hinein und fanden kein Wasser. Da griff die Panik nach ihnen, und sie erkannten, worauf sie sich eingelassen hatten. Als sie in Mara endlich Wasser fanden, war es salzig. Und sie schrien Mose und Aaron ins Gesicht: »Wären wir doch in Ägypten geblieben! Da saßen wir vor den Fleischtöpfen und hatten Brot, so viel wir wollten. Ihr habt uns in diese Wüste gelockt, weil ihr wollt, daß wir sterben« (2. Mose 16).

Mit einem Triumphlied feierten sie die Freiheit, und dann begann der Marsch der Freien ins Elend. Man muß umkehren, meinten sie, wenn man merkt, daß man einen Fehler gemacht hat. Lieber ein lebendiger Hund sein als ein toter Löwe!

So blickten sie nach Ägypten zurück, und der Blick zurück verändert die Landschaft. Ägypten ist nun nicht mehr das Land der Prügelmeister, sondern der Fleischtöpfe. Das Arbeitslager verwandelt sich in eine Futterstelle. Statt es mit der neuen Freiheit aufzunehmen, suchen sie die rettende Zuflucht in der Knechtschaft.

Vierzig Jahre waren nötig, um aus Sklaven freie Menschen zu machen. Zunächst fehlten alle Voraussetzungen. Es fehlte etwa die Erfahrung, daß es im Lande des Hungers Nahrung gab, im Lande der trockenen Dünen Wasser, daß man es also mit dem Risiko der Freiheit aufnehmen konnte. Es fehlte die Erfahrung, daß dort, wo nichts ist, noch immer etwas geschehen kann, und zwar weil dort, wo nichts ist, noch immer Gott wirkt.

Da hörte nun Mose Gott sagen: Wenn der Abend hereinbricht, werdet ihr Fleisch essen. Morgen früh an Brot satt werden. Und in der Tat: Am Abend fiel ein Schwarm Wachteln auf das Lager herab, und am Morgen lag es auf der Erde wie ein Tau, etwas Feines, Knisterndes, wie Reif: das Man oder Manna, das Harz der Mannatamariske, das sie nicht gesehen hatten, bis ihnen die Augen aufgingen. Als sie nach Tagen und Wochen des Wanderns wieder einmal vor Durst umzukommen fürchteten, forderten sie von Mose Wasser. Und Mose hörte: Nimm deinen Stock und schlage an den Felsen, dann wird Wasser herauslaufen! Und es lief Wasser heraus.

Wider Erwarten kamen sie nicht um, und doch nützte es nichts, daß Mose versicherte, das Manna werde nun jeden Morgen da sein. Wer kann schon auf die Zuverlässigkeit eines Gottes bauen, der sich erst offenbart, wenn der wartende Mensch vor Angst, Durst oder Hunger umzukommen meint? Wenn ein Erlebnis zu einer Erfahrung werden soll, liegen die Hindernisse ja nicht nur in der Kleinheit und Enge der Geister und der Herzen, sondern auch im Geschehen selbst. Denn auch Menschen mit viel Mut bedrängt die übermächtige Frage nach dem Sinn eines solchen Weges. Warum soll man sich vom ungenauen Zukunftsbild eines Landes verführen lassen, das Milch und Honig verspricht und so unerreichbar ist wie der Mond? Wozu der Marsch durch Sand und Geröll, durch Hunger, Durst und Gefahr, den man das Menschenleben nennt?

Welchen Sinn haben der Glaube und das Opfer, die um der Freiheit willen aufgebracht werden sollen?

Erstaunlich bleibt, daß die Söhne Israels nicht umkehren. Trotz aller Angst suchen sie nicht den Rückweg zu den Ziegelöfen, wo man sie vermutlich mit Hohngeschrei empfangen und mit Prügeln den Kolonnen der Sklaven wieder eingeordnet hätte, wo sie aber immerhin hätten überleben können. Sie schleichen sich nicht davon, ihr Zug löst sich nicht auf.

Der Grund lag vielleicht in der Faszination, die von der Gestalt des Mose ausging. Auch sein persönlicher Weg hatte, viele Jahre zuvor, mit einer Flucht begonnen. Als er die Wüste hinter sich gebracht hatte und in den Weidegebieten der Midianiter heimisch geworden war, hatte er Haus und Land, Weib und Kind hinter sich gelassen, war durch dieselbe Wüste zurückgekehrt und dabei der geworden, den Israel brauchte: der Befreier, der den Weg in die Freiheit kennt. Er war seinen Weg nie mit Begeisterung gegangen, sondern immer geteilt zwischen Angst und Widerstreben einerseits, Gehorsam andererseits. Seine Erfahrung gab nun den Vielen die Energie, und so folgten ihm die Söhne Israels. Sie nahmen die Gefahr auf sich. Sie klagten Gott an, aber sie leugneten ihn nicht. Sie wollten diese Zukunft, die so viel Entbehrung forderte, keineswegs, aber sie gingen ihr doch entgegen, und in dieser widerstrebenden Einwilligung gegenüber dem Gebot der Stunde zeichnet sich, urbildlich gleichsam, der Weg ab, den Menschen in den gefährlichen Augenblicken ihrer Geschichte immer und immer wieder zu gehen haben.

Es gehört zum Großartigen an Geist und Tradition des biblischen Volks, daß es genau diesen mühseligen, fragwürdigen Weg, die Wüstenwanderung, zum Symbol seines Wesens und seiner Geschichte gemacht hat. Unter diesem Gleichnis fand es im babylonischen Exil seine Identität, seine Richtung, sein Ziel wieder. Unter ihm überlebte es Jahrtausende der Isolierung und der Verfolgung. Über die Jahrtausende seiner Heimatlosigkeit hinweg blieb das Bild von dem in Wolke und Feuer gegenwärtigen Gott vor seiner Seele: das Bild von dem Gott, der in unerschütterter Treue zu seinem anscheinend verlassenen und in Wahrheit tief und sicher geborgenen Volk steht.

Die fixe Idee vom Fortschritt

Seit Menschen über ihr Leben nachdenken, haben sie es als eine Art Weg verstanden. Als eine Art Wanderung von einem Anfang her über Höhen und Tiefen, durch eine einsame und gefährliche oder auch durch eine liebliche und reiche Welt bis hin ans Ziel, wo sie etwa an einen Fluß kommen, den sie überschreiten müssen, den Tod. Alle religiösen Riten begleiteten sie auf irgendeine Weise auf diesem ihrem Weg, und ihr inneres Wachsen und Reifen war Sinn und Auftrag dieses Wanderns durch siebzig, wenn es hoch kommt, achtzig Jahre. Das Glück, das die Menschen immer gesucht haben, so kurz es sein mochte, hatte seinen Ort wie das Leid und das Sterben, das sie im Lauf ihres Lebens zu bejahen lernten. Lebensweisheit bestand von jeher darin, zu diesem Menschenleben, das ein Weg war mit Anfang und Ziel und aller Mühsal einer langen Wanderung, in eine Art innerer Übereinstimmung zu gelangen und also von einer Lebensstufe zur anderen, einer Strecke Weges zur nächsten fortzuschreiten. Der Weg durch die äußere Welt und der Weg nach innen mußten, darauf achteten alle Religionen und alle Weisheitslehren von jeher, zusammenstimmen, sie mußten gleichzeitig und in gleichem Sinn gegangen werden.

Nun will mir manchmal scheinen, an die Stelle dieses inneren und äußeren Fortschreitens sei, wie ein in die technische Entwicklung der menschlichen Umwelt hinausverlegter Ersatz, der Gedanke vom Fortschritt getreten. Wo früher der Mensch sich in die Enge, Kleinheit und Armut seines Lebens zu fügen hatte, da schafft heute, so empfindet man, der Fortschritt neue Räume und neues Glück. Die Welt wird durchschaubarer, die Arbeit leichter, die Freizeit länger, das Wohnen schöner, die Straßen werden breiter, die Entfernungen geringer, die Krankheiten heilbar, die Lebenserwartung wird höher, der Mensch lenksam und das Glück am Ende jedermann gewiß. Freilich, indem man den Gedanken vom Weg des Menschenlebens und seinem Fortschreiten nach außen verlegte, vom Lebensweg des Einzelnen hinaus auf die Entwicklung einer ganzen Zivilisation, mußte eine Frage offenbleiben, die heute vor allem junge Menschen mit Gewalt überfällt: die nach dem Sinn. An ihre Stelle trat eine millionenfach verbreitete Angst.

Denn neben allen anderen Ängsten, die heute die Menschen füllen, steht als eine der größten die Angst vor der Zukunft. Die ist insofern neu und modern, als sie nicht nur Angst vor einem unbekannten Schicksal ist, sondern auch und vor allem vor den Plänen und Unternehmungen von Menschen. Wie an einem Strohhalm hält man sich am Gedanken vom Fortschritt fest, der gewiß immer wieder alle Fehler korrigieren und alle Gefahr bannen werde und der doch gerade die eigentliche Quelle der Angst ist.

Denn wohin soll nun die Reise gehen? Und woher soll man wohl wissen, wo Recht und Grund dieses Glaubens an den Fortschritt liegen mögen? Der Einzelne hört: Du mußt sehen, daß du mitkommst. Aber wohin soll er denn mitkommen? Man sagt ihm: Die Zukunft verlangt eben heute einen besonderen Einsatz. Millionen Bauern unserer Tage zum Beispiel schinden sich an dieser Forderung ab. Wofür soll der Mensch sich denn einsetzen? Und wann soll er anfangen zu leben?

Man spricht von Wachstum. Aber bis zu welcher Grenze soll denn alles wachsen? Man spricht von Entwicklung. Aber was soll denn dieser Entwicklung alles noch geopfert werden? Und sollte das Werk des fortschrittsbesessenen Menschen nicht vielleicht schon so weit fortgeschritten sein, daß es tunlich, vielleicht gar lebensnotwendig wäre, stehenzubleiben, innezuhalten und zu bedenken, ob er der eingeschlagenen Richtung weiter folgen soll und ob es ihm nicht vielleicht besser bekäme, er steckte an diesem oder jenem Punkt oder auf der ganzen Linie die Zeichen zurück? Nur Narren oder Verbrecher, so war allzu lange zu hören, können zu solcher Frage fähig sein.

Irgend etwas an unserem Verhältnis zur Welt muß geändert werden, und zwar ohne Verzug. Wer heute der Wissenschaft vertraut, als wäre sie Gott, wer an die Technik glaubt, als wäre sie der Erlöser aus aller Not, glaubt kindlicher an Wunder als irgendein frommer Mensch, der von Gott Wunder erwartet.

Irgend etwas ist falsch an unserem Bewußtsein, wir seien die Herren der Welt. Irgend etwas ist falsch an unserer Hochschätzung der menschlichen Vernunft und an ihrem Anspruch, verwirklichen zu dürfen, was ihr einfällt. Irgend etwas ist falsch an unseren Eigentumsbegriffen. Gehören nicht die Erde und die Meere und die Winde allen Wesen?

Wir verstehen viel vom Werden und vom Machen und nichts vom Vergehen und Zurücknehmen. Eine Technik aber, die nichts vom Vergehen versteht, ist primitiv. Unsere ganze technische Welt ist im Grunde primitiv, weil sie unsere eigenen Erwartungen spiegelt und diese Erwartungen primitiv sind.

Wenn unsere Träume vom Fortschritt wahr wären, müßten wir von Jahr zu Jahr glücklicher, gesünder, leistungsfähiger und vor allem zufriedener werden. Ich habe aber den Eindruck, daß sich mehr Menschen bei uns unglücklich als glücklich fühlen, daß mehr Menschen am Leben verzagen als je, daß mehr junge Leute als je unfähig sind, sich in dieser Welt des Fortschritts heimisch zu machen, daß Junge und Alte in einem früher nicht bekannten Maß von Resignation befallen sind und von einer merkwürdigen Sehnsucht, in irgendeinem Tod zu verlöschen.

Wer zeigt uns heute, wie man Talsohlen durchschreitet? Wie man Stimmungen durchhält? Wie man depressive Anwandlungen, die doch fast jeder kennt, verwandelt? Weil man aber keinem Weg mehr vertraut, wenn einmal die künstliche Beleuchtung ausgeschaltet ist, darum gehen so viele, wenn es dunkel wird, rückwärts. Sie lassen sich in ihren Anfang zurückfallen. Sie machen ihre Geburt rückgängig. Und der selbstgewählte Tod ist dann nicht ein Schritt nach vorn, sondern ein Fallen nach rückwärts, sozusagen wieder in die Mutter hinein, die man doch eigentlich hatte gar nicht verlassen wollen, um in dieser kalten Welt zu leben. Wenn unsere Träume wahr wären, wenn nämlich das Leben Sinn hätte, solange wir vorwärtskommen, dann könnte dieses Leben, das doch so katastrophal endet, in der Tat unmöglich Sinn haben, und es bliebe im Grunde nichts, als Gott anzuklagen und, wenn es geht, dieses Leben zu verlassen.

Wir leben heute, in unserer sogenannten modernen Welt, in der seltsamen Vorstellung, das Leben sei in Ordnung, solange alles vorwärts und aufwärts geht. Solange alles wächst und sich ausdehnt und sich entwickelt. Wir sehen keinen Sinn darin, daß ein Mensch alt wird. Er muß jung bleiben, gesund und faltenlos. Wir sehen keinen Sinn darin, daß irgend etwas abnimmt. Wenn unsere Leistung abnimmt, überfällt uns die Verzweiflung, und unsere Wirtschaft ist so organisiert, daß sie zusammenbricht, wenn sie nicht mehr wächst.

Erfolg haben heißt bei uns vorwärtskommen. Alt und reif werden heißt so viel wie zurücktreten. Die Worte sind verräterisch. Bei uns lernt man all das nicht, was man braucht, wenn es im Leben nicht mehr vorwärts oder aufwärts geht. Das Trauern lernt man nicht, und das Leiden, die Schmerzen treffen am Ende einen Menschen, der ihnen nichts entgegenzusetzen hat. Wir haben es verlernt, Schritt für Schritt zu gehen. Wir überfliegen Entfernungen und überspringen Hindernisse. Uns schiene der Weg Israels zum Berg Gottes im Süden des Sinai nichts als ein nutzloser Umweg. Wäre Mose unseres Geistes gewesen, er hätte von Baal Zephon aus, mit den aus Ägypten mitgebrachten Lebensmitteln im Gepäck, nach Art eines Blitzkriegs den Weg nach dem verheißenen Land angetreten. Wer zügig marschiert, schafft den Weg vom Sirbonischen See bis Jerusalem in acht Tagen. Statt dessen führte er sein Volk in ein heißes, trockenes, lebensfeindliches Gebirge und mutete ihm die Erfahrung eines anspruchsvollen, eines starken Gottes zu.

Der Weg nach innen, so rückschrittlich er empfunden werden mag, liegt vor uns. Es gibt anders keine Befreiung von der Angst, denn erst am Ziel eines geduldig gegangenen inneren Weges kann etwas mit uns und unserer Angst geschehen. Die Ursache der Schizophrenie, so wird vermutet, liegt unter anderem in der Erfahrung, daß die Welt nicht verläßlich sei, und von hier aus in der Angst vor der Zumutung, sich hinzugeben oder gar sich wandeln zu lassen. Nun trägt aber der Glaube an den Fortschritt offenbare Merkmale einer kollektiven Schizophrenie an sich, und es könnte sein, daß sich in der Scheu, einen Weg zu gehen, der nicht ein Weg des Fortschritts ist, die Angst vor Hingabe und Wandlung äußerte.

Das aber würde bedeuten, daß nicht der Haß gegen die technische Welt und gegen die Unvernunft des Menschen uns frei machen wird. Die Katastrophenprognosen der letzten Jahre konnten dem Traum vom rettenden Fortschritt keinen Abbruch tun.

Irgend etwas ist falsch an der Meinung, der Techniker und der Wissenschaftler seien nicht verantwortlich für ihre Gedanken und nicht haftbar für die Folgen ihres Tuns. Irgend etwas ist falsch an unserer Politik, die doch mehr an Bedürfnissen von heute orientiert ist als an den Aufgaben für morgen.

Der Fortschritt, so sagen Wohlmeinende, hat Sinn, solange er Zustände bessert und Menschen frei macht. Aber schafft er nicht alle Jahre unendlich viel mehr Elend als er überwindet?

Wissenschaft, die dazu dienen soll, Macht zu verleihen, ist schlechte Wissenschaft. Technik, die dazu dienen soll, alles durchzuspielen, was möglich ist, ist schlechte Technik. Und ein Glaube, der beide segnet, ist irrender Glaube.

Irgend etwas ist falsch an unserem Umgang mit dem Nutzlosen in der Welt. Wenn zwischen felsigem Gestein irgendwo ein Grashalm wächst und eine Blume blüht, die nie ein Mensch zu sehen bekommt und die keinem nützlichen Tier zur Nahrung dient, dann hat das Wachsen des Grases und das Blühen der Blume noch lange seinen eigenen Sinn.

Irgend etwas ist falsch an unserer Haltung gegenüber Mitmenschen in der Nähe und in der Ferne: an unserer Gleichgültigkeit gegenüber denen, die vor uns gelebt haben, und denen, die nach uns leben werden, als drehte sich alles in der Welt nur um unser eigenes Leben.

Irgendwo hier, zwischen Suez und Port Said, zwischen dem bewohnten Ägypten und den menschenleeren Sandwellen des nördlichen Sinai, muß die Stelle gewesen sein, an der Mirjam, die ferne Ahnfrau der jungen Israelin, ihr berühmtes Siegeslied sang, nachdem die ägyptischen Streitwagen im Schlick versunken waren. Das israelische Mädchen, das in Militäruniform auf einem Beobachtungsturm über der Demarkationslinie am Suezkanal sitzt und die ägyptische Seite beobachtet, freut sich darüber, daß der schrecklichste der Kriege, die ihr Volk in den dreißig Jahren seit 1948 zu führen hatte, der Jom-Kippur-Krieg mit seinen blutigen Panzerschlachten, zu Ende und der Suezkanal erreicht ist.

Inzwischen haben die Ägypter begonnen, den Kanal zu verbreitern, zwischen den Sanddünen ziehen sie eine neue Fahrrinne. Neue Städte sollen hier zwischen dem Roten Meer und dem Timsasee entstehen, Industriegebiete, Touristenzentren und Plantagen zur Entlastung des übervölkerten Kairo.

Wer nun hier, am Kanal, stünde und als Flüchtling einen Weg irgendwohin in die Wüste suchen müßte, würde die nächsten fünf oder sechs Tage nicht überleben. Ehe er die erste Quelle erreicht hätte, wäre er am Ende seiner Kräfte. Wenn wir heute in Jeeps mit Benzinvorräten und Wasserkanistern die Wege entlangfahren, die für die Flucht Moses und der Seinen in Frage kamen, wird es uns immer erstaunlicher, daß dieser Marsch der entlaufenen Sklaven nicht nach der ersten Woche auf schreckliche Weise zu Ende war.

Weniger wundert es uns, wenn immer wieder in ermüdender Wiederholung erzählt wird, die Söhne Israels hätten wider Mose gemurrt. Sie hätten ihm vorgeworfen, er wolle sie verdursten oder verhungern lassen, er habe sie nur, um sie auszurotten, in diese Wüste geführt. In der Schule haben wir gelernt, dieses Volk habe es eben an Glauben fehlen lassen, an Mut, an der Bereitschaft zu Entbehrungen, an Vertrauen zu Mose und zu Gott. Aber es wäre wohl ein seltsamer Heldenmut nötig gewesen, hätten sie dieses lebensfeindliche Land und das Schicksal, sich hier auf unabsehbare Zeit durchschlagen zu sollen, klaglos angenommen.

Sie hatten ja weder Zelte noch Kamele noch Schaf- oder Ziegenherden. Sie waren fremd in diesen Wadis und darauf angewiesen, daß Eingeborene ihnen die wenigen Quellen zeigten. Kennt man dieses Land, dann weiß man, daß Mose seinem Volk mit dieser Flucht, menschlich gesehen, eine Art Selbstmordunternehmen zugemutet hat.

עמדת מא"ג דרומי

Der Sinai ist nicht das Beduinenparadies, das wir aus Bilderbüchern kennen. Da leben nicht die reichen Stammesfürsten in teppichgeschmückten Zelten inmitten von schönen Frauen und prächtigen Kamelen unter üppigen Palmen. Die Sanddünenwüste im Nordwesten mag noch ihre eigene Schönheit haben, aber je tiefer der Weg in den Süden, in den gebirgigen Kern der Halbinsel führt, desto abweisender, desto lebensfeindlicher stellen sich die schwarzverbrannten Granit- und Basaltfelsen dem Wandernden entgegen, unfruchtbar auch, wo Wasser ist, trostloser Überrest von Aufbrüchen glühenden Urgesteins in einer fernen erdgeschichtlichen Vergangenheit.

Die wenigen Sippen, die heute dort leben, haben ständig die Gefahr vor Augen, das nächste Jahr, wenn es in die vertrauten Wadis keinen Regen bringt, nicht zu überleben. Dabei kennen sie jeden Stein, jeden Felspfad, jedes noch so dürftige Wasserloch und jede noch so kümmerliche Dattelpalme. Sie haben Ziegen, die wochenlang ohne Wasser leben können, und Schafe, die den letzten Grashalm finden. Wie soll eine nach Tausenden zählende Menschenmenge hier überleben? In den Wadis im Osten der Halbinsel lernte ich die Familie eines Beduinen kennen. Salem hieß der Vater, Salem der älteste Sohn (S. 81 rechts oben), Salam der zweite (rechts unten). Salcha hieß die Mutter, Salma die älteste Tochter (rechts). Dann war es mit der Lautmalerei zu Ende. Die zweite Tochter (links oben) hörte auf den Namen Nedjma, der Stern; und die kleinste (S. 80 unten), die mit ihrer Mutter das Mahlen übt, hieß Helala, das heißt Gott sei gepriesen.

Kalkstein ist das Material, aus dem Salem, der Vater, seine Figuren haut. Immer wieder das eine Motiv: den Mann oder die Frau, allein, auf sich selbst gestellt, in einer menschenleeren Stein- und Felslandschaft. Wie das Symbol einer Partnerschaft auf Leben und Tod. Er kann weder lesen noch schreiben, und niemand hat ihm je Unterricht in seiner Kunst gegeben. Er drückt aus, was er sieht, wie der Stein eben unter seiner Hand Gestalt annimmt. Der Platz des Sohnes ist neben dem Vater.

Die schwarzverhüllten Beduinenmädchen und -frauen fallen auf. Noch immer herrscht der Kampf aller Stämme gegen alle um die wenigen Wasserstellen und Weideplätze. Die Männer und die Jungen ab dreizehn Jahren verteidigen die Sippe gegen die Männer und Jungen der anderen. Die Frauen aber sind unverletzlich. Sie gehen wehrlos mit Schafen und Ziegen dem Futter der Tiere nach. Sie wandern wochenlang allein, und wer ihnen etwas zuleide tut, hat vierfache Blutrache zu erwarten. Geht also eine schwarzgekleidete Gestalt durch ein einsames Wadi, so ist es eine Frau, und die Frau ist tabu. Vielleicht ist, unter anderem, dies der Sinn der schwarzen Verhüllung, auch der Verhüllung des Gesichts: Diese Frauen sind keine Personen im Sinne des Kriegs.

Die Geschichte erzählt, Mose habe mit einem Stock Wasser aus einem Felsen geschlagen; und auch die späteren Erzähler seines Volks sahen ein unbegreifliches Wunder darin. Aber das ist nicht so seltsam wie es klingt. Daß das Wasser sich in den Felsen staut und durch Risse nach außen dringt, kann man immer wieder sehen. Der Wind bläst den feinen Staub gegen die Wände, die Risse backen zu, und wer sie dann mit einem Stock freischlägt, macht dem Wasser den Weg frei. Aber man muß die Stellen wissen. Die Geschichte könnte beweisen, daß Mose unter der Führung ortskundiger Beduinen unterwegs war.

Auf einer Mannatamariske fand ich das vollständige Zelt einer Familie. Aber weit und breit war kein Mensch. Solange nicht der Regen oder der Schnee es nötig machen, die Zelte aufzuschlagen, werden die kostbaren Gewebe geschont. Sie hängen an einem Baum oder liegen in einer Astgabel und warten oft jahrelang, bis die Familie wiederkommt, und niemals wird ein Beduine etwas an sich nehmen, das an einem Baum hängt. Wäre das Zelt gestohlen, so bedeutete das bei einem Kälteeinbruch unter Umständen den Tod einer Familie. Du sollst nicht stehlen! Hier gilt das Gebot mit eiserner Strenge.

Während das Zelt irgendwo wartet, lebt die Familie irgendwo anders im Schatten einer Akazie oder einer Felswand. Die Feuerstelle, ein paar Habseligkeiten am Baum sind die Wohnung. Geschlafen wird unter freiem Himmel. Nirgends habe ich je solch eine Stille gefunden, wie sie in den kühlen Nächten über der Wüste liegt. Kein Laut ist in der Luft. Nur der strahlende Sternenhimmel kreist mit majestätischer Kraft.

Beim Anblick des kleinen Jungen mag einem Joseph einfallen, dem sein Vater, da er der Lieblingssohn war, zum Ärger seiner Brüder einen bunten Ärmelrock machte. So hübsch läuft nicht jeder Beduinenjunge um die Baumwohnung der Familie.

In der christlichen Überlieferung spielt die Wüste im übertragenen wie auch im realen Sinn eine große Rolle. In der ägyptischen Wüste am Rand der Sahara besuchte ich ein syrisches Kloster, das von einer acht Meter hohen Lehmmauer, die seit dem fünften Jahrhundert steht, umgeben ist. Seit fünfzehnhundert Jahren sind die Gesänge der Mönche nicht verstummt, zeitlos und immer gleich inmitten unendlichen Sandes. Wir Mitteleuropäer wären einem solchen Dasein nicht so leicht gewachsen, aber daß diese Klöster in den Wüsten stehen, verändert die Maßstäbe auch für unser zivilisiertes Dasein.

O die Zeit des Schweigens,
wenn ein Mensch
einsam und verlassen
deine Stimme nicht hört,
da ist es ihm,
als sollte die Trennung
für immer sein.
O Zeit des Schweigens,
wenn ein Mensch dürstet
in der Wüste,
da er deine Stimme nicht hört,
da ist es ihm,
als wäre sie ganz entschwunden.
Vater im Himmel,
laß es gesegnet sein,
auch dieses Schweigen,
wie jedes deiner Worte
zu einem Menschen;
laß ihn nie vergessen,
daß du auch noch redest,
wenn du schweigst;
daß du aus Liebe schweigst,
wie du aus Liebe redest,
so daß nun,
ob du schweigst oder redest,
du derselbe Vater bist.

Sören Kierkegaard

Das Foto ist nicht ganz fair. Der schmucke Schweizer Gardist salutiert nicht vor dem großen Wagen, sondern vor dem einsteigenden Papst. Es ist dennoch wie ein Symbol für die Ergebenheit, die heute uns allen droht, wenn von Schnelligkeit und von Fortschritt, vom Vorwärtskommen und von der Herrlichkeit der Zukunft die Rede ist, eine Ergebenheit, von der sich zu befreien so schwerfällt.

Der Beduinenjunge weiß schon, wie man einen Motor anwirft. Aber er weiß nicht, wie nahe das Ende der ganzen Kultur der Wüstenvölker ist, eben durch das Automobil.

Denn die aus Europa kommende technische Zivilisation vernichtet in diesen Jahren, was jahrtausendelang bestand, und es ist für uns selbst wichtig, zu sehen, was durch uns zerstört wird, wenn wir verstehen wollen, woran wir selbst krank sind. Die Wüsten reden heute eine eindringliche Sprache zu uns, den Kulturmenschen des Abendlands.

In den Wüsten herrscht seit Jahrtausenden der Kampf des Menschen um sein Überleben. Ungeheure Trockengebirge, endlose Sandflächen, und dann – irgendwo – eine Quelle, eine Oase. Die Menschen leben im Rhythmus von glühenden Tagen und kalten Nächten, von trockenen Sommern und stürmischen Wintern. Die Wüsten sind schön, nicht weil sie Wüsten sind, sondern weil es in ihnen das Geheimnis der unversiegbaren Quellen gibt, kenntlich an ein paar Palmen und ein paar Zelten oder Hütten.

Jahrtausendelang zogen die Karawanen auf den uralten Wegen von Brunnen zu Brunnen; an den Brunnen wurde Recht gesprochen, und an den Brunnen entstanden die alten Kulturen, von denen das Abendland bis heute lebt.

Die Wüste aber ging in das Bewußtsein der Menschen ein als ein Gleichnis für das Leben überhaupt mit seiner Schönheit und mit seiner unerhörten Härte.

Die Karawanen wandern nicht mehr. An ihre Stelle sind die Lastwagen getreten. Sie sind schneller und billiger. Ganze Beduinenvölker gehen zugrunde, nicht zuletzt an der deutschen Wertarbeit auf vier Rädern. In den Slums der orientalischen Großstädte finden sich die Menschen aus der Wüste schließlich wieder, und hinter ihnen versanden die Oasen.

Denn man baut nun Dörfer in die Wadis. Und weil man mehr Wasser braucht als die Quellen hergeben, bohrt man tiefer und holt das Wasser herauf. Und so verbraucht man in fünf Jahren das Wasser, das für zwei Generationen hätte reichen müssen. Die Dörfer werden in wenigen Jahren verlassen sein, die Palmen vertrocknen, und am Ende bleibt nur die Wüste. Unter unseren Augen geht eine uralte Kultur zugrunde. Wir Heutigen halten die Wüsten nicht aus, und die Oasen in der Wüste sind uns nicht genug. So lassen wir die Oasen zugrunde gehen und behalten am Ende nichts mehr als die Wüste.

Die Menschen aber strömen in die Slums von Kairo oder Damaskus, und die Kinder Salems, die nur ihre einfache Welt kennen und weder lesen noch schreiben lernen, werden eines Tages vermutlich nach El Arisch wandern und dort keine Chance haben, mehr zu erreichen als das hoffnungslose Elend.

Es ist, als läge ein Fluch über dem wunderbaren Land der nahöstlichen Wüsten. Welcher Europäer weiß eigentlich, was er zerstört? Was kann es ihm bedeuten, ob irgendwo zwischen Felsgebirgen ein Brunnen fließt oder nicht? Es fehlt ja schon im geistigen Sinn das Gespür dafür, was eine Oase in der Wüste bedeutet.

Es gibt Menschen, die wie Oasen sind. Es gibt Leidende, von denen ein Friede ausgeht, den Gesunde nicht ausstrahlen. Es gibt armselige Lebensläufe, in denen große Gelassenheit gedeiht. Es gibt eine äußerste Vereinsamung, aus der Freundlichkeit hervorwächst. Wer sieht noch, wie schön ein altes Gesicht sein kann?

Nie hatten es die Menschen mit den Wüsten so schwer. Nie ist die Krankheit, seit es Menschen gibt, mit so viel Widerstand erlebt worden wie heute, nie war das Sterben trostloser und verschreckter als heute. Nie wurden die Vorwürfe gegen den Gott, der eine so unvollkommene Welt geschaffen hat, selbstsicherer vorgebracht. Man kann eine Welt nicht bejahen, in der es Wüsten gibt. So verliert man die Oasen, und die Wüste dehnt sich aus.

Gegenkräfte

Zu den ideologischen Grundlagen der Moderne gehörte die Überzeugung, die Geschichte gehe ins Unendliche weiter und mit ihr der Fortschritt. Noch vor dreißig Jahren erledigten große Theologen den Gedanken an die Wiederkunft Christi – und das heißt das Ende der Geschichte – mit dem Hinweis, die Geschichte sei bisher weitergelaufen, und kein Zurechnungsfähiger könne daran zweifeln, daß sie weiterlaufen werde. Heute schon ist ganz ungewiß, ob die Geschichte der Menschen auf dieser Erde fortgesetzt werden kann, oder ob wir nicht vielmehr dicht vor ihrem Ende stehen.

Die Ideologie vom Fortschritt sagt: Die Geschichte wird weiterlaufen. Unter Christen weiß man: Das Zuverlässige am Lauf der Geschichte ist nicht die Geschichte selbst. Die mag durchaus ihr Ende finden. Das Zuverlässige an der Zukunft ist die Zuverlässigkeit Gottes, und das Ende der Geschichte liegt in seiner unbegrenzten Souveränität.

Vom Menschen aber ist gefordert, daß er heute, da der wissenschaftliche Fortschritt weder Aufenthalt noch Umkehr zu gestatten scheint, Gegenkräfte auf den Plan bringt, Kräfte des Vorausdenkens und des gemeinsamen Verantwortens. Und dies wiederum bedeutet, daß er sein Bild von Gott zu überprüfen hat, ob es das Bild des wirklichen Gottes oder nicht vielmehr das eines Erfüllungsgehilfen menschlicher Wünsche sei, und sei es nur des menschlichen Wunsches nach immerwährendem Fortschritt.

Angst vor dem, was innen ist

Als die Söhne Israels den Weg in die Sandwellen des nördlichen Sinai unter die Füße nahmen, waren sie allein mit sich selbst. Und wenn wir heute ihre Geschichte lesen und das Geschehen jener Nacht im Sirbonischen See ins Seelische übertragen, dann erkennen wir sofort, daß eine solche Geschichte immer auch ihre Innenseite hat, daß sie sich von jeher auch in der inneren Landschaft der Menschen abgespielt hat.

Indem nämlich die Gefangenen aus dem wohlbekannten Land ins Meer fliehen und von dort in die Wüste, wagen sie es, ins Unbekannte – wir sagen heute: ins Unbewußte –, in das gefährliche Land, das in ihnen selbst ist, zu gehen. Sie ziehen sozusagen an den Grenzpfählen des bewußten Ich vorbei und wagen den Weg in die unbekannte Welt ihrer eigenen Seele. Es ist keineswegs erstaunlich, sondern eigentlich normal, daß sie auf diesem Weg die Panik erfaßt, sobald sie begreifen, worauf sie sich eingelassen haben.

Denn das wagen wenige: der Wirklichkeit, der sie in sich selbst begegnen, auch nur einen Tag lang mehr zu trauen als der bekannten, äußeren. Wer ohne innere Erfahrung plötzlich mit sich allein ist, den wird auf alle Fälle die Angst vor der Verlassenheit oder das Erschrecken über einen bodenlosen Abgrund erfassen. Und da fragt es sich, wer oder was nun Gott sei.

Denn ist Gott allein in der Außenwelt anzutreffen, dann gibt es keinen Weg in die Freiheit. Soll es einen Weg in die Freiheit geben, die Freiheit von Angst und Entsetzen etwa, dann muß Gott auch im Unbewußten der Seele zu finden sein, nicht nur im nachdenkenden, klaren Bewußtsein. Er muß sozusagen auch das Meer erfüllen und umgreifen. Er muß den mir unbekannten inneren Menschen, die dunkle, gefährliche Unterwelt in mir durchdringen, wie er Stern oder Blume oder Baum in der Oberwelt, die ich sehe und in der ich lebe, durchdringt. Ist mir der Weg durchs Meer zugemutet, dann kann ich in ihm nur überleben, wenn ich auch dort in der Spur Gottes gehe. Ist das Meer ein gottabgewandtes, chaotisches Element, dann wird es wie selbstverständlich über mir zusammenschlagen.

Gehe ich aber mit Gott zusammen und hinter Gott her diesen Weg durch die Tiefe, dann öffnet sich mir dort ein Weg. Dann bleiben die Sklavenhalter zurück. Dann atme ich auf und singe mit Mirjam von dem Gott, in dessen Hand Himmel, Erde und Abgrund sind.

Freilich, die Wahl, ob ich diesen Weg der Selbsterkenntnis und Selbsterfahrung gehen will oder nicht, habe ich nicht frei. Von einem bestimmten Alter an werde ich ihn gehen müssen. Die Überschreitung der Grenzen wird, je älter ich werde, zur immer dringlicheren Aufgabe.

So kehrt das Bild von dem in der Wüste wandernden Menschen in den Betrachtungen der Mystiker und Asketen der christlichen Kirche im Laufe ihrer zweitausend Jahre währenden Geschichte immer wieder. Geh in die Einsamkeit, sagen sie. Erwarte nichts, als daß Brot und Wasser dasein werden, Brot im Sand und Wasser im Felsen, so viel eben, wie nötig ist für einen Tag. Denn Gott will erfahren, er will auf einer Fahrt, einer Reise, erkannt sein, und du findest auf diesem Weg auch dich selbst.

Aber was ist die Wüste für uns? Sie ist sicher nicht dasselbe, was sie für Nomaden früherer Jahrtausende war. Die Intensität des Erlebens, die sich für die Bibel an die Worte Dürre, Trockenheit, Hungersnot, Einsamkeit, Elend heftet, wenn sie von Wüste spricht, kennen wir nicht mehr. Entsprechend erfahren wir es, wenn wir eine Quelle finden, nicht mehr als eine Rettung aus dem Tode, als überwältigenden Eingriff Gottes, und danken Gott nicht mehr für den Segen des Wassers.

Niemand zwingt uns, wenn wir vor einem Unglück bewahrt werden, von einem Eingriff Gottes, von einer Führung, von einer Gnade zu sprechen. Wir können in der Regel erklären, was geschah, und brauchen keinen rettenden Gott. Und wenn Israel durchs Meer ging – was ist dann, geht man der Historie kritisch nach, eigentlich geschehen? Ein anderer Erzähler sagt, ein Wind habe das flache Wasser weggetrieben. Der Erzähler von Babylon spricht von einer Tat Gottes. Ist nun das eine wahr oder das andere? Oder ist die Rede von der Tat Gottes die Deutung des natürlichen Geschehens?

Da fallen Wachteln ans Ufer. Da finden die hungrigen Wanderer das Man. Ich habe nichts dagegen, daß man diese Erlebnisse natürlich deutet. Jede Gotteserfahrung läßt auch eine natürliche Deutung zu. Es kommt durchaus vor, daß ein Schwarm Wachteln aufs Meer abgetrieben wird, mit letzter Kraft das Ufer erreicht und nun zur Erde fällt, hilflos dem ausgeliefert, der die Tiere aufsammelt. Es ist auch durchaus möglich, daß sich Menschen im Sinai eine Zeitlang vom süßen Harz der Mannatamariske ernähren, das in den Frühlingsmonaten nach einem nassen, schnee- und regenreichen Winter von den Zweigen auf die Erde tropft.

Es wird auch erzählt, Mose habe Wasser aus dem Felsen geschlagen. Es gibt durchaus Stellen im Fels des Gebirges, an denen aus dem Gestein Wasser durch Risse abläuft, bis die Risse sich unter festgebackenem Staub schließen und man mit einem Stecken den Riß freiklopfen kann.

Aber das ist ja nicht die dringlichste Frage: Wie kann ich erklären, was geschieht? Wie kann ich Ursache und Folge eines äußeren Geschehens trennen? Viel wichtiger ist ja die Frage: Wie komme ich zu einer Art Innenansicht dessen, was mir widerfährt? Wie komme ich von einem Erlebnis zu einer Erfahrung? Wie finde ich in mir selbst die Spiegelung dessen, was außen geschieht? Ich muß lange in mir selbst gewandert sein, ehe ich die Landschaft der Seele in meiner äußeren Welt wiedererkenne, und das heißt, ehe ich Gott, die Welt und die Seele in ihrem Zusammenhang wiederfinde.

Brautzeit und Seelenreise

Es scheint mir kein Zufall zu sein, daß ein Wort, das seit tausend Jahren in der mystischen Tradition lebt, das Wort Reise oder Hinreise, in der aufgeklärten christlichen Literatur unserer Tage plötzlich wieder auftaucht: Die Reise der Seele zu sich selbst. Die Reise der Seele zu Gott. Die Reise in die Abgeschiedenheit, in der sie Erfahrung Gottes und der eigenen Tiefe sucht.

Die Reise Israels von Ägypten aus an den weltentlegenen Felsenberg, an dem es Gott begegnete und eben damit zugleich sich selbst als das von diesem geführte Volk begriff, findet heute in uns selbst, den sogenannten modernen Menschen, statt, auch wenn sie trotz all dem unendlichen Vielerlei, das über Meditation, über Einkehr und Gebet gesagt und geschrieben worden ist, noch immer nicht ausreichend genau kartografiert ist.

Um 600 vor Christus, als der Untergang Jerusalems durch Nebukadnezar nahe bevorstand, griff Jeremia, der damals in der Stadt als Prophet wirkte, auf die Wüstenzeit mit einem unvergleichlichen Bild zurück:

»So spricht der Herr:
Ich gedenke der Treue deiner Jugend
und der Liebe deiner Brautzeit,
wie du mir folgtest in der Wüste,
im unbesäten Lande ...« (Jeremia 2,2)

Dieses Bild von der Braut, die ihrem Bräutigam folgt, und zwar auf dem Weg durch die Wüste, die sich ihm anvertraut und um ihre Versorgung nicht bangt, blieb der Gedankenwelt der christlichen Kirche, vor allem der Mystiker und der Dichter, für alle Zeiten erhalten. Jesus selbst nahm es auf und bezeichnete sich als den Bräutigam, der ausgeht, um die Braut heimzuführen, und immer verstand man unter dem Bräutigam den heimführenden Gott und unter der Braut die ihm folgende Seele.

Für uns ist dieses Gleichnis schwierig geworden. Eine Braut ist für uns durchaus ein Mensch mit eigenem Willen. Sie ist für uns keineswegs am Ziel ihrer Wünsche, wenn sie einem Manne folgen darf. Wenden wir es aber auf die Seele an und auf den Gott, der sie ruft, so wird es auch für uns unverändert gültig sein.

Eine Braut, so deutet es die Bibel, sucht ihren Weg nicht selbst. Anders wäre Israel, die Braut Gottes, nach Ägypten umgekehrt, statt ihm im unbesäten Lande nachzufolgen. Einer Braut ist nur der Bräutigam wichtig. Ihre Aufmerksamkeit gilt nicht so sehr dem, was sie sieht, als vielmehr dem, was sie hört. Sie ruft nach dem Bräutigam, und der Bräutigam bestätigt ihr: Ich bin da. Ich gehe voraus.

»Ich bin der Weg«, sagt Jesus. Die Braut aber vertraut. Sie geht mit und ist, wo sie sein will:

bei ihm. »Ich bin bei euch alle Tage bis an der Welt Ende«, sagt Jesus, als seine Freunde ihren einsamen Weg antreten.

Man mag dieses Verhältnis zwischen Bräutigam und Braut als archaisch empfinden. Die meisten Elendsgeschichten aber, die heutige Menschen erzählen, die meisten Berichte von Kranken, Straffälligen, Selbstmordgefährdeten, haben das Gemeinsame, daß an entscheidender Stelle in der Lebensgeschichte eine elementare Beziehung fehlte oder zerbrochen war und, weil ein Mensch fehlte, auch kein Weg mehr offenstand. Nichts ist so charakteristisch für das Geschick des emanzipierten Menschen von heute wie dies, daß an entscheidender Stelle Beziehungen fehlen, und so ergibt sich von selbst, daß man die Frage nach dem Sinn des Lebens ohne Hoffnung stellt, daß man keinen Weg weiß, daß Mut oder Kraft fehlen, daß sich Depressionen wie Epidemien ausbreiten und die Zahlen der Neurotiker, der Schizophrenen, der Verzweifelten und Verwirrten steigen. Die Wüste greift um sich. Der Mensch ist nur noch von sich selbst umgeben und stirbt am Ende an seiner Verlassenheit.

Was aber ist auf der inneren Reise zu gewinnen? Was bringt die Erfahrung, die auf dieser Reise zu machen ist? Was kann einer sagen, der das Ziel erreicht hat, gleichsam den weltentlegenen Berg, an dem Gott spricht?

Er sagt etwa:
Ich bin kein Bruchstück, sondern ein ganzer Mensch. Ich brauche keine Rollen zu spielen, die mir fremd sind. Ich bin frei. Aber mehr noch: Ich weiß nun, daß ich noch fähig bin, mich hinzugeben. Es gibt so etwas wie Gelassenheit. Ich bin noch fähig, mich zu sehnen, und habe die Kraft, mich zu dieser Sehnsucht zu bekennen.

Ich brauche den Sinn meines Lebens nicht zu beweisen. Es gibt einen Weg, der aus den Grenzen und Schranken dieses Daseins hinausführt, und das macht mich glücklich. Ich brauche mich gegen die Welt und die Menschen nicht zu wehren und nicht abzuschirmen. Sie gehören zu mir und zu meinem Schicksal, und ich kann sie annehmen und bejahen, wie ich den guten Willen Gottes annehme und ihm danke.

Wenn dies der Ertrag ist, der auf der Reise der Seele zu gewinnen ist, wie kann sie uns heutigen Menschen gelingen? Die Schwierigkeit ist die, daß wir die mythischen Geschichten der Vergangenheit und mit ihnen die Symbole und Gestalten unseres eigenen Unbewußten vergessen haben, sofern wir sie jemals gewußt haben. Wir haben uns geistig aus ihnen herausgezogen, unsere Wurzeln hängen gleichsam in der Luft. Wir denken mit dem Kopf und verhungern an unserer Seele. Wir sprechen von Mythen und Sagen, und da wir in einer Sage keine Wahrheit suchen, bleiben uns die Bilder und Vorstellungen, die aus uns selbst aufsteigen, unbegreiflich. Gleichzeitig aber sind wir schutzlos allerlei durchaus mythischen Zwängen aus unserer Umwelt ausgeliefert, von ihnen beherrscht, besetzt und ausgenutzt, unfähig, sie auch nur als solche zu erkennen.

Denn nach wie vor wirken aus unserem eigenen Unbewußten die mythischen Bilder vergangener Jahrtausende auf unsere Gedanken und Entscheidungen ein, machen uns krank oder gesund, machen uns fähig, mit unserem Leben etwas anzufangen, oder unfähig, mit unseren Problemen fertig zu werden. Immer wieder träumen wir große, starke, hilfreiche Träume, die aus der Erfahrung von hunderttausend Jahren Menschheitsgeschichte herrühren; und wenn wir aufwachen, sind wir überzeugt, moderne Menschen zu sein, die über Traumbilder und Glaubensüberzeugungen hinaus sind, und tragen unsere Gespaltenheit durch die aufgeklärte Landschaft der heutigen Welt, besser: durch die Märchenwelt, die der aufgeklärte Mensch von heute um sich her aufgebaut hat, steigen in unser Auto und sagen: Nur dies ist wirklich!

Auf welche Weise aber kommt denn die heutige Christenheit wieder zu einer eigenen Erfahrung des wirklichen Gottes? In der sogenannten Drogenszene der letzten Jahre fanden viele durchaus zu der Grenze hin, an der Neues und Fremdes in ihr Bewußtsein einbrach. Aber sie vermochten ihr Erleben nicht zu deuten, weil sie die Mittel zur Deutung in der abendländischen Überlieferung nicht fanden. Sie konnten, was ihnen widerfuhr, nicht benennen, oder sie benannten es mit religiösen Worten aus fremden Kulturen. Viele unter ihnen sind sich bewußt, die wichtigsten Erkenntnisse gewonnen zu haben, die Menschen überhaupt zugänglich sind, sie sprechen von Erleuchtung und von Gotteserfahrung und fühlen sich weiser und stärker als ihre gesamte Umwelt. Sie können sich aber ihrer Kräfte und Einsichten nicht bedienen und verlieren mit der geistigen Geschichte, aus der sie kommen, auch die Welt, in der sie leben. Denn Erlebnisse werden zu Erfahrungen erst durch eine Deutung, die Deutung aber bedarf einer Sprache, und das heißt einer Überlieferung.

Die Drogenszene freilich ist weniger kennzeichnend als die umgekehrte Schwierigkeit, die für die Mehrheit der Christen besteht: Viele kommen von der christlichen Überlieferung her, aber sie machen keine Erfahrungen. Sie halten die Bilder des Dogmas fest, aber die Bilder spiegeln sich nicht in ihrer Seele. Sie schützen das biblische Wort vor falscher Auslegung, aber sie machen nie die Erfahrung, daß Gott spricht. Sie bedürfen einer neuen Einübung in Bilder und Worte ihres Glaubens auf dem Wege, den wir Meditation nennen, Einkehr, Kontemplation. Die tote Tradition muß wieder lebendig werden und mit ihr das eigene Herz, das zur Erfahrung fast schon nicht mehr taugt.

Das ist deshalb so, weil jede religiöse Botschaft auf zwei Wegen zu uns kommt: Zum einen gleichsam oberirdisch, in der Gestalt von Erzählungen, Symbolen, Liedern und Gebeten, in Bauten, Bildwerken und Büchern oder in der mündlichen Tradition der Lehre, der Predigt und des Bekenntnisses. Zum anderen gleichsam unterirdisch, in Gestalt der Bilder, die sich im Lauf von Jahrtausenden in die Seele eingeprägt haben und auch im Unbewußten des heutigen Menschen leben und wirken, Energien binden und freisetzen.

Aus eben dem Grunde ist es für den Glauben so tödlich, wenn er der religiösen Sprache entraten soll. Wenn der Mythus ausgeschieden wird, gibt es für religiöse Erfahrung keine Sprache mehr. Die Bildersprache der Überlieferung kann nur durch die Bilderwelt in der menschlichen Seele hindurch für den Einzelnen lebendig werden, und die Bilderfülle in der Seele bedarf der Deutung durch die Sprache der Überlieferung. Der Mythus ist das menschliche Gefäß für die Wahrheit.

Wer also den Mythus verliert, verliert auch das Wort, das Gott spricht. Schwinden die Bilder der Hoffnung, so bleibt die Wüste übrig, und die Wüste hat recht, wenn sie Gott leugnet, denn so tot wie die Seele selbst wird am Ende Gott sein. Das Schlagwort »Gott ist tot« kam auf, nachdem man das Wort Erfahrung aus dem Sprachschatz der Christen gestrichen hatte.

Wüstenlandschaft

Die Wüste hat kein eindeutiges Gesicht, sie hat deren viele. Und auch das Gleichnis von der Wüste, durch die der Weg des Menschen führt, hat viele Bedeutungen.

Die meisten Menschen, die die Wüste erleben, erleben sie gezwungen. Sie werden aus einem aktiven Leben plötzlich in eine Krankheit gestoßen und gehen dann ihren Weg durch die Landschaft der Angst, der Schmerzen und der Verlassenheit unter Protest, innerlich und äußerlich widerstrebend, bis sich wieder bewohnbares Land zeigt oder sich herausstellt, daß die Wüste nicht mehr enden, sondern sich als letzte Station des Lebens erweisen wird. Andere verlieren einen Menschen, der ihnen das Leben lebenswert gemacht hatte, und irren nun allein, ohne Weg und Ziel, ohne irgendwo wieder eine Quelle zu finden, verhärten und erstarren in Anklage gegen das Schicksal oder gegen Gott. Wieder andere bemühen sich heiß und mit allem guten Willen ein halbes Leben hindurch, aus den widrigen Umständen, aus denen ihr Schicksal zusammengesetzt ist, herauszukommen. Es gelingt nichts, die Suche nach einem befriedigenden Beruf nicht, die Suche nach einem Menschen nicht, die Suche nach ein wenig Sicherheit und Anerkennung nicht. Am Ende ist das Leben eine Folge von Enttäuschungen und Niederlagen gewesen und sein Ergebnis ein gescheiterter, verwüsteter Mensch.

Auf der anderen Seite kann die Wüste durchaus ein schönes, ein freundliches, ein beglückendes Gesicht zeigen. Wer einmal auch nur Tage in den Hügeln der judäischen Wüste zugebracht hat, in den Ebenen der syrischen Wüste oder den Sandwellen der Sahara, weiß, wie schön, wie überwältigend schön sie sein kann.

Die Wüste kann für Menschen, die sich nach Stille und Abgeschiedenheit sehnen, fast etwas wie eine ursprüngliche Heimat werden, die noch nicht verändert, noch nicht besetzt, noch nicht zerstört ist. Und der Sinn eines solchen Wüstenweges ist für sie der, auch in sich selbst etwas aufzuspüren, das noch nicht verändert, besetzt oder zerstört ist. Es ist ein Weg in die Urlandschaft der Seele, in der noch die einfache Welt ist, der einfache Gedanke und die ganz einfachen Bedürfnisse nach Wasser und ein wenig Brot. Es ist die Wüste, in die Jesus abseits ging, um zu beten, obwohl zur selben Stunde die Menschen einer Stadt nach ihm verlangten. In ihr reifen die großen Entscheidungen. Und wer in dieser Einsamkeit auf Freiheit setzt, wird erfahren, was Erlösung ist. Er wird zu klarerem Bewußtsein kommen, er wird an der Fähigkeit zur Liebe wachsen und an der Kraft, zu handeln und zu verantworten.

Die Wüste kann, sozusagen als ihre äußerste Möglichkeit, noch ein drittes Gesicht bekommen; denn als Christus den Weg in die Wüste antrat, tat er es weder gezwungen noch weil er das Glück der Einsamkeit suchte. Er tat es in voller Freiheit um derer willen, die durch die Wüste zu gehen haben, ohne ihr gewachsen zu sein, um derer willen, die keinen Weg wissen, die vergeblich nach der Quelle suchen, die ihnen das Leben erhält, und vergeblich nach einem Ziel, das dem Weg einen Sinn gäbe. Es gibt nach Christus den stellvertretenden Weg durch die Wüste, die tröstende Begleitung derer, die ohne Hoffnung unterwegs sind. Und in diesem Sinne ist die Kirche das wandernde Gottesvolk, von dem der Hebräerbrief spricht.

Erfahrung in der Einsamkeit

Wir sind im allgemeinen keine Empfänger besonderer, für die übrige Menschheit richtungweisender Offenbarungen. Mose, der mit Gott sprach, war ein Einzelner. Was sahen die übrigen von Gott? Wie sprach er zu ihnen? Wie spricht er zu uns?

Es ist nicht sicher, daß wir die Überwältigung erleben, die dem Empfänger großer Offenbarungen widerfährt. Es gibt aber auch für uns eine Überwältigung, die uns von Grund auf prägt und wandelt, die uns eine Lebensrichtung anweist oder einen Auftrag mitgibt. Ich selbst könnte den Tag angeben, an dem ich im überfüllten Lager unter Kriegsgefangenen jenem unscheinbaren Mann begegnete, unter dessen wenigen einfachen Worten sich mir für die Zeit meines Lebens entschied, wo ich Wahrheit zu suchen und was ich von nun an zu tun hätte.

Es kann durchaus für jeden schlichten Menschen die Stunde kommen, in der ihm der Himmel offensteht. Vielleicht lebt er danach ein Leben lang von dem einen Tag, an dem irgend etwas geschah, das er weder beschreiben noch beweisen kann, aus dem er aber der ist und bleibt, der er von da an geworden ist.

Die Berührung mit dem, was man das Numinose nennt, das irgendwie Göttliche, können die meisten Menschen irgendwann empfinden. Beim einen löst sie sich wieder, als wäre sie nie gewesen, beim anderen wird sie zu einer verwirrenden Erinnerung, aus der er sich nie wieder recht zu lösen vermag, obwohl er nichts mit ihr anfängt, beim dritten nimmt sie die Gestalt eines vorher schon gewußten und erlernten Glaubens an, je nach der Prägung, die er in seiner Kindheit mitbekam. Beim vierten klärt sie sich im Lauf der Zeit, kehrt wieder, geht

Eigentlich müßten in diesen Jahren Tausende von Ziegen im Sinai verhungern und wohl auch viele der ungefähr fünftausend Menschen, die noch als Beduinen leben. Mehrere Winter hat es dort nicht mehr geregnet. Die Ziegen geben längst keine Milch mehr, und verteilten die israelischen Behörden nicht Stroh und Mais zur Fütterung der Tiere, wäre die Hungersnot unausweichlich.

Salcha, die Mutter, suchte sich in der Nähe ihres Lagerplatzes eine glatte Felsplatte und streute dort den Ziegen ihren Mais.

Währenddessen saßen Salam und Salma im Zelt und übten sich auf einfachen Metallrohren in der Kunst zu flöten (S. 94 links oben).

Wenn die Familie weiterzieht, was häufig nötig ist, weil fast kein Gras wächst und die Entfernungen zwischen einem Weideplatz und dem anderen immer größer werden, werden die beiden kleinen Mädchen in die Seitentasche der Kamele gesteckt und reisen da aufs bequemste (S. 94 rechts oben).

Manchmal ist Salma wochenlang allein mit einem Teil der Ziegen unterwegs. Als ich mit ihr durch ein völlig trockenes Wadi kam, erklärte sie plötzlich: Ich muß den Ziegen Wasser geben! Ich schaute mich suchend um und konnte kein Wasser entdecken. Da nahm sie eine Schüssel und eine Blechbüchse aus ihrem Schultertuch, setzte sich auf die Erde und fing an, eine Grube in den Sand zu graben. Kaum war sie dreißig Zentimeter tief gelangt, da sammelte sich das Wasser. Ein Wunder? Nein, ein Zeichen, wie genau man sich im Untergrund der Täler auskennen muß, um eine solche Stelle auf Anhieb zu finden. Wer sie nicht kennt, hat keine Chance zu überleben (S. 94 links unten).

Daß Salcha aus Milch Butter oder Käse macht, ist eine Ausnahme. Milch ist schwer zu bekommen. Aber der Milchsack, der Balg einer Ziege, den man hin und her stößt, während er an einem Dreibein hängt, ist noch im Gebrauch (S. 94 rechts unten).

wieder verloren und geschieht schließlich irgendwann noch einmal oder noch mehrmals in je der Form, die dem Menschen in dieser oder jener Lebensphase zugänglich ist.

Diese Berührung führt bei dem einen zum Versuch eines künstlerischen Ausdrucks für das Erfahrene. Einer schreibt sich – für sich selbst – von der Seele, was da war. Einer erlebt, wie seine allzu primitive, verschlossene Dingwelt sich ihm öffnet und neue Dimensionen sich kundtun, die nicht nachweisbar sind mit rationalen Mitteln, aber doch überzeugend real.

Einer erlebt das Aufsteigen von Bildern, die er nicht versteht. Einer hat Einfälle, die er nicht begründen kann, oder kommt zu Meinungen, für die er die Rechenschaft schuldig bleiben wird. Gemeinsam ist, daß ein Mensch an eine Grenze kommt, an der die vertraute Landschaft endet, und daß er dort fremde Zeichen oder Worte aufnimmt, von denen er sofort weiß: Das ist es! Das ist der Augenblick meines Lebens!

Vielleicht geschieht es am Rande der Trance, die einer vor einer Landschaft erlebt, oder in der Trance, in der eine ferne Vergangenheit plötzlich lebendig wird, ohne daß der Träumende sagen kann, warum oder warum jetzt.

Ich glaube, nach allem, was ich an Andeutungen von anderen Menschen höre, daß viel mehr Menschen zu solcher Wahrnehmung fähig sind als wir ahnen. Wir wissen aber so wenig davon, weil die meisten die Scheu nicht überwinden, davon zu reden, und die wirklich genauen Worte nicht finden, um zu schildern, was ihnen widerfährt.

Man mag von berührendem Denken sprechen, also einem Denken, das nicht die Wirklichkeit an sich reißt, um sie zu erklären, sondern das behutsam die Hand ausstreckt, um gleichsam eine andere Wirklichkeit zu berühren oder zu streifen.

Man mag von schauendem Denken sprechen. Es schließt jemand die Augen. Er versucht, die Bilder, die dann aufsteigen, behutsam zur Seite zu tun, und schaut in einen weiten Raum, in dem dann etwas ganz Anderes und Neues sich vor seine Augen malt.

Man mag von horchendem Denken reden. Es spricht jemand sich ein Wort vor, ein großes und wichtiges Wort. Er sagt Ewigkeit. Er sagt Auferstehung oder Schöpfung und wartet auf die Stimme, die der seinen antwortet.

Man mag von einem träumenden Denken reden, das einem verborgenen Spiel zuschaut, das über die Bühne seiner Vorstellungskraft geht, gespielt von jenem seltsamen Ensemble von Spielern, die in ihm selbst leben und ihm Wichtiges, vielleicht Entscheidendes sagen und zeigen wollen, und das vom nachdenkenden Bewußtsein verstanden werden will, und seien es etwa nur die Menschen aus einer Geschichte wie der von den wandernden Menschen im Sinai.

Das Gemeinsame an solchen Erlebnissen ist, daß sich eine Grenze öffnet, daß etwas Fremdes oder Unbekanntes über ein offenes Feld zu uns kommt, durch eine Tür oder ein Fenster. Und dieses Fremde offenbart sich als freundlich, als hilfreich, als nötig zum Leben, als eine Hilfe zur Klarheit oder als eine Kraft, die uns danach erfüllt.

Das alles ist noch nicht eigentlich religiöse Erfahrung, aber es ist gleichsam der szenische Rahmen, in dem das Bild, die Stimme, die Gestalt auch des Numinosen, christlich gesprochen: Gottes, auftritt.

Versuche mit der inneren Welt

Zweierlei kann der, der Erfahrung sucht, tun: Die noch undeutlichen Zeichen, mit denen sie sich ankündigt, wahrnehmen. Er kann erkennen, zu welchen Zeiten, unter welchen Bedingungen seine Seele die Offenheit hat, die sie dazu braucht, unter welchen Umständen die Annäherungsversuche von Bildern oder Worten aus der anderen Welt sich ereignen, unter welchen sie verkümmern. Ob die Nacht die Zeit ist, in der das Bewußtsein sich gegen den großen anderen Raum öffnet, oder der frühe Morgen. Er wird den Stil seines Lebens, wenn es irgend möglich ist, darauf einstellen. Er wird wissen, welche Gedanken er denken, welche bestimmten Bilder er vor Augen haben muß, um an die offene Stelle zu gelangen, an der Neues, Fremdes, Großes, Schönes in den geistigen Raum eintritt.

Zum anderen wird er beobachten, was dem Kommen fremder Bilder und Gedanken hinderlich ist. Es gibt eine Art Musik, die alles zerstört. Es gibt Tätigkeiten, bei denen sich alles verschließt. Es gibt Menschen, in deren Nähe uns der Mut verläßt, uns der Grenze anzuvertrauen und dem, was dort herüberkommt. Es gibt eine spöttische Verstandesklarheit, der man ausgeliefert ist, weil es keinen Beweis gibt für das, was schön ist, wahr oder zwingend und wirklich erlebbar. Ich persönlich konnte, was mir wirklich wichtig war, noch nie irgendeinem Menschen, der es nicht sehen wollte, zeigen.

Mit der Unbeweisbarkeit realer, zwingender Erfahrungen hängt die grundsätzliche Verletzlichkeit des erfahrenden Menschen zusammen. Es kommt etwas zu ihm. Er erlebt es als ein Hereinkommendes und täuscht sich nicht. Es wird zu einem Stück seiner selbst, so sehr, daß er sich selbst zutiefst bedroht findet, wenn dies eben, was er erfahren hat, verspottet wird, wegdiskutiert oder überhaupt nur nach seinem Ausweis gefragt. Er kann es nicht beschreiben, obwohl er das Ganze vor sich sieht. Er hat vielleicht auch nur die Sprache nicht, von der er hoffen könnte, sie stehe auch Fremden und Zuhörenden offen.

Es liegt darum nahe, zu schweigen. Und es kann eine zusätzliche, schwer erträgliche Zumutung sein, unter Christen zu hören, es gelte, zu bezeugen, was man erkannt hat. Es gelte, mit Worten zu beten, es gelte, darzulegen, was man gehört habe, was man gesehen habe, es gelte, Rechenschaft zu geben. Aber es gibt einen seelischen Innenraum, der dem allzu rationalen Geist unseres heutigen Christentums nicht geöffnet werden kann. Menschen mit religiöser Erfahrung sind häufig an einer gewissen Behutsamkeit kenntlich, in der sie zwischen den Menschen hingehen, vielleicht nur auf einen Augenblick wartend, in dem ein Mensch, der an der Grenze seines Verstehens oder seiner Leidensfähigkeit ankommt, ein erfahrenes, ein geschautes Bild oder ein gehörtes Wort um seines Lebens willen nötig hat.

Alle Grenzerfahrungen sperren sich der Sprache. Das ist etwas, was wir heutigen Christen, die so gerne reden und nur das Reden für einen Beweis des Glaubens halten, wieder anerkennen müssen. Denn das Wort Gottes ist nicht immer dasselbe wie das christliche Reden von Gottes Wort. Es hat aber mancher ein Wort von Gott empfangen, der es nur in ungenauen Worten weitergeben konnte, stammelnd, stockend, andeutend, und es wurde doch im Ohr und Herzen anderer wiederum zu einem klaren, einem leuchtenden Gotteswort.

5. Kapitel

Unter dem Berg Gottes

Der Gott vom Sinai

Es vergingen vier Wochen, sechs, schließlich waren es acht, so fuhr eines Abends der Erzähler am Kanal Kebar mit seinen Geschichten fort, und am dritten Neumondtag nach ihrem Weg durchs Meer erreichten unsere Väter, die Söhne Israels, das Gebirge, den felsigen Kern der Wüste Sinai. Dort wußten sie den Berg Gottes, zu dem Mose sie führen wollte. Der Berg Gottes war nicht ihr Ziel, ihr Weg war dort nicht zu Ende, aber dort sollten sie zunächst bleiben und sich über alles Weitere klar werden. Und sie lagerten sich dem Berg gegenüber.

Da sprach Gott zu Mose:
Geh hin und befiehl den Leuten, sie sollen sich heute und morgen reinigen und ihre Kleider waschen; sie sollen auf übermorgen bereit sein, denn da werde ich vor den Augen des ganzen Volks auf den Berg Sinai hinabfahren. Zieh eine Grenze um den ganzen Berg und sprich: Hütet euch, auf den Berg zu steigen oder auch nur seinen Fuß zu berühren, denn wer den Berg berührt, ist des Todes.

Am dritten Tag aber, als es Morgen wurde, erhob sich ein Donnern und Blitzen, eine schwere Wolke lag auf dem Berg, und mächtiger Posaunenschall ertönte, so daß das ganze Volk im Lager erschrak.

Der Berg aber war ganz in Wolken gehüllt, denn der Herr war im Feuer auf ihn herabgefahren. Rauch stieg von ihm auf wie von einem Schmelzofen, und der ganze Berg bebte.

Die Menschen sahen es und zitterten und blieben in der Ferne stehen. Sprich du mit uns! baten sie Mose, aber Gott soll nicht mit uns sprechen, wir kommen sonst um!

So blieb das Volk in der Ferne stehen, nur Mose nahte sich dem Dunkel, in dem Gott war.

Die Wolke aber bedeckte den Berg, und die Lichtherrlichkeit Gottes ließ sich auf dem Sinai nieder. Sechs Tage lang bedeckte ihn die Wolke. Am siebten Tag rief Gott Mose aus der Wolke an. Die Erscheinung der Herrlichkeit Gottes aber war wie verzehrendes Feuer auf dem Gipfel vor den Augen Israels. Da schritt Mose mitten in die Wolke hinein, und er blieb oben auf dem Berg vierzig Tage und vierzig Nächte lang.

Die Menschen also standen unten im Tal und sahen hoch oben in den glühenden Granitgipfeln die Erscheinung eines gefährlichen Gottes. Sie hatten sich vor den Ägyptern, den Sklavenhaltern, gefürchtet und vor den Streitwagen des Pharao, und waren ihnen entronnen.

Sie hatten sich vor der Einsamkeit der Wüste gefürchtet, vor Hunger, Durst und langsamem Sterben, vor feindlichen Volksstämmen und vor dem täglichen Kampf gegen die eigene Resignation.

Aber nun erlebten sie eine Gewalt, vor der alles übrige versank. Da blieb nur das Grauen vor einem ungeheuren, einem schrecklichen, gefährlichen Gott. Am Schilfmeer, in jener Nacht vor Baal Zephon, war der große Meergott ihr Feind gewesen und Jahwe, der Gott aus der Wüste, ihr Bundesgenosse. Auf ihrem Weg durch die Wüste hatten sie geklagt, daß Gott nicht da sei, und erst allmählich gelernt, daß er verborgen gegenwärtig war, und seine führende Hand in Manna und Quellwasser erkannt. Nun aber, plötzlich, war er der Gott von oben, nun war er die allgewaltige, bergeschwere Autorität, vor der sie nur weglaufen oder zerbrechen konnten. Sie erlebten den heiligen Gott, der sie von oben sah, von oben richtete und alles Böse von oben rächte. Und dieser Gott war nicht nahe, sondern durch eine tödliche Grenze von ihnen getrennt. Da standen sie nun, und was sie in Ägypten und in der Wüste ausgestanden hatten an Angst und Gefahr, wurde wesenlos vor dem Entsetzen, das nun nach ihnen griff.

Wo lag der heilige Berg Moses?

Um es vorweg zu sagen: Niemand weiß es. Die Erzähler der Bibel stellten sich verschiedene Berge vor, und sie hatten dabei offenbar, Jahrhunderte nach Mose, keine geographischen Anhaltspunkte mehr. Dennoch ist es für die Deutung, die sie den Vorgängen der Mosezeit gaben, wichtig, zu wissen, was für einen Berg sie sich vorstellten.

Sucht heute der Tourist nach dem Berg Moses, so wird er an den Dschebel Musa geführt, an das berühmte Katharinenkloster und in die weite Ebene Rafa, den Lagerplatz der Israeliten. Aber diese Überlieferung ist jung. Den Dschebel Musa hat sich wohl kaum einer der Erzähler der Bibel vorgestellt. Aber welchen denn? Und vor allem: Welchen stellte sich der Alte von Babylon vor, wenn er die Geschichte erzählte?

Auf etlichen Reisen kreuz und quer durch den Sinai zog ein bestimmter Berg im Süden der Halbinsel mehr und mehr meine Aufmerksamkeit auf sich: das grandiose Felsmassiv, das sich südlich der Oase Firan erhebt, der Dschebel Serbal. Lange, ehe man den Dschebel Musa als den Berg Gottes ansah, siedelten hier christliche Mönche, in Pharan, und man hat im Tal jüngst eine ganze Stadt ausgegraben, die aus der Zeit der Könige Judas stammt, also wenige Jahrhunderte nach Mose noch oder wieder von Israeliten bewohnt war.

Dabei wäre es falsch, sich den Sinai jener Zeit als kulturell primitiv vorzustellen. Lange, ehe die Israeliten diese Wüste durchwanderten, blühte dort eine erstaunlich hoch entwickelte Kultur. Die Phönizier stammen aus dem Sinai, und gleichzeitig mit der Erfindung der ersten Buchstabenschrift in Phönizien wurde dreihundert Jahre vor Mose auf dem Sinai das erste Alphabet erfunden. Noch heute sind die Bergwerke der Ägypter zugänglich. Noch heute liegen die ägyptischen Tempel auf den Felsplateaus.

Es könnte uns gleichgültig sein, welchen Berg der Erzähler von Babylon im Auge hatte, wenn diese Berge nicht alle ihre Geschichte hätten und die Wahl eines bestimmten heiligen Berges darum zur Auseinandersetzung mit einer besonderen religiösen Überlieferung zwänge.

Nun sagt Johanan Aharoni, ein israelischer Gelehrter und einer der besten Kenner des Sinai, es könne wohl sein, daß der Dschebel Serbal ursprünglich Surbal geheißen habe: Das heißt Felsenberg des Baal. Stünde dieser Berg als ein Berg des Baal im Hintergrund der Erzählungen des Mannes am Kanal Kebar, dann eröffnete sich plötzlich eine ganz neue, überraschende Dimension in der Geschichte von Mose und der Gotteserscheinung auf dem Sinai.

Daß Baal in jener Gegend einen heiligen Berg hatte, ist schon deshalb wahrscheinlich, weil der nahe gelegene Dschebel Katharina, der höchste Berg der Halbinsel, ursprünglich ein heiliger Berg der syrisch-phönizischen Baalath, der alten Muttergöttin, war. Diese Göttin wurde in christlicher Zeit, da man sie nicht einfach vergessen konnte, in die heilige Katharina umbenannt. Wo aber die Baalath, die Herrin, ist, da ist auch Baal, der Herr, nicht weit. Und kein Berg eignet sich für den heiligen Berg des Baal so großartig wie der Dschebel Serbal.

Zuflucht beim goldenen Stier

Vierzig Tage blieb Mose auf dem Berg. Die Menschen unten warteten. Eine Woche, zwei Wochen, drei Wochen. Was mochte Mose zugestoßen sein?

Als sie sahen, daß er nicht wiederkam, wandten die Leute sich an seinen Bruder Aaron: Auf! Mach uns einen Gott, der uns führt! Aaron war einverstanden: Nehmt die goldenen Ringe von den Ohren eurer Frauen und bringt sie! Und er goß ein goldenes Stierbild, baute vor dem Stier einen Altar und ließ ausrufen: Morgen ist das Fest für den Gott! Und sie standen früh am Morgen auf und feierten ein Opferfest, sie lagerten sich, um zu essen und zu trinken, und standen auf und tanzten.

Man pflegt diese Geschichte in den Schulbüchern als Abfall Israels zum Heidentum zu brandmarken, aber so einfach scheint mir das nun doch nicht zu sein. Der Stier ist ein uraltes Symbol. Man wählte Jahrtausende vor Mose das Tier mit der stärksten Fruchtbarkeit und Lebenskraft zum Bild für den schaffenden und lebenerhaltenden Gott. Der Himmelsgott El, an den Abraham dachte, wenn er ein Wort von Gott empfing, und der vom Euphrat bis nach Kanaan verehrt wurde, heißt auch der »Stier«. So wird im Jakobssegen 1. Mose 49, 24 die siegreiche Kraft des Stammes Joseph zurückgeführt auf die Hilfe des Stiers des Jakob.

Am erstaunlichsten aber ist die Tatsache, daß auch Jahwe, der Gott Israels vom Sinai, im Bild des Stiers erscheint. Im Jahwetempel von Arad, das im Süden Israels liegt, fand man eine Stierstatuette aus Kalkstein; sie stammt aus der Zeit der Könige Judas, dreihundert Jahre nach Mose. Auf Tonscherben, die man in Sichem fand, traf man auf die Gottesbezeichnung »Jahwe, der Stier«.

Ich habe mich gelegentlich gefragt, warum die meisten Götter des Vorderen Orients mit dem Bild vom Stier oder der Kuh zu tun haben, und fand eine sehr einfache Erklärung.

Ich kam einmal, es war in der Nähe des Euphrat, auf einer schmalen, staubigen Fahrstraße zu Fuß an einer Gruppe von Hütten vorbei. Windstille, drückende Hitze. Da lag, als ich um eine Wegbiegung kam, eine Kuh. Tot. Eine schwarze Spur lief von ihrem Maul aus durch den Staub und versickerte am Wegrand. Blut. Vielleicht angefahren? Ich wußte es nicht. Zwanzig Meter davon hockte in ein schwarzes Tuch gewickelt auf der Erde eine Frau, klein, ein Häufchen Mensch, den Blick weit offen auf die Kuh gerichtet. Regungslos und wie ohne Leben. Ein Bild starrer Verzweiflung. Als sagte sie: Nun ist alles vorbei. Solange die Kuh lebte, konnte ich auch leben. Nun ist sie tot. Und für mich ist alles aus.

Ich hatte den Fotoapparat in der Hand. Und dies hier, das war ein Bild von der Kraft eines Symbols. Aber ich konnte nicht abdrücken. Es gibt Bilder, die keine Distanz dulden. Und das wirkliche Bild blieb mir und wird mir bleiben. Die kleine schwarze Frau hockt in meiner Erinnerung und starrt auf die tote Kuh. Wie Millionen vor ihr, vor dreitausend oder vor sechstausend Jahren. »Erde bist du, und zu Erde sollst du werden.« Der Satz stammt aus diesem Land des Lehms und der Trockenheit. Nie war er mir gegenwärtiger als an diesem heißen Tag. Und nie habe ich das Wort Luthers besser verstanden als dort: Ein Gott – das ist das, von dem man alles Gute erwartet... Woran du dein Herz hängst, worauf du dich verlässest, das ist dein Gott!

Warum aber, da nicht nur Baal, sondern auch Jahwe der Stier war, sollte es so wichtig sein, unter welchem Namen man diesen Gott verehrte? Und warum – ob nun die Rettung von

Baal oder Jahwe ausging – soll man nicht vor ihm tanzen? Das Bild ist näher als der auf dem Berg verborgene Gott. Es ist etwas zum Anfassen und Anschauen. Und wer will von einem vom Tode bedrohten Menschen verlangen, er müsse den einen vom anderen Gott unterscheiden, da er doch ganz einfach nur einen Halt braucht?

Der goldene Stier ist nicht etwa nur eine primitive, heidnische Ersatzlösung, er ist die Hilfe zum Überleben, die der überforderte, vom Übergewicht der Autoritäten, Gebote und Mächte erdrückte Mensch in seinem Tal immer wieder brauchen wird.

Bilderverbot

Das Volk also tanzte um den goldenen Stier. Es mußte endlich wissen und wußte es auch alsbald, wer denn nun im Tal das Sagen habe. Es brauchte einen starken Mann und einen starken, freilich einen begreiflichen Gott, einen reichen, eben einen goldenen Stier. Was konnte besser helfen gegen die Angst als ein solches Zeichen der Unbesiegbarkeit und der vitalen Kraft. Vor ihm konnte man sagen: Wir sind jemand! Wir sind mit einer Macht verbündet. Unter diesem Gott werden wir überleben. Angst muß nicht sein. Laßt uns tanzen!

Das ging gut, bis Mose herabkam. Als der das Stierbild sah, nahm er die beiden Tafeln mit den Geboten Gottes und zerschmetterte sie am Fuß des Berges. Er schmolz das Stierbild ein, zerrieb es zu Pulver, streute das Pulver auf Wasser und zwang die Leute, davon zu trinken.

Eines der Gebote aber, die auf den zerstörten Tafeln gestanden hatten, lautete: »Du sollst dir kein Bildnis machen.« Kein Bild von Gott. Das war für Mose klar und notwendig. Wenn ein und dasselbe Bild für Jahwe, El und Baal steht und womöglich noch für den ägyptischen Gott Apis und andere mehr, dann eignet sich das Bild nicht für ein eindeutiges Bekenntnis zum Gott Israels. Wenn nicht beliebig austauschbare numinose Mächte angebetet werden sollen, sondern jener Jahwe, der gesagt hatte: »Ich bin der Herr, dein Gott«, dann kann das den vielen Göttern gemeinsame Bild nur verwirren.

Das Bilderverbot hatte also den Sinn, den Glauben an den einen Gott abzugrenzen und den Gedanken der Menschen eine eindeutige Richtung zu geben. Und man sage nicht, dieses Problem sei für uns überwunden, denn allen Bildern ist ihre Vieldeutigkeit gemeinsam.

Das zentrale Symbol der christlichen Kirche ist, zum Beispiel, das Kreuz. Es steht über Kirchen und Kapellen. Es hängt in Gerichtssälen. Es steht in der Tiara des Papstes oder in den Kronen von Zaren und Königen, auf den Mänteln der Kreuzritter und auf der Brust von dekorierten Soldaten, es hängt am Hals junger Mädchen als billiger Schmuck, und einem römischen Kaiser gar wurde geweissagt, er werde in diesem Zeichen, dem Kreuz, auf dem Schlachtfeld den Sieg davontragen. Das Zeichen des Kreuzes ist wehrlos jeder Verwendung ausgeliefert, es kann alles ausdrücken, was irgendwer von ihm verlangt. Damit es aussagt, was es wirklich soll, ist das nötig, was Paulus das Wort vom Kreuz nennt. Das Wort allein kann klären, was das Kreuz zeigen will und was nicht. Das Bild zeigt Wahrheit, aber die Wahrheit zu deuten vermag nur das Wort.

Freilich, auch Worte können zu Bildern erstarren und eignen sich danach als goldene Kälber. Wer heute das Wort Gerechtigkeit in den Mund nimmt oder das Wort Freiheit, ist des

Beifalls aller Wohlmeinenden und des Beifalls aller Münzfälscher gewiß. Man handelt das Wort Freiheit wie eine goldene Münze, die sozusagen das Bild eines Kalbs trägt wie ein Wappen, und kauft damit Glaubwürdigkeit ein, ohne sagen zu müssen, was man denn mit diesem Wort eigentlich sagen wolle. Das Wort Gerechtigkeit deckt alles ab, von der Restauration des Strafrechts über die Disqualifikation politischer Gegner bis zu den sozialen Strukturen eines beliebigen sozialistischen oder freiheitlichen Systems, es deckt politischen Kuhhandel, politische Augenwischerei und politische Gewalttat ebensoleicht ab wie Vertreibungen, Eroberungen, Ausbeutung oder Mißbrauch des Markts, Privilegien ebenso wie jede Art von Gleichmacherei. Gerecht ist alles so lange, bis einer mit klaren Worten sagt, wie denn Gerechtigkeit auszusehen habe, wodurch und wie denn Frieden zu schaffen sei.

Als Mose das Stierbild zerrieben hatte, streute er das Pulver auf Wasser und gab es den Menschen zu trinken. Dieses Einverleiben ihres Bildes bedeutete, daß sie sich bewußt machen sollten, was sie unbewußt nach draußen projiziert hatten. Was sie als Kinder ihrer magischen Welt draußen gesehen hatten, nämlich einen Gott, der Sicherheit gab, das sollten sie als das Produkt ihrer Angst wiedererkennen. Sie sollten die Angstbilder ihrer Seele wegräumen und ihren Blick auf den Gott richten, der ihnen nach wie vor nahe war. Der Mythus sollte Sprache werden und das Bild einem Gott weichen, der einen Namen hatte und die Menschen bei ihrem Namen rief. Und dies allein, das zeigte ihnen Mose, konnte das Ende ihrer Angst bewirken.

Aus den Jahren zwischen 2260 und 2223 vor Christus ist uns ein Bildwerk erhalten, das zu den großartigsten aus der alten Welt überhaupt zählt: die Stele des Königs Naram Sin, die man in Susa fand.

Der akkadische König besteigt mit seinen Kriegern einen Berg. Mit dem linken Fuß tritt er seine Feinde zu Boden, unter ihm stürzen sie in einen Abgrund, während er selbst den Gipfel ins Auge faßt, mit Speer, Streitaxt und Bogen bewaffnet und mit einer Hörnerkrone fast wie ein Gott gekrönt. Einer der Krieger lehnt sich kniend in einer wunderbaren Bewegung nach rückwärts und stößt in die Posaune, ein anderer ruft durch die hohle Hand Worte, die in langen Schriftzügen vom Gipfel des Berges herab zu ihm gedrungen sind, Worte offenbar von Göttern.

Über dem Berg strahlen zwei mächtige Sterne, ursprünglich waren es drei: Gottheiten, die auf der Spitze des Berges thronen.

Diese Darstellung zeigt das gewaltige Symbol einer durch göttliche Autorität von oben her errichteten menschlichen Macht. Oben und Unten werden klar getrennt, Herrschaft und Gehorsam klar begründet, Sieg und Niederlage gerecht verteilt, Steigen ins Licht und Fallen ins Dunkel. An der Grenze aber, an der die obere Welt der Götter und die untere der Menschen sich berühren, steht der König, göttliche Insignien auf dem Haupt und irdische Waffen in den Fäusten, und feiert den Sieg seiner Macht. Die Menschen, die ihm folgen, wenden die Köpfe nach oben. Für sie ist das Erste und Wichtigste die ungeheure Autorität, die von ihrem König ausgeht, in der sich der gefährliche Glanz der wie Gestirne strahlenden Götter über dem Gipfel spiegelt.

103

Unter den ungeheuren Steinkuppen des Massivs um den Dschebel Musa leben die Menschen. Unter gefaltetem Gestein wandert eine Familie, klein wie ein Zug von Ameisen. Unter riesigen Geröllbrocken haben Nomaden des Sinai ihre Zelte aufgeschlagen, als brauchten sie das schwere Gestein, um zu bestehen. Und so, als spiegelte sich das Gebirge in der Autorität von Menschen, kann man im Vorderen Orient überall immer wieder noch echte Patriarchen finden, die sich durchaus als die Repräsentanten Gottes verstehen.

Schwarz steht der Gipfel des Dschebel Musa über der zweitausend Meter hoch in den Felsen liegenden Mulde des Propheten Elia. Hoch über dem Katharinenkloster in der Tiefe, das im wörtlichen Sinn im Schatten dieser Berge steht.

Der Junge mit seinem Kamel hat keine genauen Vorstellungen von Gott. Weder islamische noch christliche. Aber sein ganzes Leben ist bestimmt von der Autorität, von Tradition und Sitte seines Stammes. Und nur, wenn die Welt der Beduinen insgesamt zugrunde geht, fällt auch diese Autorität.

Dreihundert Kilometer nördlich, in Jerusalem, sah ich den jungen Juden an der Klagemauer stehen, die Kapsel an der Stirn, in welcher Worte des Gesetzes aufbewahrt sind. Mir schien, er trage die Autorität des Gottes vom Sinai, als trüge er die ungeheuren Steine dieser Mauer auf seiner Schulter.

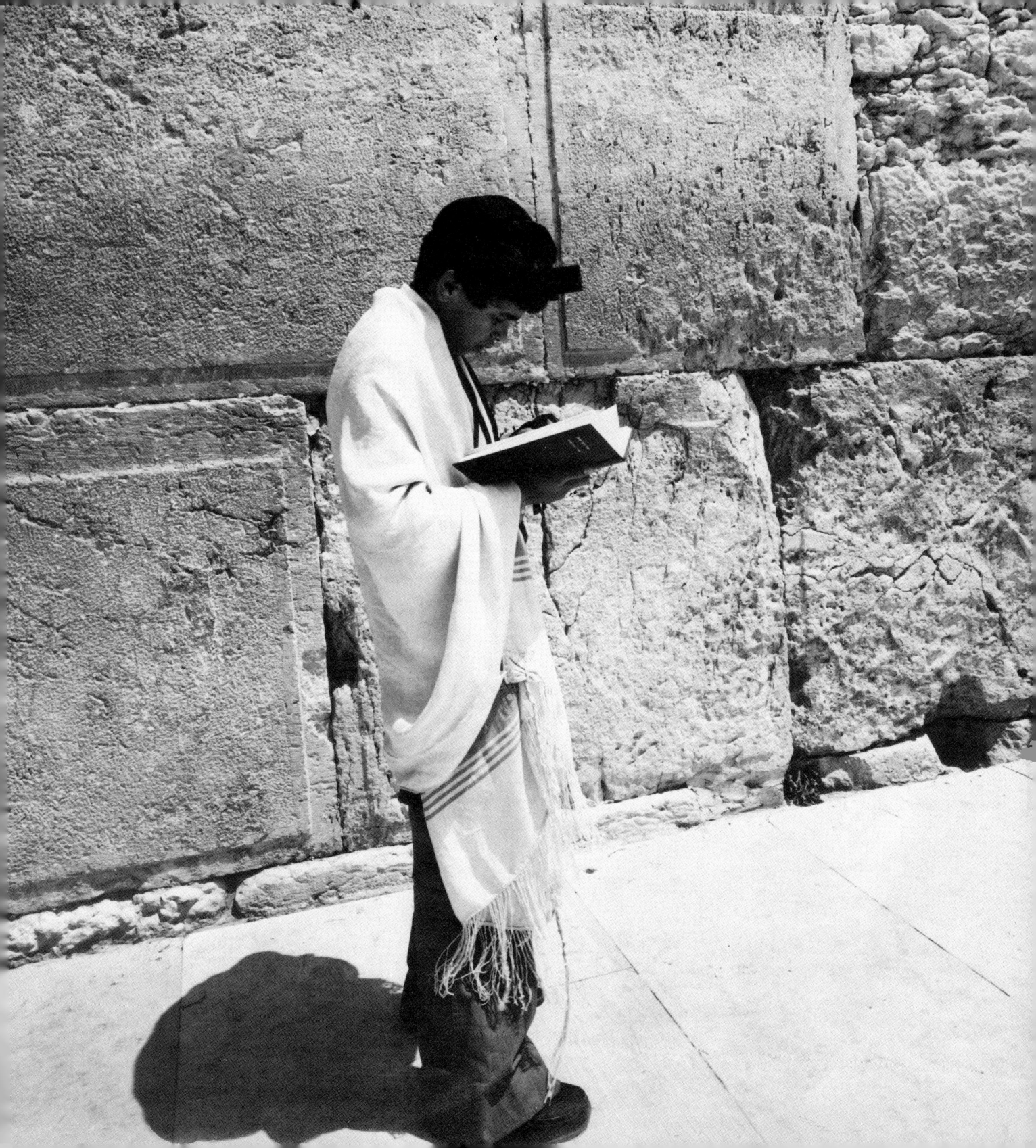

Das Wadi Firan westlich des Dschebel Musa mit der langen Oase, die sich das Tal entlang zieht. In einer der Windungen der alte Hügel der Mönchsstadt Pharan, die man unlängst ausgegraben hat. Über den Gipfeln der Talränder von Norden gesehen das gewaltige Massiv des Dschebel Serbal, den der Erzähler von Babylon sich möglicherweise unter dem Berg Gottes vorgestellt hat.

Als ich das Bild links zum ersten Mal sah, schien es mir wie ein Symbol der Demonstrationen dieser Jahre: Polizisten mit Helmen und Schilden, Staatsräson vertretend, stehen an einer Häuserzeile entlang. Ein einsamer Student geht vor ihnen vorbei, die Hand auf dem Kopf, der ihn offenbar noch schmerzt von irgendeinem Schlag. Gewalt von oben kann durchaus leiblich erlebt werden, und es darf uns nicht wundern, daß junge Menschen von heute, die Autorität von der Gemeinschaft der Menschen und nicht von Obrigkeiten erwarten, sich ihr widersetzen.

Die Bilder dieser Seite nehmen Überlegungen der folgenden Abschnitte vorweg. Die Erzählungen des Priesters von den Ereignissen am Berg Gottes handeln von dem berühmten goldenen Kalb, sie handeln auch von der seltsamen Maske, die Mose getragen habe. Davon wird noch die Rede sein.

Im Museum von Aleppo thront ein kaum handspannengroßer syrischer Himmelsgott, jener El, der die Zeit Abrahams beherrschte. Was mich an ihm faszinierte, ist die Maske, die er trägt. Ein goldener Helm mit Stierhörnern und einer Schulterdecke, die vorn am Hals geschlossen wird und nur das Gesicht ausspart. Sah so ein Priester aus, wenn er im Tempel seines Amtes waltete und El darzustellen hatte? Oder stellte man sich so den Gott vor und bildete das Gewand und die Maske des Priesters nach dem Gott? Bemerkenswert ist, daß das Gesicht frei bleibt. Vielleicht blieb es nur beim Gott selbst frei, und der Priester oder Prophet legte, um ganz El zu sein, noch eine goldene Maske darüber? Wenn Michelangelo Mose mit Hörnern abbildet, so schließt er an eine sehr alte Überlieferung an. Aus der Luft gegriffen ist seine Darstellung keineswegs.

Der Dschebel Musa ist, auch wenn er sicher nicht der Berg des Mose war, so doch ein alter heiliger Berg, der früher Tur Sina hieß, Mondberg oder Berg des Mondgottes Sin. Dieser Mondgott wird in einem alten Kultlied als »starker Jungstier mit kräftigen Hörnern, vollkommenen Gliedern, voll überquellender Kraft« besungen. Das goldene Stierbild des Aaron hat also durchaus seine Tradition in diesen Tälern.

Im dritten Jahrtausend entstand in Ur, der Heimat Abrahams, eine Harfe, an deren Resonanzkasten ein Stierkopf angebracht ist. Der Stier ist aus Gold und trägt, mit Lapislazuli eingefärbt, einen blauen Bart. Er stellt denselben Mondgott dar, den auch das Relief oben darstellt, und der Vergleich zwischen beiden Bildern zeigt, worin die Symbole sich berühren: Man braucht nur den Stierkopf vom Gehörn zu lösen und hat den Sichelmond des oberen Bildes, oder braucht nur in die Mondsichel den Kopf des Stieres einzuzeichnen und hat das sogenannte goldene Kalb. Der Mond und der Stier sind, wie verschieden sie auch scheinen, eng verwandte Symbole der Fruchtbarkeit. Die Geschichte von der Eroberung von Jericho wird diesen Gedanken aufnehmen.

Angst vor dem, was oben ist

Die Situation der verlassenen und verängstigten Menschen im Tal unter dem in Rauch und Feuer gehüllten Gottesberg ist heute noch mehr Menschen unter unseren Zeitgenossen vertraut als wir meinen. Unzählige bringen aus ihrer Kindheit die Erinnerung an diese Geschichte mit und haben von da an einen Gott, der wie eine bergeschwere Last über ihrer Seele liegt. Sie haben einen Gott, der ihnen keine Freiheit läßt und keine eigene Entscheidung und der nur Tag um Tag die Schuld nennt, die der Mensch im Tal auf sich geladen hat. Gott wird als Last erlebt, das Gebot als Last, die Schuld als Last, das Dasein insgesamt unter diesem fordernden und drohenden Gott als Last.

Was bleibt übrig? Der Haß. Wenn da ein Gott ist, der nur vom Berg herabdonnert, warum soll ich ihn nicht hassen? Wenn er so mächtig ist und mir doch nicht hilft, zu leben – wie kann er denn fordern, daß ich ihn liebe?

Oder es bleibt die Abwendung. Wenn Gott oben ist, noch dazu in Wolken gehüllt, muß ich mich dann nicht von ihm lösen und nach den Hilfen suchen, die mir auf der Erde bleiben? Und zwar ohne sein Gebot und möglichst ohne Schuldgefühle?

Ist aber alles, was oben ist, so feindlich, dann mag auch die Obrigkeit der Menschen, die sich ja immer wieder auf Gottes Autorität beruft, sehen, wie sie ohne mich zurechtkommt. Wenn die Obrigkeit die Macht hat, wenn sie dazu noch unzugänglich und unbeeinflußbar bleibt, wenn sie mich nur überwacht und bedroht, dann mag sie zusehen, wie sie mit ihren Problemen fertig wird.

Immer aber wird auch der Mensch sich selbst gegenüber eine ähnliche Rolle spielen wie die,

die Gott ihm gegenüber spielt. Ist Gott ihm ein Gesetzgeber und Richter auf dem Berg, dann wird er auch sich selbst gegenüber ein strenger Gesetzgeber und Richter sein.

Er wird sich teilen in ein Ich, das Vorschriften erläßt, und ein Ich, das sie zu befolgen hat. Er wird den Gesetzgeber in sich tragen und den Gesetzesübertreter. Er wird den Richter in sich tragen und zugleich den Angeklagten. Er wird den Kerkermeister in sich tragen und zugleich den Verdammten, den Verurteilten, den Gefangenen. Er wird sich selbst überwachen und sich selbst bestrafen, und zwar ob er nun an einen Gott glaubt oder nicht. Glaubt er nicht an einen Gott, so wird er sein eigener Gott sein. Glaubt er an Gott, dann wird der richtende Mensch in ihm die Rolle Gottes mitspielen.

Immer wieder begegne ich Menschen, die darüber verzweifeln, daß Gott ihnen nicht vergeben könne, denn sie hätten die Sünde wider den Heiligen Geist begangen, und Jesus selbst sage, diese Sünde könne nicht vergeben werden. Immer aber, wenn es zu einem gründlichen Gespräch kam, zeigte sich, daß die Tatsachen anders waren: Es war etwas in ihrem Leben vorgefallen, das sie sich selbst nicht verzeihen konnten. Sie standen sich selbst als Richter und Kerkermeister gegenüber und sahen keine Möglichkeit, sich mit diesem Menschen, der so tief gefallen war, zu versöhnen. Ein Ehebruch war es oder der Zwang zum Alkohol, eine Untreue im Geschäft oder was immer. Und nun suchten sie nach der Sünde, die auch Gott nicht verzeihen würde, und behaupteten sich selbst gegenüber, sie hätten den Heiligen Geist gelästert. Denn damit war wenigstens gewährleistet, daß in ihnen selbst der Richtende, der Verurteilende, also der Gerechte, erhalten blieb und sie nicht ganz und gar und ungeteilt im Sumpf ihrer Verschuldung versanken. Sie teilten sich selbst in Gut und Böse und blieben also wenigstens zur Hälfte im Recht.

Diese Art Teilung bestimmt die innere Situation unzähliger Menschen in dem Alter, in dem sie dem Idealismus ihrer jungen Jahre den Abschied gegeben und sich durch ein Jahrzehnt oder zwei in den Niederungen ihres Kampfs um Ehre, Gewinn oder Positionen herumgeschlagen haben. Sie bewahren sich ihre Selbstachtung, indem sie sich selbst verurteilen oder entschuldigen.

Irgendwann ist der Zeitpunkt erreicht, an dem der vierzigjährige Mensch die Autorität überprüfen muß, die er sich selbst gegenüber in Anspruch nimmt. Er muß versuchen, sich selbst sozusagen im Tal zu begegnen, dort, wo die Probleme wirklich sind, die Mißerfolge, die Schuld, das Elend, die Enttäuschungen. Er muß an der Stelle, an der er die Anklage aussprach oder anhörte, ein Gespräch führen.

Damit ist aber keineswegs Gott aus dem Spiel. Gott spiegelt sich in der Seele, aber er geht nicht in ihr auf. Es bedarf des hinabsteigenden Gottes, der zum ganzen Menschen ja sagt, damit der Mensch fähig und bereit wird, in sich selbst hinabzusteigen und so ein ganzer Mensch zu werden. Gott muß die Grenze zum Menschen überschritten haben, damit der Mensch die Grenze zu sich selbst überschreiten und sich annehmen kann.

Um diesen Weg Gottes vom Berg ins Tal zu den Menschen geht es in der Erzählung des Mannes aus Babylon.

Die Rache der Unteren

Ist Gott oben, so wird der Mensch im Tal ihn und seine Herrschaft unerträglich finden und wird sich, so gut es geht, von ihm abschließen. Er wird, aus Trotz oder Angst, auf seine Unabhängigkeit pochen.

Ist Gott oben, ist er also ferne, unerreichbar und unzuständig für das, was auf der Erde geschieht, verschwimmt er also in seiner einsamen, autoritären Höhe, so ist er praktisch entbehrlich.

Kämpferischer Gotteshaß und schulterzukkende Gottesferne führten in der Neuzeit gemeinsam zu der Ideologie von der Eigengesetzlichkeit der Welt gegenüber Gott. Und wie das Verhalten des Einzelnen von dieser Abwehr gegen den Gott auf dem Berg zeugt, so auch die politische, wirtschaftliche oder kulturelle Entwicklung des Abendlandes.

Der Mensch studierte die Natur und stellte fest: Auf dieser Erde entwickelte sich das Leben durch Mutation und Selektion und durch Anpassung an die Umwelt. Hier herrscht der Kampf ums Überleben, jeder steht gegen jeden. Wer lebt, frißt. Wer schwächer ist, wird gefressen. Das Gleichgewicht der Kräfte ist natürlich, also auch für den Menschen zu empfehlen.

Er übertrug diese natürliche Ordnung auf die Politik und sagte: Gott ist immer mit den stärkeren Bataillonen. Selbstverständlich. Er ist Macht und übt Macht aus, und zwar auch und gerade durch die Macht der Menschen.

Der denkende Mensch übertrug die natürliche Ordnung auf die Wirtschaft: Jeder ist sich selbst der Nächste. Die beste Leistung bringt den größten Erfolg. Das Gesetz von Angebot und Nachfrage reguliert Produktion und Konsum. Wenn jeder für sich selbst hart genug nach Gewinn strebt, funktioniert auch das Zusammenleben, und alle haben mehr zu verbrauchen.

Das Schlimmste wäre, es käme etwas von Autorität dazwischen. Dirigismus zerstört die heile, gute, lebenfördernde Welt der freien Wirtschaft, ähnlich wie göttliche Vorschriften die Entwicklung des freien, glücklichen Menschen stören oder zerstören müßten.

Macht hat keinem anderen Gesetz zu gehorchen als eben dem Gesetz der Macht. Die Wirtschaft hat kein anderes Gesetz als das in ihr selbst liegende: Sie gehorcht den Regeln von Angebot und Nachfrage, Gewinn und Wachstum, Wert und Geld. Die Technik kennt nur das ihr innewohnende Gesetz der Machbarkeit, der Steigerung, der Entwicklung, der Perfektionierung. Der Mensch aber glaubt sich zwischen all diesen autonomen Lebensgebieten frei. Er hat die Chance, sich zu behaupten oder zu krepieren.

Diese Ideologie von der Eigengesetzlichkeit der Lebensgebiete kommt heute allenthalben in ihre Krise. Sie ist zu gefährlich geworden.

Technik und Wissenschaft, werden sie nicht rasch und gründlich um ihre vielgepriesene Freiheit gebracht, werden uns in Kürze in eine apokalyptische Sackgasse des Todes und der Zerstörung führen.

Das Ende der sogenannten Eigengesetzlichkeit der Lebensgebiete muß gewollt und bewirkt werden, und wem das Wort Verantwortung heute noch nichts Aktuelles sagt, dem muß das Handwerk gelegt werden. Aber wem antwortet der verantwortliche Mensch? Wer fordert die Antwort?

Wer heute ohne Maßstäbe, die er von einer der Politik übergeordneten Instanz hat, Politik treibt, ist gemeingefährlich. Wissenschaft ohne Rücksicht auf das Verantwortbare ist kriminell. Handel ohne Gewissen, Bildung ohne das Bild des Menschen, Reichtum ohne Arbeit, Glaube ohne Konsequenzen aus dem Glauben, Glückssuche ohne Hingabe – dies alles, Spielarten des Lebens einer eigengesetzlichen Menschenwelt, kennzeichnet einen Endpunkt, an dem der Mensch auf dieser Erde sich dessen zu erinnern hat, was unabhängig von ihm gilt und wahr ist, will er überleben.

Das bedeutet nicht, daß wir zurückzukehren hätten zu dem Gott unserer Kindheit, dem donnernden Gott auf dem Berg. Es gehört ja zu den ungeheuerlichsten Mißverständnissen der christlichen Geschichte, daß wir heute noch, als wäre Christus nicht in die Niederungen dieser Welt gekommen, unseren Kindern den Gott Moses vor die Seele stellen. Es bedeutet aber, daß wir zunächst über uns selbst etwas zu lernen haben.

Mose und die Maske

Mose war im Zorn ins Tal gekommen. Aber der Zorn trug nicht weit. Nun galt es für ihn, Mittler zu sein, gleichsam den nahen Gott zu repräsentieren, und zwar in einer Weise, die der Fassungskraft der Menschen entsprach. So erzählt der Mann in Babylon die eigentümliche und sehr alte Geschichte von der Maske des Mose:

Als Mose zum zweitenmal den Berg bestiegen hatte und mit neuen Tafeln wiederkam, da wußte er nicht, daß die Haut seines Gesichts strahlend geworden war. Die Israeliten aber sahen es und fürchteten sich. So legte er eine Maske aufs Gesicht, damit die Menschen sich ihm nähern konnten. Nur im Gespräch mit Gott legte er die Maske ab.

Der Hintergrund ist die in vielen Religionen verbreitete Sitte, daß ein Priester mit einer Maske auftritt. Ein Gott wird in der Gestalt eines Tiers vorgestellt, eines Widders oder eines Falken, einer Kuh oder eines Hundes. Nun tritt der Priester im kultischen Spiel an der Stelle des Gottes auf. Er repräsentiert den Gott gleichsam auf der Bühne des Kults. Er legt also die Maske eines Widders oder Stiers aufs Gesicht oder bekleidet das Gesicht, den ganzen Kopf und die Schultern mit dem Fell und dem Gehörn des Tiers. Soweit die Völker noch magisch dachten, war der Priester in der Verkleidung nicht mehr der Mensch, sondern der Gott selbst.

Es ist zu vermuten, daß man sich lange vor Mose solcher Masken auch im Kult des Gottes der Väter bediente. Nun konnte aber eine solche Vorstellung im Glauben des Erzählers von Babylon unmöglich mehr untergebracht werden. Gott war kein Stier mehr, und wer in seinem Namen sprach, brauchte keine Stiermaske. Aus der Erzählung von der Maske aber muß zu einer Zeit, als man sie noch verstand, die Vorstellung hervorgegangen sein, daß Mose Hörner getragen habe.

So meint also der Erzähler offenbar, bei Mose habe die Sache mit der Kultmaske einen neuen Sinn bekommen. Er sagt etwa: Die goldene Stiermaske hatte früher einmal den Sinn gehabt, die Menschen durch die strahlende, gefährliche Gegenwart des Gottes zu erschrecken. Mose legte die Maske aber gerade zu dem umgekehrten Zweck aufs Gesicht, daß der Glanz Gottes verborgen wurde und das Volk dem Mittler zwischen Gott und den Menschen ohne Angst gegenübertreten konnte. Mose hätte also eine Sitte, über die er längst hinausgewachsen war, um der Menschen willen wieder aufgenommen. Er sagte offenbar: Wenn ihr schon einen Mittler braucht, dann nehmt nicht das tote Stierbild, nehmt mich, und sei es im Bild des Stiers, damit euch das Bild wirklich zu Gott führt und Gott wirklich durch das Bild zu euch sprechen kann.

Der Kult wird wieder zum Spiel, der Priester wieder zum Repräsentanten, freilich auf einer neuen Ebene: auf der Ebene wissender Verabredung. Und das Spiel macht die Begegnung mit dem wirklichen Gott möglich.

Dahinter aber, hinter der Maske gleichsam, wartet die neue Erkenntnis, für die das Volk noch nicht reif ist: die nämlich, daß der Mensch selbst das Bild ist, in dem Gott erscheint. Daß es gerade keiner Masken bedarf, keiner kultischen Verabredungen, keines rituellen Dramas, sondern allein des Menschen, der Gott gegenübergestanden hat und nun den anderen Menschen, vermittelnd und deutend, gegenübertritt.

Das Gottesbild wandelt sich also. Aus dem mit magischer Macht furchteinflößend auftretenden Clangott, der im Bild eines Tiers erscheint, wird der über dem Geschick eines Volks barmherzig waltende Gott, für den ein Tierbild nicht stehen kann, der sich aber im Gesicht eines Menschen spiegelt, wenn dieser Mensch von Gott angeredet und zum Werkzeug und Boten Gottes bereit ist.

Das Zelt der Begegnung

Mose aber, so fuhr der Erzähler fort, schlug ein Zelt draußen auf, entfernt vom Lager, und nannte es Zelt der Begegnung. Wer nun Gott suchte, ging dorthin. Wenn Mose zum Zelt hinausging, dann standen die Leute auf, stellten sich in die Eingänge ihrer Hütten und sahen Mose nach, bis er ins heilige Zelt eingetreten war. Und Gott redete dort mit Mose von Angesicht zu Angesicht, wie ein Mensch zum anderen redet.

Es ist schwer, die ungeheure Veränderung, die der Erzähler mit der Mosegeschichte vornahm, heute deutlich zu machen. Worauf beruhte denn für die Menschen damals die Gewißheit, daß Gott sich um sie kümmere, daß er zu ihnen stehen werde? Für die Judäer hatte bis zum Exil gegolten, daß Gott ihnen im Tempel nahe war. Die Tradition war eindeutig: Der Bund zwischen Gott und dem Volk beruhte auf dem Gesetz. Wenn und solange Israel das Gesetz halten würde, galten die Zusagen Gottes. Brach es das Gesetz, dann zerbrach der Bund.

Aber was soll mit uns geschehen? fragte der Erzähler seine Zuhörer. In Jerusalem haben wir nicht nur im Tempel geopfert, sondern auch vor den goldenen Kälbern. Der Tempel ist zerstört, das Gesetz gebrochen. Die Scherben liegen herum. Was soll gelten? Unsere Treue, unser Stehvermögen, unsere Entschiedenheit, das alles ist brüchig. Was bleibt? Allein dies, daß Gott trotz unserer Unzuverlässigkeit bei uns bleibt. Daß er da ist, auch wenn wir weglaufen, daß er zu sprechen ist, auch wenn wir nicht zuhören. Was ist denn verläßlich in dieser Welt? Gott allein. Sonst nichts.

Und wie kommt es dazu, daß wir hier, am Kanal Kebar, in unseren Ziegeleien, in unseren Hütten, mit Gott zu tun bekommen? So, daß wir uns zu ihm erheben? O nein. Nur so, daß er zu uns herabkommt. Und so baute schon Mose die Stätte der Begegnung mit Gott ins Tal, neben die Zelte der Söhne Israels. Die Stätte der Begegnung mit Gott ist hier. Wenn wir einander an diesem Platz, wo wir uns hier in Babylon versammeln, erzählen, dann sind wir bei Gott. Wenn wir neben unsere Hütten eine Hütte bauen, um miteinander von Gott zu sprechen, dann ist dies eine Hütte der Begegnung mit dem wirklichen Gott.

Denn Gott ist nicht die von oben herabdröhnende Autorität, die uns zerbricht. Gott steigt herab zu uns ins Tal und ist dabei doch größer und höher als die Götter der Babylonier, die wir mit Schrecken erfahren.

Die Babylonier haben Götter, die die Macht

ihres Staats garantieren. Sie haben Götter, die aus der Höhe herrschen. Aber der wirkliche Gott ist hier unten, im Lehm der Steppe, wo wir leben müssen, hier, im ärmlichsten Zelt, wo immer wir ihn und seine Barmherzigkeit suchen.

Wer die ungeheuren Veränderungen ermißt, die dieses Volk der Sklaven am Gottesbild der alten Welt vorgenommen hat, fragt sich, wie denn dies möglich gewesen sei, woher der Geist gekommen sei, die Einsicht, der Mut und die Energie, die hier am Werk waren.

Aber so wird man kaum fragen können. Veränderungen, Entdeckungen, Überwältigungen dieser Art haben ihren Ursprung nicht in den Menschen. Das Geheimnis dieser Geschichten ist das Rätselhafte, das wir Offenbarung nennen. Offenbarung kann man nicht ableiten. Zur Offenbarung gibt es keine Anweisung, keine Voraussetzungen, keine Methoden. Sie geschieht einfach, sozusagen senkrecht von oben.

Daß er einfach so geschieht, ist das Faszinierende an diesem Vorgang. Es ist das Faszinierende an den Geschichten der Bibel überhaupt. Sie sind letzten Endes unerklärlich und nur zu erfassen an der Wirkung, die von ihnen ausging, und an ihrer bis heute nachwirkenden Kraft.

Verklärung

Im Neuen Testament geht Gott den Weg ins Tal zu Ende.
»Nach sechs Tagen nahm Jesus Petrus, Jakobus und Johannes zu sich
und führte sie auf einen hohen Berg,
nur sie allein,
und er wurde vor ihnen verherrlicht.
Seine Kleider wurden weiß wie das Licht...
Und es erschienen ihnen Elia und Mose,
die redeten mit Jesus.
Und Petrus sprach zu Jesus: Meister,
es ist gut, daß wir hier sind.
Wir wollen drei Hütten bauen,
dir eine, Mose eine und Elia eine.
Er wußte aber nicht, was er redete,
denn sie waren bestürzt.
Und es kam eine Wolke,
die überschattete sie,
und eine Stimme sprach aus der Wolke:
Das ist mein lieber Sohn, den sollt ihr hören.
Plötzlich aber, als sie um sich blickten,
sahen sie niemand mehr als Jesus allein.«
(Markus 9, 2–9)

Man hat in der christlichen Überlieferung seit alters den Tabor als den Berg angesehen, auf dem die Verklärung Jesu stattgefunden habe, und das ist dem, der den Berg kennt und liebt und seine unglaubliche Freiheit über dem galiläischen Land oft genug geatmet hat, durchaus begreiflich. Die Evangelisten freilich geben dem Berg keinen Namen. Offenbar war ihnen der Ort unwichtig, oder besser: sahen sie in ihm einen Ort in der Ortlosigkeit, wie sie eine Zeit in der Zeitlosigkeit meinten, wenn sie sagten: Am siebten Tage.

Daß die Bibel geistlich ausgelegt sein will, wird an solchen Erzählungen überdeutlich. Wir gehen davon aus, daß die Erfahrungen der Seele sich in der Landschaft seelischer Bilder ereignen und daß sie verbunden sind mit der äußeren Landschaft und der äußeren Geschichte. Die Wände zwischen innen und außen sind durchlässig für Erfahrungen und Erkenntnisse, und wenn in unserem Tode die Grenzen sich öffnen werden zwischen der jetzt sichtbaren Welt und der sie umgebenden und durchdringenden großen Wirklichkeit, die wir danach betreten werden, dann widerfährt uns im Grunde nur, was uns hier schon zwischen innen und außen unablässig widerfährt.

Abstieg ins Tal

Es war bei Caesarea Philippi gewesen, wenige Tage zuvor, im heutigen Banias an der Jordanquelle, wo es zum Hermon hinaufgeht.

Dort hatte Jesus von seinem Weg gesprochen: Ich werde viel leiden müssen. Ich werde aus dem heiligen Volk ausgestoßen und getötet werden und nach drei Tagen auferstehen. Und wer mir folgen will, der nehme sein Kreuz auf sich und folge mir.

Die Hoffnung, die die Menschen zur Zeit Jesu bewegte, war die, Gott werde eines Tages unter den Menschen zelten. »Das Wort ward Fleisch und zeltete unter uns«, schreibt Johannes. Nun ist für Petrus der Tag der Vollendung da. Mose und Elia treten zu Jesus, und die Zelte, in denen sie nun ewig bei den Menschen wohnen werden, sollen gebaut werden: Meister, es ist gut, daß wir da sind! Wir wollen drei Hütten bauen ...

Aber Jesus geht einen anderen Weg. Er verläßt den Berg und geht nach Jerusalem, wie er angekündigt hatte. In den sieben Tagen zwischen dem Bekenntnis des Petrus und der Lichterfahrung auf dem Berg dreht sich gleichsam die Angel im Lebensweg Jesu, und mit der Wendung zum Abstieg fällt die Entscheidung für das Kreuz. Unten, am Fuß des Berges, aber fand er Menschen, geschlagen von Krankheit und Elend, und wandte sich ihnen zu.

»Er gab alle seine Macht ab und wurde gehorsam bis zum Kreuz«, schreibt Paulus. Und das bedeutete, daß er sich endgültig in Gottes Gestalt verwandelte, nicht des Gottes in der Höhe, sondern des Gottes, der bei den Menschen im Tal ist, des barmherzigen Gottes, mit dem das Gespräch möglich ist von Angesicht zu Angesicht.

Es gehört zu den Rätseln der christlichen Geschichte, daß, nachdem Gott in Christus die Tiefe des Leidens und des Sterbens durchschritten hatte, für die Menschen und mit ihnen, doch wieder der alte Gott vom Berg seine Herrschaft ergreifen und die Menschheit des christlichen Abendlandes sich dementsprechend in ihren Niederungen um ihre goldenen Kälber sammeln konnte. Gab und gibt es zu wenige, die den Weg ins Tal gehen? Fürchten wir uns noch immer vor den armen Kompromissen, die man im Tal schließen muß, und verharren wir statt dessen auf der Höhe theologischer Theorie? Erscheint uns der Weg in die Niederungen zu schwierig?

Als die Söhne Israels den Berg Gottes verließen, begann für sie ein neuer Weg: Die Rückreise aus der Einsamkeit in das bewohnte Land. Der Abstieg aus dem Gebirge in die Niederungen der Jordanauen, durch die der Weg ins verheißene Land führte. Der Weg zur Freiheit ist jedenfalls ein Weg ins Tal und ein Weg zu den Menschen.

Wohin soll die Reise gehen?

Es war unter Christen nie völlig klar, in welchem Verhältnis Aufstieg und Abstieg der Seele zueinander stehen sollten. Es gab von jeher Anleitungen zum Aufstieg, zur Läuterung, zur Vergeistigung oder gar zur Vergottung. Der »Aufstieg zum Berge Carmel« war für die spanische Mystik eine Chiffre für solchen Weg nach oben, und in vielen Variationen begleiteten die in Stufen angelegten geistigen Wege zu Gott das Nachdenken und das geistliche Leben der Christenheit. Der Gedanke, wir müßten uns zu Gott erheben, gehört in diesen Zusammenhang, wir müßten »wachsen in der Erkenntnis« oder in der

Weisheit, desgleichen. Und immer wieder standen den Christen, die noch auf der Erde lebten, die anderen gegenüber, die ihr mit Hilfe höherer Weihen bereits entrückt waren.

Und dies alles ist keineswegs falsch. Ein Mensch, der im Tal sitzt, muß aufsteigen lernen. Er muß lernen, die Anstrengung zu ertragen, die der Anstieg bedeutet, es ist nötig, daß er sich aus seinen gewohnten Niederungen befreit, daß er sich von seinem Faulbett erhebt. Er ist immerhin zu aufrechtem Gang geschaffen.

Aber dieser Weg des Aufsteigens ist allen Religionen gemeinsam, auch der christlichen Religion. Alle Religionen bieten Hilfen zum Aufstieg, zur Läuterung, zur Befreiung, zur Erhebung. Und auch wir Christen tun gut daran, diese Aufgaben nicht zu verachten. Man kann auch von Demut reden, weil man zu bequem ist, Treppen zu steigen.

Aber das Christliche beginnt erst mit dem Abstieg. Der christliche Weg ist der Weg derer, die zu den anderen hinuntergehen, der Weg der Barmherzigkeit, der Selbstpreisgabe, der Stellvertretung und des Opfers.

Der Geist Gottes, von dem Christus spricht, ist ein Geist, der absteigt. Und die Gaben des Geistes, von denen Paulus redet, sind nicht »Schau Gottes«, »Erleuchtung«, »Vergottung« oder was immer in der Höhe gesucht wird, sondern die Fähigkeit, Kranke zu heilen, Unwissende zu lehren, für Gerechtigkeit einzutreten, zum anderen ins Gefängnis zu gehen, Zuwendung also zu Menschen und ihrem Schicksal.

Und wenn Jesus die Barmherzigen und die Leidenden und die um Gerechtigkeit willen Verfolgten, die Beleidigten und die Wehrlosen selig spricht, dann sagt er damit zugleich, selig sei jedenfalls nicht der, der dem Schicksal der Menschen von oben her, aus geistiger Höhe, tatenlos zuschaut.

Geist – das ist für uns ein Wort, das viel mit Gefühlskälte und viel mit Beschwichtigung zu tun hat. Man läßt den Menschen allein im Tal; erkennt man aber aus der geistigen Höhe, daß ihm unten etwas mangelt, so beschwichtigt man ihn mit dem Hinweis, er sei eben für eine Höhenwanderung nicht geeignet oder nicht bestimmt. Geist, von dem Jesus spricht, ist das Feuer, das herabfährt aus der Höhe zu denen, die »in Finsternis sitzen und Schatten des Todes«, und wer vom Geist erfüllt ist, geht mit dem Feuer seinen Weg. Den Weg ins Tal.

Ein Sonnenaufgang auf dem Dschebel Musa gehört zu den großen Erlebnissen. In der Nacht hinaufsteigen, durch die Kälte dieses Hochgebirges, in der die Beduinen an ihren Feuern sitzen, und dann den Blick weiten über die unendlichen granitenen Gipfel, das sollte niemand versäumen, der dorthin kommt.

Das Mädchen gehört einem anderen Stamm an als die Familie der Bilder S.78-81. Sie lebt in unmittelbarer Nähe des anderen Gottesberges, des Dschebel Serbal.

Am Abend nach einem heißen Tag stand ich am Tabor und sah die Sonne hinter ihm untergehen. Es war für einen Augenblick so, als blitzte das Licht der Verklärung zwischen dem Berg und den Wolken auf.

Aber der Weg Jesu war nicht auf diesem Berg am Ziel. Er führte ihn hinab ins Tal und nach Jerusalem, und welches Tal gemeint war, das wird in den Gassen von Jerusalem deutlich, wenn die Menschen Holzkreuze durch die Via dolorosa nach Golgatha tragen.

6. Kapitel

Wiedergeburt im Abgrund

Der Erzähler von Jerusalem

Während die verbannten Judäer in Babylon versuchten, sich einzurichten, und der alte Mann am Kanal ihnen seine Geschichte erzählte, herrschte in der Heimat, in Jerusalem und auf den Hügeln rund um die Stadt, das Elend. Die Ärmsten waren zurückgeblieben, alte Leute, Bauern in zerstörten Hütten, Kinder, verlassene Frauen. Wenn sie dort nun zusammenkamen, vielleicht an den Trümmern ihres Tempels, sangen sie Lieder, die irgendwer, vielleicht einer der übriggebliebenen Priester, ihnen vorsang. Wir lesen sie in den Klageliedern Jeremias:

»Ach, wie ist verlassen die volkreiche Stadt,
einer Witwe gleicht sie,
die Fürstin unter den Völkern!
Sie weint und weint in der Nacht,
Tränen rinnen ihr über die Wangen,
keiner ist, der sie tröstet,
unter ihren Geliebten!

Verschleppt ist Juda
in Elend und Knechtsdienst,
friedlos sitzt es unter den Fremden.
Die Tore der Stadt veröden,
die Priester seufzen.

Stumm sind die Propheten,
sie hören kein Wort mehr von Gott.
Schweigend kauern am Boden
die Ältesten Zions,
streuen sich Staub auf das Haupt
und kleiden sich in Säcke,
die Mädchen Jerusalems
lassen die Köpfe hängen.

Ich weine mir die Augen aus.
Wie Feuer brennt es in mir, zu sehen,
wie Kinder und Säuglinge verschmachten
in den Gassen der Stadt.
Wie sie schreien zu den Müttern: Wo ist Brot?
Wie sie verhungern
auf dem Schoß ihrer Mütter.

Ach, du Tochter Jerusalem,
wie soll ich dich trösten?
Wem dich vergleichen?
Denn weit wie das Meer ist dein Elend,
wer könnte dich heilen?«

Unter ihnen lebten, wie unter den Verbannten in Babylon, Menschen, die das gemeinsame Unglück zu deuten vermochten.

Einen unter ihnen stelle ich mir vor, wie er mit dem armen Häuflein, das dann und wann am Tempelplatz zusammenkam, die Lage besprach, diese oder jene Verbesserung der Versorgung überlegte und dann, dem Mann in Babylon ähnlich, Geschichten erzählte.

Er erzählte, wie es zugegangen sei, als vor vielen hundert Jahren die Väter ins Land kamen. Er erzählte die lange Geschichte von Josua, von Samuel, Saul und David, von den vielen großen und kleinen Kriegen und zuletzt von der Vorgeschichte des großen Krieges, den sie erlebt hatten. Er erzählte die alten Geschichten neu und gestaltete so das große Werk, das heute in den Büchern Josua, Richter, Samuel und Könige vor uns liegt. Er fragte, wie in Deutschland viele nach der Katastrophe von 1945 fragten: Was ist eigentlich geschehen? Worin bestand unsere Schuld? Wie kommen wir zu einem neuen Anfang? Und warum konnte es unseren Vätern so viel besser gelingen? Oder noch genauer: Ist es denn unseren Vätern gelungen? Haben wir denn in diesem Land je glücklicher gelebt? War der Tempel in Jerusalem jemals wirklich der geistige Mittelpunkt unseres Lebens? Haben wir uns nicht in jahrhundertelanger Anspannung vergeblich darum bemüht, die Flut der vielen landesüblichen Kulte abzuwehren?

Die Lieder, die nach der Zerstörung gesungen wurden, klingen so, als fühlten die Menschen sich in der Hölle. Die Schwachen verzweifelten, die Starken resignierten, und letzten Endes traf die Anklage das Land selbst, das kein Glück gebracht hatte – oder noch genauer: Gott selbst, der es fälschlich als das Land des Segens und des Glücks bezeichnet hatte.

Wozu, das hören wir hinter den Klagen als die eigentliche Frage: Wozu hat Gott unsere Väter aus Mesopotamien und später aus Ägypten geholt, wo es den Bewohnern bis zum heutigen Tag gut geht? Wozu hat er uns in dieses Land gebracht, das von Milch und Honig überfließen sollte? Wozu hat er uns sein Gesetz offenbart, wenn wir es doch nicht einhalten konnten? Wozu hat er uns gezeigt, wie ganz anders und wie viel größer als die Götter anderer Völker er sei, da wir doch den Göttern der Kanaanäer nichts entgegenzusetzen haben? Wozu behaftet er uns bei unserem Versagen? Was für ein Sinn liegt darin, daß er nun unser Feind wird, weil wir nicht fähig waren, seine Freunde zu sein? Daß das Land, das uns Heimat werden sollte, nun zu einem fressenden Ungeheuer wird, das uns verschlingt?

Irgendwie stimmt es nicht, daß unser Glaube und unser Land miteinander zu tun haben. Der Glaube hat mit einem Gott im Himmel oder auf dem Berg Sinai zu tun, mit einem Gott im Tempel oder im Wort von Propheten. Aber das Land hat mit den unteren Göttern zu tun, mit den Erdmüttern, mit den Quellgöttinnen, mit den heiligen Bäumen der Astarte, mit den Fruchtbarkeitskulten des Baal oder des Adonis. Überhaupt ist das Leben offenbar gespalten. Die obere Hälfte ist der Geist, die Moral, das Gesetz und der Gott im Himmel. Die andere Hälfte ist die Erde, die Fruchtbarkeit, das Glück und die Religion der Mütter. Wenn Gott aber nur oben ist und das Leben sich unten abspielt, was soll man dann noch mit einem solchen Gott? Ist man nicht mit Leib und Leben von dem abhängig, was der Gott oben zur Sünde erklärt? Muß man also doch wählen, ob man fromm sein will oder glücklich?

Übersetzen wir diese Fragen in unsere heutige Zeit und ihre Zukunftsangst, so lauten sie etwa: Wozu hat Gott dem Menschen den Verstand gegeben? Wozu ließ er ihn seine Vernunft entdecken? Wozu mußte der Mensch durch die Epochen der Aufklärung hindurchgehen, die ihm die Wissenschaft und die geistige Freiheit, die Individualität, die Autonomie, damit aber auch die geistige Einsamkeit und die heutige Angst gebracht haben? Wozu, wenn nur die Anhäufung von Wissen und Technik als Frucht seiner Freiheit entstehen konnte, die uns möglicherweise den Tod bringen? Hätte man nicht bleiben können, wo man war, und mit den bescheideneren Gefahren leben können, mit denen unsere Vorfahren gelebt haben?

Ich sehe den Erzähler von Jerusalem vor mir, wie er behutsam aufnimmt, was die Menschen klagen, und wie er nun anfängt zu schildern, auf welche Weise denn der Glaube und das Glück zusammenhängen. Wie die Väter in dieses Land kamen, da Milch und Honig auf sie warteten, und was Gott ihnen eigentlich zugedacht hatte. Wie der Himmel oben und die Erde unten zusammengehören zu einer einzigen Welt. Wie der Geist und der Leib eins seien und Gott auch ein Gott der Erde, des Dunkels, ein Gott von Geburt und Tod, Liebe und Leid sei.

Seine Erzählung beginnt bei dem Augenblick, in dem die Stämme Israels einst an den Jordan kamen und den Grenzfluß überschritten, Jericho eroberten und ins Land einzogen. Er erzählt eine Geschichte, die ein Symbol ist für das Unmögliche, das da möglich wurde. Und mit allem, was er seinen Hörern zeigt, weckt er in ihnen die Bilder einer Zukunft, die ihnen vielleicht doch noch offensteht.

Ankunft am großen Graben

Ich sehe ihn auf einem der schweren Steinbrocken am Rand des Tempelplatzes sitzen und erzählen, inmitten einer armseligen Runde von Bewohnern des Trümmerhaufens Jerusalem: Dort drüben – er wies mit dem Arm nach Osten – wanderten unsere Väter um das Tote Meer herum nach Norden und kamen auf die Berge drüben über dem Jordan. Mose starb in jenen Tagen, und Josua übernahm die Führung. Sie schauten hinüber in das Gelobte Land und hinunter in den tiefen Graben, den sie nun durchschreiten sollten.

Was war daran so schwierig? fragen wir uns heute. Der Jordangraben war zunächst ein geographisches Hindernis. Zwölfhundert Meter tief schneidet der große Bruch in die gebirgige Wüste ein, wie mit einem Messer gezogen von Syrien durch den Libanon, durch den Jordangraben mit dem Toten Meer, die Araba und den Golf von Eilat. Die tiefste Falte der Erdoberfläche. Der Graben ist nicht schön, jedenfalls nicht bei Jericho. Heiß und karg ziehen sich auf seinem Grund die Lößhänge und Kalkdünen entlang, zwischen ihnen in endlosen Windungen der Jordan.

Aber dieser Graben war den Leuten aus der Wüste vor allem deshalb fremd, weil hier seit vielen Jahrtausenden eine gänzlich andere Kultur lebte. Immerhin hat er einige der ältesten Städte der Welt hervorgebracht, vielleicht die älteste Ackerbaukultur. Achttausend Jahre lang hatte hier schon eine Stadt gestanden, bevor Josua sie inmitten von Palmenhainen und Gärten erblickte. Ein solches Tal aber war für einen Menschen der Frühzeit nicht nur ein physisches Hindernis. Seine Welt bestand ja nicht nur aus Bergen und Tälern, sondern vor allem aus Kräften und Gewalten. Kam er an eine Landesgrenze, an einen Fluß oder ein Gebirge, so empfand er den Widerstand eines fremden Gottes, eines Flußdämons oder einer auf einem Berg thronenden Göttin.

Der Jordan ist kein so ungeheurer Fluß, daß eine Gruppe von Nomaden ihn nicht überschreiten könnte, und die Gegend um Jericho war nicht von so starken Völkern besetzt – nördlich von Jericho lag fünfzig Kilometer weit kaum ein Dorf –, daß sie sich hätten vor ihnen fürchten müssen. Aber an diesem Fluß lag für sie eine magische Sperre, und Sperren dieser Art kann der Mensch der Frühzeit nur mit starken Beschwörungen und einem sorgfältig vollzogenen Ritual überschreiten.

Die Leute aus der Wüste begegneten dort Gottheiten, die ihnen nicht vertraut waren. Nomadenstämme haben andere Götter als Bauernvölker. Nomaden stellen sich unter Gott eine männliche Führergestalt vor, einen Stammesgott, der vor ihnen herzieht und aus der Intuition des führenden Mannes spricht, der ihnen Quellen und Weideplätze zeigt und sie im Kampf gegen andere Wandervölker anführt. Der Gott der Nomaden ist ein Kampf- und Wegegott, wie ihn der Stamm, der eine wandernde Kampfgruppe ist, braucht.

Wo aber der Mensch anfing, die Erde zu lockern und von ihrer Frucht zu leben, wo er lernte, auf Jahreszeiten zu achten, Aussaat und Ernte mit Ritualen zu begleiten, wurde ihm die Erde zur Großen Mutter. Wer von der Erde lebt, muß die Mutter verehren, und so brachte der Ackerbau in den ersten Jahrtausenden seßhafter Kultur das religiöse Matriarchat hervor.

Vor allem aber empfanden die alten Völker die Stadt und ihre Ordnung als weiblich. Die Göttin begründete das Haus und die Gemeinschaft, die Stadt und die Arbeit der Bauern, sie gab Sitte und Kultur und schenkte die Frucht auf dem Feld.

Wo die Große Mutter herrschte, standen die bergenden Mauern, stand das Gefüge des Rechts und der Familienordnung ungefährdet, und so trugen die großen Muttergöttinnen nicht selten eine Mauerkrone auf ihrem Haupt.

In den Jahrtausenden vor Christus verehrten die Völker des Vorderen Orients eine Fülle weiblicher Gottheiten: die große Urmutter, die Liebesgöttin, die Göttin des Kriegs, die Herrin der Berge oder der Stadt, und nannten sie Ischtar, Isis, Astarte, Hathor oder Anat oder einfach Baalath, die Herrin. Sie stellten sich liebliche oder gefährliche Göttinnen vor, heilende und bergende, gütige Frauen, oder aber dunkle, verschlingende Mächte drachenhafter Art.

Jericho galt den anderen Völkern als Zugang zur Unterwelt, zur Welt der Großen Mutter. Wo aber der Zugang zur Mutter ist, da herrscht auch der Mond. Da ist der Mond heiliger als die Sonne. Nach dem Wandel und Wechsel des Mondes ordnet man die Zeiten des Jahres und bestimmt man Aussaat und Ernte. Der Kosmos gehörte der Mutter, die Erde sowohl als der dunkle Nachthimmel. Der Mond aber herrschte als ihr Sohn und Geliebter.

So ist es zu erklären, daß gerade den großen Grabenbruch entlang, von Haran bis zum Golf von Eilat, die alten Mondstädte wie an einer Perlenschnur aufgereiht liegen: Haran, in dem Abrahams Familie sich zunächst seßhaft machte, Aleppo, Palmyra, die Oasenstadt in der syrischen Wüste, Baalbek, Hazor, Beth Yerach, zu deutsch: Mondstadt, am See Genezareth, Beth Shean und Gassul im Jordantal und vor allem: Jericho. Yareach heißt Mond, und Jericho kommt von diesem Wort.

Wo die Mütter herrschen, da kreisen die Glaubensvorstellungen und die Rituale um Geburt und Tod, Tod und Wiedergeburt. Der Mond befruchtet die Große Mutter. Er stirbt und bewirkt so das Wachstum von Pflanze, Tier und Mensch. Das Neumondfest aber, an dem der Mond von der Unterwelt verschlungen wird, leitet das Fest seiner Wiedergeburt ein, an dem man die mondsichelförmigen Posaunen zu seiner Beschwörung und Begrüßung blies.

Immerhin wird auch von den Israeliten berichtet, sie hätten während ihrer Zeit auf dem Sinai silberne Posaunen angefertigt, die von da an bei allen Festen und Neumonden geblasen wurden.

Aber was empfanden die Söhne Israels angesichts dieses Grabens der Großen Mutter und der mächtigen und geheimnisvollen Urstadt Jericho? Der Bericht von ihrem Übergang über den Jordan atmet noch in der späten Fassung, die der Erzähler von Jerusalem ihm gab, das Grauen, das sie beschlich, die ungeheure Bedrohung, die sie fürchteten, und die Ungewißheit, ob ihr Gott aus der Wüste denn hier überhaupt noch gegenwärtig sei.

Das Abenteuer der Kundschafter

Während sich die Söhne Israels – so wird uns erzählt – jenseits des Jordan, am Fuß des Berglandes von Amman, lagerten, wählte Josua zwei Männer aus und sandte sie nach Jericho hinüber, um die Stadt zu erkunden. Der Weg war nicht weit, der Jordan kein allzu schweres Hindernis. Das Tor der Stadt stand offen. So gingen sie hinein, wie vorbeiwandernde Nomaden von jeher dort aus und ein gegangen waren. Sie fielen nicht auf. Schließlich kehrten sie im Haus einer Dirne namens Rahab ein und legten sich dort schlafen.

Aber irgendwer hatte sie doch erkannt, und als der König der Stadt davon erfuhr, ließ er Rahab auffordern: »Gib die Männer heraus! Sie sind Spione! Sie wollen das Land erkunden!« Aber die Frau ließ ihm antworten: »Gewiß, es sind Männer bei mir gewesen, von denen ich nicht wußte, woher sie kamen. Als man aber die Stadttore schließen wollte, in der Dunkelheit, gingen sie hinaus, und ich weiß nicht, wohin. Wenn ihr euch beeilt, könnt ihr sie einholen!« Sie hatte sie aber aufs Dach des Hauses gebracht und dort versteckt.

Und während die Männer von Jericho den vermeintlich Entronnenen zum Jordan hin nachjagten bis an die Furten und man die Tore hinter ihnen schloß, ehe die beiden Kundschafter sich schlafen legten, stieg Rahab zu ihnen aufs Dach und sprach zu ihnen: Ich weiß, daß euer Gott euch das Land gegeben hat. Wir haben gehört, was er für euch am Schilfmeer getan hat, und wir haben allen Mut verloren, denn Jahwe, euer Gott, ist Gott oben am Himmel und unten auf der Erde. Nun schwört mir bei Jahwe, daß, wie ich euch Barmherzigkeit erwiesen habe, auch ihr an meines Vaters Familie Barmherzigkeit beweist! Da antworteten die Männer: Mit unserem Leben bürgen wir für euch, wenn ihr uns nicht verratet. Und wenn uns der Herr das Land gibt, dann wollen wir zu unserem Wort stehen. Da ließ sie die beiden an einem Seil durch das Fenster hinab, denn ihr Haus war an die Stadtmauer angebaut.

Und sie riet ihnen: Lauft ins Gebirge, daß sie euch nicht finden, und verbergt euch dort drei Tage lang, bis sie zurück sind, denn sie suchen euch. Danach geht eures Weges. Die beiden erwiderten: Wenn wir ins Land kommen, sollst du diese Schnur von rotem Garn an das Fenster knüpfen, durch das du uns hinabgelassen hast, und deine ganze Familie in deinem Haus versammeln, so wollen wir für euer Leben geradestehen. Und sie gingen, sie aber knüpfte das rote Seil ins Fenster.

Drei Tage blieben sie im Gebirge, bis die Verfolger zurück waren. Die Verfolger nämlich suchten sie überall und fanden sie nicht. Also stiegen die beiden wieder vom Gebirge herab, überschritten den Jordan, kamen zu Josua und berichteten ihm: Der Herr hat das ganze Land in unsere Hand gegeben, und die Bewohner des Landes fürchten sich vor uns.

Diese Geschichte brauchte man im Grunde nicht weiter auszulegen. Man könnte sie stehen lassen, wie sie lautet: eine kleine Erzählung, der es an Pointen, an Witz und Farbe nicht fehlt. Sie öffnet aber ganz und gar unerwartete Aspekte, wenn wir sie gründlich genug lesen und uns nicht von dem festlegen lassen, was wir bisher über sie wissen.

Was geschah in Jericho?

Die landläufige Auslegung meint, das Unternehmen Jericho sei militärisch gefährlich gewesen und habe mit einem militärischen Sieg geendet. Aber die Vorbereitungen am Fluß und das Ritual beim Übergang haben nichts Kriegerisches an sich. Nirgends erscheint ein feindliches Heer, nirgends wird von einem Gefecht erzählt. Vielmehr erzählt der Priester von Jerusalem von einer der großen Stunden der Offenbarung Gottes an Israel.

Die Ankunft vor Jericho bedeutete die Frage an die Wüstensöhne, wem sie denn im Lande des Ackerbaus die Fruchtbarkeit der Erde verdanken und wie sie sich den geheimnisvollen Rhythmus von Tod und Auferstehung im Lauf des Jahres deuten sollten. Noch schärfer:

Wie sie, aus ihrer Männerwelt kommend, sich zum Mysterium des Weiblichen im Kosmos und das heißt auch im Bild Gottes verhalten wollten. Das heißt: Ob Erde, Tod, Vitalität, Fruchtbarkeit, Mutterschoß, Liebe und irdisches Glück von Gott umfaßt und mit durchdrungen seien oder nicht.

Es muß von Anfang an klar sein: Die Frage, was denn historisch in der Zeit Josuas wirklich geschehen sei, geht an der Absicht des Erzählers von Jerusalem gänzlich vorbei. Die Frage: Wodurch eigentlich fielen die Mauern? wird nicht gestellt, und ich werde sie meinerseits nicht stellen. Mich interessiert: Was bedeutete diese Geschichte dem Mann in Jerusalem, der sie seinen Leidensgenossen erzählte? Was war die Erkenntnis, der er Ausdruck geben wollte? Was hat er von Gott so neu und so anders begriffen, daß er diese Geschichte so und nicht anders erzählte? Nach meinem Urteil kennzeichnet sie einen der großen und tiefen Einschnitte in der Geschichte der Offenbarung Gottes, einen Schritt zu einem reiferen, größeren Gottesbild, wie er so faszinierend selbst im Alten Testament nur selten beschrieben wird.

Ich bin gewiß vierzig- oder fünfzigmal die Straße von Jerusalem in den Jordangraben hinuntergefahren oder -gewandert, wenn ich dort unten zu tun hatte, und immer wieder zwischen dem Fluß und dem Gebirge, zwischen Qumran am Toten Meer und den Palästinenserdörfern nördlich Jericho, aber auch auf dem alten Stadthügel und in den Schächten der Ausgräber umhergegangen, immer mit dem unbestimmten Eindruck, wir seien den Geschichten um Jericho und den Jordangraben noch von ferne nicht hinter ihr Geheimnis gekommen.

So steht auf der Sohle des alten Stadthügels ein vor neuntausend Jahren gebauter Turm. Das älteste erhaltene Bauwerk von Menschenhand. Zehn Meter hoch, bis heute völlig unbeschädigt. Kathleen Kenyon, die ihn ausgegraben hat, hielt ihn für einen Teil der Stadtbefestigung. Aber das ist meines Erachtens unmöglich. Es war zuerst Ulrich Mann, der in seinem geistvollen Buch »Theogonische Tage« Zweifel anmeldete. Er fragte, ob denn Bau und Anlage dieses Turms mit den Interessen der Verteidigung überhaupt zusammenstimmten. Am Fuß öffnet sich ein kleines Tor, ein Durchschlupf (siehe Bild S. 145). Der führt zu einer fast senkrechten, kaminartigen Treppe, die oben in der Mitte der Plattform mit einer engen Öffnung endet. Der Kamin ist so eng, daß ich schon eine kleine Umhängetasche ablegen mußte, weil sie mich behinderte, als ich ihn durchsteigen wollte, und wie sollen nun Verteidiger, die doch Schilde, Speere, Bogen oder sonstiges Gerät mit sich trugen, diesen Durchschlupf benutzen, wo sie doch viel leichter über eine Leiter auf die Plattform gelangen konnten? Ulrich Mann vermutet, es habe in und an diesem Turm ein Ritual stattgefunden, vielleicht, so meint er, eines, in dessen Verlauf durch die Öffnung an der Krone Feuer erschienen sei. Ich vermute indessen etwas anderes. Aber dazu muß erst die Geschichte ihren Sinn hergegeben haben.

Denn da ist auch eine Ungereimtheit in der Geschichte. In unseren Übersetzungen lesen wir, Rahab habe die Kundschafter unter Flachsstengeln versteckt. Aber wenn ich den hebräischen Text aufschlage, lese ich etwas ganz anderes: Sie versteckte sie unter dem Flachs des Baums oder dem Leinen des Baums. Alle unsere Übersetzungen haben diesen Fehler, und auch ich selbst bin in meiner Übertragung alttestamentlicher Geschichten vor zehn Jahren dieser falschen Überlieferung auf den Leim gegangen.

Von einem Baum oder einem Stamm ist die Rede. Von Flachs oder Leinen. Das Wort wird auch für Gewand verwendet. Dann heißt es: Gewand des Baumstamms. Aber was sollen wir uns dabei vorstellen?

Baum heißt im Alten Testament und sonstwo im Alten Orient auch Pfahl, auch Standbild eines Gottes. Dann wäre das Leinen gemeint, mit dem das Standbild eines Gottes oder einer Göttin verhüllt war.

So wird im zweiten Buch der Könige von König Josia erzählt, er habe ungefähr dreißig Jahre vor der Zerstörung Jerusalems die Statuen fremder Gottheiten aus dem Tempel hinausschaffen lassen. Er habe auch die Wohnungen der Tempeldirnen eingerissen, in welchen die am Tempel beschäftigten religiösen Prostituierten Gewänder für die Aschera webten.

Martin Buber übersetzt:
»Er schaffte die Pfahlfrau
von seinem Haus hinweg
und verbrannte sie im Bachtal Kidron.«
(2. Könige 23, 7)

Die Pfahlfrau war das hölzerne Standbild einer Mutter- oder Fruchtbarkeitsgöttin, die aus einem Pfahl geschnitzt oder durch einen Pfahl dargestellt war. Dieser Pfahl trug ein Gewand. Vor den Augen der Tempelbesucher stand da also das Bild einer Göttin, die mit einem leinenen Gewand bekleidet war. Die Dirnen verkörperten aber die Göttin. Kam also ein Mann, der von der Göttin empfangen zu werden wünschte, so standen ihm die Dirnen des Tempels, die eigentlich Priesterinnen waren, für einen Liebesakt zur Verfügung, stellvertretend für die Göttin. Ich bin sicher, daß Rahab und ihr Haus in diesen Zusammenhang gehören.

Die Jordanwindungen zwischen bizarr ausgewaschenen Gebirgsrändern – so sieht der Jordangraben aus großer Höhe aus, hier aufgenommen über Beth Shean mit Blick nach Süden in Richtung Jericho.

Unten eine Gruppe israelischer Soldaten an der Stelle, an der die beiden Männer von Jericho aus auf Rahabs Rat hin ins Gebirge hinaufstiegen. Ich könnte mir die beiden im Vordergrund mühelos als Josuas Kundschafter vorstellen.

Zum Panorama auf der folgenden Seite: Es gibt fünf verschiedene Jerichos: Den alten Stadthügel in der Mitte des Bildes, der Jericho trug bis ins erste Jahrtausend vor Christus. Rechts am Hang das Jericho, das Herodes neu bauen ließ und durch das Jesus wanderte. Links des linken Bildrandes die Stätte des Omaijadenpalasts und des arabischen Jericho des siebten und achten Jahrhunderts. Im breiten Hintergrund das heutige Städtchen mit seinen Gärten und Palmenhainen. Und im Vordergrund ein Teil einer der beiden Flüchtlingsstädte, die inzwischen verlassen sind. Die andere liegt im rechten Hintergrund vor dem steilen Berghang.

Immerhin ist Jericho als Stadt schon zweitausend Jahre älter als die ersten Bauerndörfer Ägyptens, Mesopotamiens oder Syriens. Acht Jahrtausende vor Josua schon ein ummauerter Platz.

Man kannte noch keine Keramik. Aber man schuf aus Ton modellierte menschliche Porträtköpfe aus den Schädeln der Toten (S. 131 links unten).

Die Stadt wurde unzählige Male zerstört und wieder aufgebaut. Allein im dritten Jahrtausend wurden die Mauern siebzehnmal eingerissen und wieder aufgebaut. 1580 vor Christus zerstörten sie die Ägypter. Um 1400, also zweihundert Jahre vor Josua, entstand eine neue Stadt, von der aber fast alle Spuren verschwunden sind außer einigen Tonscherben aus mykenischer Zeit. Nebenbei: Josua eroberte Jericho ungefähr in der Zeit des Trojanischen Krieges.

Im zehnten Jahrhundert vor Christus wurde die Stadt von den Israeliten wieder aufgebaut, 587 gleichzeitig mit Jerusalem von Nebukadnezar zerstört und die Einwohner mit den Gefangenen von Jerusalem zusammen nach Babylon verschleppt.

129

Jericho ist heute einer der Brennpunkte der politischen Spannung. Israelische Panzer üben oberhalb der Stadt in den Hügeln der judäischen Wüste, und unten im Tal zelten die Beduinen wie seit Jahrtausenden. Der Fluß ist die Grenze zum jordanischen Nachbarland, und die verlassenen Flüchtlingslager halten die Erinnerung an das ungelöste und heute fast unlösbare Problem der palästinensischen Bevölkerung wach.

Die drei Götter nebeneinander stammen aus späterer Zeit und zeigen, wie man sich den Mondgott später gedacht hat: nämlich als einen der drei Hauptgötter, wie sie in der Oasenstadt Palmyra in Syrien verehrt wurden: der Mondgott mit der Sichel hinter dem Haupt links, der Sonnengott mit der Sonnenscheibe rechts und der Himmelsgott in der Mitte. Das Werk stammt aus dem ersten Jahrhundert nach Christus.

Aus einer der Mondstädte im großen Grabenbruch, aus dem nördlich des Sees Genezareth gelegenen Hazor, von dem berichtet ist, es sei von Josua erobert worden, ist eine Stele erhalten, auf welcher zwei Hände sich nach oben ausstrecken, dem Sichelmond entgegen, der einen Vollmond einschließt. Aus der Unterwelt gleichsam, aus der Zone des Todes, strecken sie sich nach dem astralen Gott, der den Beter retten soll.

Jericho heißt übersetzt Mondstadt. Auf der Stele des Königs Melischipak II. von Babylon, des Herrschers der Kassiten, ist Nanna dargestellt, eine Ischtar-ähnliche Muttergottheit, die dem Mond zugeordnet ist. So strahlen über ihr der Stern der Ischtar, die Sichel des Mondgottes und die Sonnenscheibe des Schamasch, des Sonnengottes. Vor ihr, die in einem langen, mantelähnlichen Gewand thront, der König, der seine Tochter an der Hand hält. Vor der Göttin ein Räucheraltar in der Form eines Kerzenleuchters. Die Tochter hält eine Leier in der Hand, um vor der großen Göttin zu spielen. Das Bild stammt ziemlich exakt aus der Zeit des Josua, und wie ich vermute, handelt es sich bei dem nicht seltenen Motiv, daß ein König seine Tochter zur großen Muttergöttin bringt, darum, daß die Tochter nunmehr als deren Priesterin eingesetzt werden soll.

Ebenfalls in der Zeit Josuas entstand das Bildwerk links, das aus Susa stammt: die Muttergöttin Ninchursanga, die Herrin des Erdbergs, flankiert von zwei Himmelswesen mit Stierfüßen und Götterkronen, denen offenbar die Pflege der dieser Göttin zugehörenden Bäume anvertraut ist. Sie selbst steht wie ein schmaler Baumstamm in der Mitte, im bodenlangen Gewand. Die Bäume stellen Dattelpalmen dar, deren Fruchtstände rechts und links der Palmwedel herabhängen. Wenn wir uns die Pfahlfrau von Jerusalem oder den Baum auf dem Dach des Tempels in Jericho vorstellen wollen – hier ist alles abzulesen.

Schließlich scheint mir, die Reihe sei nicht vollständig ohne die sogenannte Schutzmantelmadonna des europäischen Mittelalters, in der sich uralte Vorstellungen vom Schutz des Menschen im Mantel der Göttin und von seiner Wiedergeburt erhalten haben.

Der Kult der Urmutter

Das Haus der Rahab war wohl einer der aus Lehm erbauten Tempel, wie sie aus jener Zeit im Vorderen Orient in großer Zahl ausgegraben worden sind. Die Hure Rahab war dann aber nicht eine Art Frau Wirtin, sondern eine Tempeldirne oder besser, da sie in ihrem Haus offenbar selbständig handelt, eine Priesterin am Tempel einer Göttin. Auf dem Dach ihres Tempels, in dem sie die Besucher zu empfangen pflegte, stand ein solcher Pfahl, der eine Göttin darstellte, angetan mit einem leinenen Gewand. Es wird nun von manchen vermutet, der Kult an diesen Standbildern habe sich so abgespielt, daß ein Tempelbesucher sich unter das Gewand der Göttin begab, sozusagen zur Großen Mutter zurückkehrte und danach wiedergeboren als ihr Sohn und Geliebter hervorkam. Rahab versteckte die Kundschafter also unter dem Gewand der großen Muttergöttin.

Der Kult der Urmutter stand schon immer im Zusammenhang mit dem sogenannten Hieros Gamos, der heiligen Hochzeit. Ein Priester oder König spielte den Mond. Eine Priesterin oder Tempeldirne die Göttin. Indem die beiden sich am Neumondstag im Tempel vereinigten, geschah das Mysterium, daß die Erde durch den Mondgott befruchtet wurde. Der Mond löste sich wieder aus der Finsternis und aus seiner Umklammerung durch die Unterwelt, wuchs und erschien am dritten Tag wieder als Sichel am Himmel. Dieser Kult der heiligen Hochzeit diente einerseits der Rettung des Mondes, der in Gefahr war, von der Unterwelt einbehalten zu werden, andererseits der Fruchtbarkeit der Erde, die identisch war mit der Großen Mutter aller lebendigen Wesen. Der Mensch aber empfängt sein Leben

In Jerusalem feiert eine aus Buchara eingewanderte jüdische Familie den Sederabend, im jüdischen Viertel der Altstadt knapp oberhalb der Klagemauer. Sie feiert in den jahrhundertealten Trachten vor einem alten Wandteppich, in der Farbigkeit und Fröhlichkeit, die diesem Fest, dem Passa, eigen ist.

»Das ist das Brot des Elends, das unsere Väter in Ägypten gegessen haben«, singt der Hausvater. »Jeder Hungrige komme und feiere das Passa.«

Das Kind, das jüngste der Familie, fragt: »Was ist anders an dieser Nacht als an den anderen Nächten?« Und der Vater antwortet: »In allen anderen Nächten essen wir Gesäuertes und Ungesäuertes, in dieser Nacht nur Ungesäuertes.« Und die ganze Familie fällt mit dem Refrain ein: »In dieser Nacht! In dieser Nacht!«

Bei der Familie sitzt ein fünfundachtzigjähriger Jude aus Rußland, der einige Wochen zuvor nach zwanzigjährigem Arbeitslager endlich ausreisen durfte. Mit seinen Bärenkräften stand er die Sklaverei durch. Einer, für den die Geschichte vom Auszug aus Ägypten handfeste Wirklichkeit ist.

Der Durchzug durch den Jordan wiederholte gleichsam den Durchzug durch das Rote Meer. Hier die Stelle, an der ungefähr der Übergang der Söhne Israels stattfand, östlich Jerichos.

immer wieder neu dadurch, daß er zur Großen Mutter zurückkehrt.

Aber nicht nur in der heiligen Hochzeit, auch in nächtlichen Umzügen wird der Mond beschworen und die Gefahr aus der Tiefe gebannt. Dahinter steht ein Todes- und Wiedergeburtsmythus. Die Gestirne mit ihrem Steigen und Sinken, die Natur mit ihrem Wachsen und Welken und der Mensch mit seinem Erwachen und Einschlafen, seinem Leben und seinem Tod, werden in ihrem zyklischen Immer-Wiederkehren besungen, begangen, ja bewirkt, indem das Heiligtum in Prozessionen umwandert wird.

Ich bin überzeugt, daß die Geschichte von der Hure Rahab die Spiegelung eines Urmutterrituals ist, das Israel in Jericho antraf. In der Auseinandersetzung mit diesem Ritual wuchs Israel eine Erkenntnis zu, um die es nun gehen soll. Was spielt sich denn ab?

Zwei Männer kommen aus dem Lager der Israeliten heimlich in die Stadt und gehen geraden Weges zum Tempel der Göttin, lassen sich unter deren Gewand verbergen und begeben sich in den Schutz einer Priesterin. Die empfängt sie mit überraschender Güte, riskiert ihr eigenes Leben und schützt sie gegen den König der Stadt, ähnlich der Großmutter des Teufels in dem Märchen »Vom Teufel und den drei goldenen Haaren«, die den Helden vor dem Teufel beschützt.

Und noch etwas: Man versteht nicht recht, warum die Männer nach einem Weg von zwei Stunden so müde sind, daß sie sich in der gefährlichen Umgebung sofort schlafen legen.

Kundschafter schlafen nicht, wenn sie kaum an ihrem Ziel ankamen. Offenbar suchten sie weniger den Einblick in die militärischen Einrichtungen der Stadt als vielmehr das Orakel der Göttin. Sie legten sich im Tempel schlafen, um ein Wort der Göttin zu hören, und in der Tat, kaum haben sie sich gelegt, kommt die Priesterin mit ihrem Spruch:

»Ich weiß,
daß euch Jahwe das Land gegeben hat . . .
Denn der Herr, euer Gott,
ist Gott oben im Himmel und unten
auf Erden.«

Sagt sie dies im Ernst, dann geschieht etwas Ungeheures in unserer Geschichte, das nun ins Auge gefaßt werden muß: nämlich die Ablösung des Gottes, der am Himmel herrschte, des Mondes, und die Ablösung der Göttin, die auf der Erde herrschte, der Großen Mutter, durch den einen Gott. Dann liegt hier das eigentliche Thema der Geschichte, und es gilt, die Schärfe, mit der diese Geschichte ihre Erkenntnis an die Judäer im zerstörten Jerusalem vermittelt, zu empfinden.

Am Ende läßt Rahab sie an einem roten Seil durch das Fenster ins Freie. Das rote Seil aber ist in vielen Mutterkulten, etwa noch im heutigen Afrika, das Symbol der Nabelschnur, und das Entlassenwerden durch das Fenster ist ein Symbol für die Geburt. Rot ist die Farbe des Todes und des Lebens. Rot färbt sich der Adonisfluß im Libanon im Frühjahr zum Zeichen des Todes des jungen Gottes. Indem sie am roten Seil durchs Fenster ins Freie gelangen, spielen die Kundschafter ein Ritual, das nicht nur für sie selbst, sondern für ganz Israel symbolische Kraft hat.

Und ich meine, der enge Schacht jenes uralten Turms und der Ausstieg auf seine Plattform eignen sich für ein Todes- und Wiedergeburtsritual weit besser als für die Verteidigung der Stadt. Aber es wird wohl kaum je gelingen, es zu rekonstruieren. Es muß wohl ein Mensch im Lauf einer heiligen Handlung in die untere Höhlung geschlüpft sein, er muß durch den Kamin nach oben geklettert und dann auf der Plattform, »durch das Fenster«, wieder erschienen sein. Aber das führt uns in eine Frühzeit, von der wohl schon der Erzähler von Jerusalem keine genaue Kenntnis mehr haben konnte.

Ehe Rahab die beiden entläßt, schärft sie ihnen ein, sie sollten sich bis zum dritten Tag im Gebirge verstecken, bis die Leute von Jericho die Suche nach ihnen aufgegeben hätten.

In Mesopotamien ist ein Hymnus erhalten, der die Zeit des Neumondes abgrenzt:

»Drei Tage ruht der Mond im Himmel.
Ruht denn der Mond vier Tage im Himmel?
Nein, nie ruht er noch am vierten Tag.«

Drei Tage oder Nächte ist der Mond in der Gewalt des Todes, am dritten Tag erscheint er wieder am Himmel. Am dritten Tag bejubeln die Menschen seine Wiedergeburt. Während der Zeit bis zum dritten Tag aber ging man in Prozessionen auf die Mondsuche, wie die Äthiopier noch am heutigen Tag zwischen Karfreitag und Ostersonntag auf dem Dach der Grabeskirche in Jerusalem auf die Suche nach dem toten Christus gehen, bis sie hören: Er ist auferstanden!

Der Mond also war in den Bergen verschollen. Das Gebirge mit seinen Schluchten ist ein Symbol für das Unbewußte oder auch das Totenreich. Und die beiden Kundschafter hatten nicht nur die Rolle des Mondes gespielt, als sie in das Reich der Mutter eingingen und von ihr wiedergeboren wurden, sie übernehmen nun auch die Rolle des wiedererscheinenden Mondes, der als das wiedererstandene Gestirn am Himmel aufgeht, und beschreiben damit, was sich danach im Untergang der Stadt und im Sieg Israels vollziehen wird. Sie kehren zu Josua zurück und melden: Im Grunde ist der Sieg schon errungen. Gott hat uns die Stadt und das Land übergeben.

Angst vor dem, was unten ist

Die Geschichte von Jericho spiegelt sich für uns in einem verbreiteten Problem, dem nämlich, wie der Glaube an Gott sich auswirkt in unseren Beziehungen zur Welt und zu den Menschen. Diese Beziehungen aber erscheinen heute eigentümlich gestört.

Ein erster Aspekt betrifft die Beziehung des modernen Menschen zu seiner Welt:

Im Abendland redet man sich nun seit einigen Jahrhunderten ein, die Angst des Menschen rühre von religiösen Gedanken und Vorstellungen her, von mythischen Überlieferungen und einem aufgedrängten Glauben. Nun ist in unserem Land niemand gezwungen, an Gott oder das Jüngste Gericht zu glauben. Es kann sich, wer will, auf seinen Verstand verlassen und auf die klaren, beherrschbaren Gesetze der Natur. Denn dies war ja die Meinung, mit Vernunft und Wissenschaft habe der Mensch Mittel in der Hand, mit denen jedes Problem sich lösen und jede Angst sich überwinden lasse. Und doch – es ist seltsam – ist der Mitteleuropäer heute von Angst geschüttelt wie eh und je und wahrscheinlich schlimmer als je unter Wotan oder dem christlichen Gott.

Eine Studentin schrieb 1976:

»Ich fürchte mich vor dem offensichtlich grenzenlosen Optimismus meiner Umwelt. Wir warten gläubig auf ein neues Wirtschaftswunder, lächeln unbesorgt über düstere Prognosen zu den Themen Rohstofferschöpfung, Zerstörung der Umwelt, Überbevölkerung, Nahrungsmittelknappheit, sehen aus sicherer Distanz den Kriegen unserer Welt zu und machen so weiter. Angesichts einer solchen bekannten Situation ist das Zeugen und Empfangen von Kindern reinste Verachtung der Menschenrechte. Die Folgen unserer Unbesorgtheit werden vielleicht nicht mehr uns treffen, dafür spätestens unsere Kinder. Sie sind geboren, um auf die unmenschlichste Art getötet zu werden: durch den Hunger, den Haß und den Krieg, von denen ihre Eltern bereits vorher wußten. Arbeitslosigkeit und extreme persönliche Einschränkungen sind für mich nicht so schreckliche Vorstellungen, wie hilflos danebenstehen zu müssen, wenn in nächster Zukunft vor den Augen unserer ungerechten und lieblosen Gesellschaft Kinder verhungern, Landschaften aus Profitgier sinnlos verwüstet werden und Kriege den verbleibenden Rest zerstören werden.«

Und ein Student:
»Ich traue dem Grün des Grases nicht mehr. Der Tagesschau glaube ich kein Wort. Ich spiele nicht mehr im Lotto. Meinen Mut bin ich los. Mich dauernd zu blamieren habe ich satt. Ich sehe die Zukunft als beendet an.«

Millionen Menschen ängsten sich vor Chaos, Weltdiktatur, Hunger, Krieg, Terror, Vermassung und Ordnungsverlust. Wie kann das möglich sein, da wir doch seit dreihundert Jahren davon träumen, unsere Welt sei eine wohlgeordnete, klare, rationale Sache, die erkennbaren Gesetzen gehorche und in der es bedrohliche Mächte nicht gebe? Die Wissenschaft war für die Neuzeit ein Mittel zur Überwindung der Angst. Heute ist sie selbst eine der wirksamsten Ursachen der Furcht. Und wenn Millionen ihre Zuflucht in primitivem Aberglauben suchen, wenn die Hexenvereine blühen, wenn scheinreligiöse magische Praktiken unsere Welt überschwemmen, dann haben wir nicht nur Reste einer Religion von gestern vor uns, sondern auch einen Gegenschlag gegen die rationale Welterklärung von heute, gegen die offenbar nur noch mit starkem Zauber anzukommen ist.

Millionen ängsten sich vor den Kräften und Bildern in ihrer eigenen Seele, vor dem Chaos, das aus ihnen selbst aufsteigt. Sollte die Aufklärung wirklich Licht gebracht haben? Hat sie nicht vergessen, daß der Mensch mehr aus den Bildern seines Unbewußten lebt als aus seiner Vernunft? Und stehen wir dem, was uns sozusagen von unten bedroht, so hilflos gegenüber, weil wir unsere Freiheit im Kopf gesucht haben und nun von der Unfreiheit, in der unsere eigene Seele lebt, eingefangen sind? Offenbar kommt die Angst, die unsere Zeit beherrscht, aus einer Tiefe, in der Technik und Wissenschaft, Vernunft und Selbstkontrolle nichts ausrichten. Das Chaos wirbelt in uns selbst.

Vor dreitausend Jahren konnten die Menschen es benennen und sprachen von den großen Müttern. Aber über die großen Mütter hat längst der männliche Verstand gesiegt, und die Mütter sind dabei sozusagen untergetaucht. Noch immer steuern sie uns, aber das Gespräch mit ihnen ist verstummt. Der Verstand wähnt die Welt neu zu planen, und der Mensch wird von den Bildern und Kräften seines Unbewußten hin- und hergeworfen und gebeutelt. Was ihn treibt, ist die Angst, unterzugehen, die Sorge, das bewußte, freie Ich könne vom Unbewußten wieder verschlungen werden. Also grenzt er es aus, verdrängt es und flüchtet sich ins Obergeschoß einer rationalen Weltdeutung.

Der zweite Aspekt dieses Problems der Angst ist die Tatsache, daß es heute ein Maß an Vereinzelung und Vereinsamung von Menschen gibt, das früheren Generationen unbekannt war. Nicht nur, weil die Menschen von anderen allein gelassen werden oder die gesellschaftlichen Strukturen sich verändert haben, sondern auch und vor allem, weil sie selbst sich vor Bindungen und Berührungen fürchten. Es gibt eine verbreitete seelische Krankheit, die darin besteht, daß man sich vor Beziehungen ängstet, daß man sich nicht hinzugeben vermag, daß man Kontakte und Gespräche vermeidet.

Es steckt dahinter eine Ahnung davon, daß das unabhängige, das in seiner Freiheit so bedrohte Ich sich aufgeben müßte, daß das Ich sich verlieren müßte, um sich wiederzufinden. Daß es sich aus der Hand geben müßte, um sich sozusagen aus der Hand des anderen Menschen wieder zu empfangen. Es steckt die Ahnung dahinter, daß das Ich gleichsam durch seinen Tod erst frei wird, aber die Angst vor diesem Tod des Ich im anderen Menschen ist zu groß. Der Schritt zum Du gelingt nicht.

Die Krankheit, sich nicht hingeben zu können, spiegelt sich in den Vorstellungen, die wir heute vom gesunden Menschen haben. Es ist uns fast schon selbstverständlich, daß der wahre Mensch der glückliche sei, der gesunde, der ewig junge, dem es an keiner Form von Genuß und Bestätigung gebricht. Vor allem aber der Mensch, der sich in allen Situationen in der Hand hat, der sich kontrolliert, der seinen Verstand gebraucht und sich davor hütet, sich von Gefühlen allzusehr leiten zu lassen. Der sich darum sorgfältig abschirmt gegen die Welt der Ahnungen, der Intuition, die Welt des Rauschs und der Ekstasen, die Welt von Drang und Trieb.

Die Krise dieser Art Unabhängigkeit durch Selbstkontrolle kommt so gewiß wie die Krise eines allein auf Vernunft gebauten Lebens. Irgendwann wird ein Mensch sich dem seltsamen Geschehen anvertrauen müssen, daß er neu beginnt – oder besser: daß mit ihm neu begonnen wird, und zwar auf eine Weise, die er nicht in der Hand hat. Zu allen Zeiten der Menschengeschichte ist dieses Geheimnis bekannt gewesen und immer wieder in das Bild von der neuen Geburt gefaßt und in Ritualen gespielt worden. Aber die Krise wird nicht durchgestanden. Die Angst hindert.

Ein dritter Aspekt: Sich mit der Welt einzulassen bedeutet sozusagen Erde in die Hand zu nehmen, bedeutet sich zu beschmutzen, bedeutet sich mit Elend einzulassen, mit dem Unappetitlichen, mit dem »Niedrigen« und dem Gemeinen und es eben nicht auszugrenzen. Beziehung zum Menschen hat immer auch eine körperliche Seite, und schon vor einem Händedruck fürchten sich viele, weil er mit Bakterien in Verbindung bringt, aber auch mit Schweiß und Körperwärme eines anderen Menschen.

Wenn es Menschen, wenn es vor allem Christen gibt, die sich vor allem Geschlechtlichen zwischen Mann und Frau ängsten, dann liegt der Grund häufig genug in dieser Scheu vor der Beziehung, die eine körperliche und eine, wie man meint, verunreinigende Beziehung ist. Daran ist die Ahnung beteiligt, daß diese Welt so eingerichtet ist, daß Beziehung unter Menschen, Berührung und Gemeinschaft, vermittelt wird durch eine andere Dimension als die nur geistige, daß sozusagen das Reich der Mütter betreten werden muß. Wird aber diese Dimension ausgeschieden, so bleiben, wie es heute millionenfach geschieht, Einzelne übrig, die einander fürchten und sich am Ende hassen und befehden.

Liebe zwischen den Geschlechtern hat ihr erstes Problem nicht dort, wo man von Moral spricht, sondern viel früher: dort, wo Beziehungen überhaupt gelingen oder nicht.

Der Weg der Kundschafter nach Jericho zu Rahab hat darin seine erregende Pointe: Sie gehen mitten in die feindliche Stadt, die verrufen ist als Pforte der Unterwelt. Sie gehen nicht nur zu Feinden auf die Gefahr hin, erkannt zu werden und verloren zu sein. Sie gehen vielmehr, das ist noch gefährlicher, in das Haus einer fremden Frau, die einem fremden, unheimlichen Kult dient. Die erkennt sie sofort und hätte sie, wäre sie ihnen feindlich gesonnen gewesen, ganz und gar in der Hand gehabt. Sie schlüpfen unter den Mantel einer fremden Göttin in dem Vertrauen, daß sie dort irgendeinen geheimnisvollen Schutz genießen würden. Als seien sie mit einem Tode, der ein Versinken und Vergessen bedeutet, ein Verschlungenwerden vom Abgrund, einverstanden, legen sie sich schlafen. Sie verlassen sich darauf, daß sie bewahrt sind mitten in der feindlichen Stadt auch und gerade, wenn sie sich selbst aus der Hand geben und ihr Verstand nicht mehr zu kontrollieren vermag, was geschieht. Sie vertrauen sich dem Reich der Mütter, dem Fremden und Geheimnisvollen und Bedrohlichen, an. Sie schließen mit der fremden Frau einen Vertrag auf Leben und Tod. Am Ende werden sie durch ein Fenster entlassen und gehen ihren Weg als freie Menschen, in der Kraft einer großen, neuen Erfahrung. Gleich ihnen aber geht dann das ganze Volk durch den Fluß, und der Fluß gibt den Weg frei.

Das Thema ist deshalb, nicht nur für die Judäer, die dem Erzähler von Jerusalem zuhörten, sondern auch für uns, von hoher Aktualität, weil hier ein verbreitetes Lebensproblem unmittelbar im religiösen Feld steht. Es ist für die Bibel selbstverständlich, daß die Beziehung zu Gott gleichzeitig gelingt mit der Beziehung zu den Menschen. Es ist ihr selbstverständlich, und Jesus spricht nicht nur davon, sondern belegt es mit seinem Lebens- und Todesweg eindringlich genug, daß es die Hingabe ist, in der Erlösung geschieht, daß Erlösung durch den Tod des Ich hindurch geschieht, daß der neue Mensch durch den Tod des alten hindurch entsteht. Und was Jesus mit aller Klarheit vorlebt und vorspricht, ist die Tatsache, daß der Glaube an Gott bedingt, daß ein Mensch sich mit dem Unreinen einläßt, daß er die Befleckung durch Schuld und Elend nicht scheut, daß er mit Aussätzigen und allen Arten verworfener Menschen zusammensitzt und ißt und redet und die Berührung gerade nicht vermeidet. Es war ein frommer Jude, der sich darüber ereiferte, daß Jesus sich die Füße von einer Dirne küssen ließ, und es war Jesus, der zur Antwort gab, diese von ihm angenommene Liebesbeziehung sei zuerst Gott mit dieser Frau eingegangen: »Ihr sind Sünden vergeben worden«, sagt er, »sonst hätte sie das nicht getan.«

Um so beklemmender ist der Eindruck, daß unter Christen noch immer weithin die Liebe zum Nächsten eine leiblose, eine geschlechtsfeindliche, eine von Angst vor Berührung gezeichnete ist. Das Reich der Erde und der Mütter, das Reich der Liebe von Mann und Frau wartet noch immer der Erlösung.

Denn die Liebe der Geschlechter ist noch immer die intensivste Einübung in die Gemeinschaft unter Menschen überhaupt, und sie ist auch ein Element der glaubenden und vertrauenden Hingabe an den, der mehr ist als der Partner auf der Erde: Gott. Glaube und Liebe sind im Grunde dasselbe. Sie sind Hingabe. Und das wiederum bedeutet, daß Gott für uns kein Gott über uns allein ist, sondern auch ein Gott um uns her und ein Gott unter uns, dem wir gerade in der Berührung mit dem, was unrein scheint oder ist, begegnen. Gott ist ein Gott auch der Erde, auch des Leibes, auch der Geschlechter, er umfaßt und erfüllt auch das Reich der Mütter.

Dies aber und nichts anderes tat der Erzähler von Jerusalem mit seiner Geschichte von Jericho: Er bezog die Welt der Mütter in Gott ein. Er zeigte einen Gott, der sozusagen aus seiner Höhe in die Tiefe wuchs und nun die Welt und das Dasein der Menschen auch von unten her umfaßte. Er tat das nach Jahrhunderten, in denen Israel vergeblich versucht hatte, sich im Namen seines Gottes gegen diese von Gott erfüllte Dimension abzustemmen.

Er erzählt – und das ist die Mitte der Geschichte –, daß es ausgerechnet die heidnische Priesterin oder Hure ist, die zuerst von Gott spricht. An der Stelle, an der das Mysterium von Tod und Leben am dichtesten ist, als die beiden nämlich unter dem Mantel der Göttin liegen, wehrlos dem ausgeliefert, was Rahab mit ihnen tun will, da spricht sie vom Gott des Himmels und der Erde. Sie spricht von dem Gott des Glücks und des Unheils, des Lebens und des Todes, des Oberen und des Unteren, des Geistes und der verschlingenden Mächte in der Tiefe. Sie vollzieht selbst den Schritt von den getrennten Göttern der Höhe und der Tiefe zu dem Gott, der Höhe und Tiefe in sich vereint.

Gott wird in ihrem Orakelspruch sozusagen größer um die Mutter im Abgrund. Und mit ihm wächst auch der Mensch, der sich ihr anvertraut, in größere Tiefe und versöhnt sich mit der Gefahr in ihm selbst.

Es ist zu vermuten, daß die Kundschafter ihren Weg mit Angst gingen, daß sie die Gefahr empfanden, in der sie schwebten. Anders Rahab: Es scheint, daß Rahab sie in aller Gelassenheit einließ. Ihre Angst begann, als die beiden sich verabschieden wollten, denn nun schien ihr die Gefahr erschreckend groß, daß die Beziehung zu diesen beiden zerbrechen würde, wenn sie erst einmal die Stadt wieder verlassen hätten. Und ihre Angst endete wohl mit dem Eid auf Tod und Leben, mit dem die beiden fremden Männer dieser begonnenen Beziehung Dauer gaben.

Es ist ein Wagnis, aber das Wagnis muß eingegangen werden, sich an Gott hinzugeben, von dem der Tod und das Leben kommt, das Leben aus dem Tod, das Leben aus dem Abgrund. Und es ist auch ein Wagnis, sich an Menschen hinzugeben, die so unzuverlässig sind. Es hat aber hohen religiösen Rang, wenn Rahab die Fremden einläßt und die Fremden sich ihr verbürgen.

Durchquerung des Unterweltflusses

Der Erzähler in Jerusalem fuhr mit seiner Geschichte fort:

»Nach drei Tagen zog Israel zum Jordan und lagerte dort bis zum Morgen. Als nun das Volk aus seinen Zelten aufbrach, um den Jordan zu überschreiten, zogen die Priester, die Bundeslade tragend, vor dem Volk her, und als die Träger der Lade an den Fluß kamen und die Füße der Priester in das Wasser tauchten – der Jordan aber tritt während der ganzen Erntezeit überall über seine Ufer –, da blieb das Wasser, das von oben her kam, stehen. Es stand wie ein Damm, weit oberhalb der Stelle, bei der Stadt Adam. Das Wasser aber, das zum Salzmeer hinabfloß, verlief sich, und das Volk ging gegenüber Jericho durch den Fluß. Und die Priester, die die Lade trugen, standen im Jordan still auf dem trockenen Grund, während Israel trockenen Fußes hindurchging, bis alle den Fluß durchschritten hatten.

Als danach die Priester, welche die Lade trugen, aus dem Jordan heraufstiegen und ihre Fußsohlen kaum auf das Trockene gesetzt hatten, kehrte das Wasser des Jordan in sein Bett zurück und trat wie zuvor über das Ufer. Und sie lagerten sich in Gilgal, an der Ostgrenze von Jericho. Zwölf große Steine aber, die sie an der Stelle des Übergangs aus dem Jordan genommen hatten, richtete Josua in Gilgal auf, und er sprach zu den Israeliten: Wenn künftig die Kinder ihre Väter fragen: Was bedeuten diese Steine?, so sollt ihr ihnen kundtun: Trockenen Fußes ging Israel hier durch den Jordan. Denn der Herr, euer Gott, ließ das Wasser des Jordan vor euch austrocknen, bis ihr drüben waret, wie er mit dem Schilfmeer getan hat, damit alle Völker auf der Erde erkennen, daß die Hand des Herrn stark ist, und sie ihn fürchten.« (Josua 3–4)

Es ist Frühling, die Zeit des ersten Vollmonds nach der Tag- und Nachtgleiche. Kult- und Festzeiten wurden in der alten Welt, wie es noch heute mit unserem Osterfest geschieht, nach dem Mond festgelegt. Sie fallen auf Vollmond oder Neumond und insbesondere auf den ersten Vollmond im Frühjahr, nach der Tag- und Nachtgleiche.

Für den Nomaden ist der Frühling der Beginn des neuen Jahres. In der Wüste wächst Futter für die Tiere, die Ziegen werfen ihre Jungen und geben Milch für den Menschen. Wenn aber das kurze Gras der Wüste abgeweidet ist, folgt für die Kleinviehnomaden in der Umgebung Palästinas die Zeit der Armut. Sobald darum im Kulturland nach dem Ende der Regenzeit die ersten Felder abgeerntet sind, wechseln die Nomaden aus der Wüste in die Randgebiete des Kulturlandes. Sie weiden die Stoppeln ab, und ihre Herden düngen zugleich die Felder. Dieses System des Weidewechsels, das für die Nomaden ebenso lebenswichtig ist wie für die Bauern, funktionierte damals schon seit Jahrtausenden.

Der Aufbruch aus der Wüste zur Wanderung ins Kulturland aber, die wochenlang dauerte, wurde von den Hirtenvölkern des alten Orients seit Urzeiten mit dem Passa begangen. Denn Aufbruch heißt immer auch Gefahr, Gefahr nicht nur durch andere, das Kulturland suchende Stämme, sondern auch durch die magischen Sperren der Flüsse und Gebirge, vor allem aber durch allerlei dämonische Mächte, die in den hellen Nächten um den Frühlingsvollmond umgingen und gegen die man sich sichern mußte. Sie feierten es im Aufbruch, mit hochgebundenem Gewand, das rasches Gehen ermöglichte, und in Sandalen, während der Hirtenstock an der Tür lehnte. Passa heißt ursprünglich so viel wie Übergang, später auch Vorbeigang oder Schonung.

Am Frühlingsvollmond, am vierzehnten Tag

Zehn Meter hoch ist der Turm, der in Jericho ausgegraben wurde. Er steckt heute tief in den Schuttmassen des Stadthügels, weil er aus sehr alter Zeit stammt und über ihm inzwischen Jahrtausende lang immer neue Schichten neuer Städte entstanden. Der obere Ausgang ist heute aus Sicherheitsgründen mit einem Eisengitter geschützt.

Eng verwandt mit den übrigen Muttergöttinnen des Vorderen Orients ist die ägyptische Isis, hier als Gottesmutter den Sohn Horus auf dem Schoß haltend. Ihr Kopfschmuck, das Gehörn mit der Sonnen- oder Mondscheibe, zeigt das Kuhartige dieser Göttin, die im übrigen die Göttin der Unterwelt, der Toten, aber auch der Fruchtbarkeit und der Zauberei war. Sie trägt als ihren Sohn den König auf den Knien. Die Darstellungen der Maria mit dem Jesuskind gehen auf viele ältere Vorbilder zurück, unter anderem auch auf Isis mit dem Horusknaben.

Der Weg der Kundschafter führte nach Westen auf das Gebirge zu, das nach Jerusalem hinaufführt, vielleicht durch das fruchtbare Tal westlich der Stadt.

Im Jordan finden an der Stelle, an der Jesus getauft wurde, noch heute Tauffeiern statt. Die Feiernden stellen brennende Kerzen in das Wasser und sagen damit: So steht das Licht über dem Element des Todes, so kommt das Licht aus dem dunklen Element, so verwandelt das Licht den Tod ins Leben.

des Frühjahrsmonats, der bei Neumond begann, schlachtete der Hirte ein Lamm für sich und seine Familie, bei einbrechender Nacht aß man es gemeinsam, und zwar in Verbindung mit den Bitterkräutern, die in der Wüste wuchsen. Man aß es im Weggehen und bestrich die Pfosten des Zelts mit dem Blut des Lammes zur Abwehr der Gefahr, die dem wandernden Stamm in der Nacht und beim Weg in das andere Land von dämonischen Mächten, Grenz- und Flußgöttern drohte.

In der Nacht, die der Mond taghell erleuchtet, wurde gewandert, und man wanderte in das Land, in dem Milch und Honig, die typische Nahrung des Beduinen und gerade nicht des Bauern, auch für den bedrohten Menschen der Wüste noch vorhanden waren, in dem man also überlebte.

Indem die Söhne Israels im Namen des Gottes, den sie am Schilfmeer und am Gottesberg erfahren hatten, den Jordan überschritten, bekannten sie in Form eines Übergangsrituals: Gott ist auch hier der Herr. Ihr Gottesbewußtsein erweiterte sich um den Aspekt jenes Gottes, der der magischen Sperrzone der Mutter- und Mondkulte seine Überlegenheit entgegensetzt. Sie verlassen nun nicht mehr, wie der Beduine seit Jahrtausenden tat, das Herrschaftsgebiet ihres Gottes, um sich in das eines anderen Gottes zu begeben, sie entdecken vielmehr, daß hier wie dort der eine und selbe Gott die Herrschaft hat.

Sie nehmen den alten, dem Passafest zugrundeliegenden Mythus, oder besser: das magische Bedeutungsspiel, auf, das wie eine stumme Macht über dem Weidewechsel ihrer Vorfahren gelegen hatte, und reden doch frei und bewußt zu dem Gott, den sie erfahren haben.

Der Erzähler schildert ein Wunder, das sich dabei ereignet. Als die Träger der Lade Gottes, des Herrn der ganzen Erde, die Füße in den Jordan setzten, fiel das Wasser. Es staute sich weit im Norden, bei der Stadt Adam, wo heute die Adam-Bridge die Verbindung zwischen Israel und Jordanien bildet, und der Jordan versiegte. Die Lade verhielt mitten im Strom, das Volk konnte auf dem trockenen Grund hinübergehen. Als aber die Lade mit ihren Trägern das Flußbett verließ, da kehrte das Wasser wieder, und der Fluß war so voll und reißend wie zuvor.

Nun gibt es für den wunderbaren Vorgang durchaus Erklärungen. Der Jordan windet sich durch ein Tal, das aus weichen, kalkigen Dünen besteht, und es kommt vor, daß er in der Zeit des Hochwassers eine Windung durchbricht und sich dann durch den Einsturz eines Steilhangs eine Stauung bildet. So berichtet Nuwairi, ein arabischer Geschichtsschreiber, im Jahre 1267 nach Christus habe der Lauf des Jordanwassers durch den Einbruch eines Steilufers bei Adam für zehn Stunden ausgesetzt, und dasselbe, ebenfalls bei Adam, wird aus dem Jahre 1928 erzählt.

Mag also in der Zeit des Josua Ähnliches geschehen sein. Nicht, daß dies geschah, ist das Bedeutsame, sondern daß es dem Volk aus der Wüste zu einem Zeichen geworden ist: Der Fluß ist kein Dämon, kein feindlicher Gott, keine magische Sperre. Er ist ein Fluß, und wenn Gott es gebietet, bleibt das Wasser stehen. Es ist ein Teil jener Kette von Erkenntnissen der natürlichen Zusammenhänge, die am Ende zur Schöpfungsgeschichte geführt haben, zu der Geschichte von der natürlichen Welt, die frei von Göttern, aber durchdrungen und umfaßt von Gott ist.

Im Namen des Gottes, der Herr des Himmels und der Erde ist, gehen sie in den Fluß. Der Mond ist der Mond. Die Erde ist die Erde. Der Fluß ist der Fluß. Was will der Mondgott von

Jericho? Was wollen Hölle, Abgrund, Drachen und Muttergöttinnen? Wir überschreiten den Jordan und nehmen das Land, wie es uns verheißen ist, in Besitz! Die ganze Geschichte, die uns gedanklich so viel Mühe macht, ist ein kühnes Bekenntnis zu dem einen Gott, ein Schritt in der Folge der Bekenntnisse, mit denen Israel seinen Glauben ausdrückte.

Das Passa war ursprünglich ein Naturfest, und Israel hätte das Naturfest durchaus beibehalten können, um Gott, den Schöpfer und Erhalter der Welt, zu feiern. Gott wäre dabei eine Art Mondgott geworden. Aber die Leistung des israelitischen Nachdenkens bestand darin, daß ihm der Gott der Natur auch ein Gott der Geschichte wurde, ein Lenker und Richter der Menschen und der Völkerwelt. So aber konnte Israel in der politischen und religiösen Notzeit der Verbannung den Gott begreifen, der nicht nur geschichtlich handelt, sondern auch die Welt, den Kosmos, schafft, erhält und durchdringt und also nahe ist, den wandernden Stämmen im Sinai ebenso wie dem Volk im Land um Jerusalem und den Verbannten in der babylonischen Steppe.

Ich stelle mir den alten Erzähler vor, auf einem Trümmerstück des zerstörten Tempels sitzend, umgeben von ein paar Dutzend Zuhörern und hinausschauend in das zerstörte, brachliegende Land: Warum fürchten wir uns eigentlich vor den fremden Göttern? Und warum sollten wir uns zurücksehnen zu den alten Müttern, die wir hier verehrt haben, weil wir meinten, sie hätten uns das Leben zu geben? Ist nicht in all dem der Wille Gottes? Und kann unser Gott, wenn er uns einen neuen Anfang geben will, nicht auch dieses Land wieder fruchtbar machen, zu einem Garten, der es einmal gewesen ist? Dann werden wir uns eines Tages in diesem Tempel wieder versammeln, vielleicht ärmer als vorher, mit weniger Pracht und Goldglanz, aber im Frieden, und ihm dienen. Denn ihm gehören das Land und die Stadt, wie ihm Sonne und Mond gehören, Saat und Ernte, Sommer und Winter, Frost und Hitze, Tag und Nacht.

7. Kapitel

Die Erlösung der Großen Mutter

Da fielen die Mauern

Als die Stämme Israels den Jordan durchschritten hatten, verschlossen die Leute in Jericho die Tore, so daß niemand hinaus- oder hineingehen konnte. So erzählte der Alte in Jerusalem weiter.

Und die Stämme Israels umzogen die Stadt in einem langen Zug: Voraus gingen die waffentragenden Männer, dann folgten sieben Priester mit den sieben Posaunen aus Widderhörnern und schließlich die Lade Gottes. So umkreisten sie die Stadt, kehrten ins Lager zurück und blieben über Nacht. Am anderen Morgen standen sie früh auf, die Priester nahmen die Lade des Herrn, und so zogen sie am zweiten Tag einmal um die Stadt. Das taten sie sechs Tage lang. Am siebten Tag brachen sie in der Frühe auf, als die Morgenröte heraufkam, und zogen siebenmal um die Stadt. Beim siebten Mal aber stießen die Priester in die Posaunen, und Josua schrie: Feldgeschrei! Der Herr gibt euch die Stadt! Da erhob das Volk das Feldgeschrei, die Mauern stürzten in sich zusammen, und die Bewaffneten erstiegen die Stadt, ein jeder dort, wo er gerade war. So nahmen sie Jericho ein.

Das Seltsame an der Erzählung ist, daß kein Kampf stattfindet. Es tritt kein feindliches Heer in Erscheinung. Alles vollzieht sich wie bei einer festlichen Prozession, und selbst bei den stürzenden Mauern drängt sich der Eindruck auf, es sei auf lautlose Weise etwas ganz anderes als Mauern und Türme aus Lehm oder Stein eingestürzt.

In Gilgal, dem alten Heiligtum am Nordrand der Oase Jericho, standen, gewiß aus einer Zeit lange vor der Einwanderung der Israeliten, Steinkreise, vielleicht ähnlich denen, die wir heute noch im englischen Stonehenge sehen. Vielleicht beging man dort das Neumondfest mit Umzügen, die den Umlauf des Mondes nachspielten. Dann stand hinter den ringförmigen Prozessionen ein Beschwörungsritual, mit dem man dem gefährdeten, fast nachtschwarzen Mond beizustehen suchte.

Wenn solche Umzüge um die Steinkreise des späteren israelitischen Nationalheiligtums Gilgal den Umlauf des Tierkreises oder des Mondes darstellten, dann haben sie bei Nacht stattgefunden. Unsere Geschichte aber schildert mehrfach mit auffallender Betonung, die Stämme Israels seien frühmorgens aufgebrochen, hätten die Stadt umschritten und seien danach ins Lager bei Gilgal zurückgekehrt.

Dann bedeutete aber dieses an den Tag gebrachte Nachtritual eine ungeheure Herausforderung an den Mondgott oder die Muttergöttin von Jericho. Ähnlich Bonifatius, der die Donareiche gefällt haben soll, fordern sie die Macht der fremden Gottheit zur Probe heraus.

Zugleich liegt in diesem nachgespielten Ritual ein Hinweis auf einen wichtigen Schritt in der Geschichte des menschlichen Bewußtseins: Hier tut ein ganzes Volk mit klarem Bewußtsein, was früher im Traum, im Halbbewußtsein, vor allem wahrscheinlich unter Drogeneinfluß, oder aus dem verschwiegenen Wissen eingeweihter Priester getan worden war.

Das Umkreisen der Stadt aber hat noch einen anderen Bedeutungszusammenhang. Menes, der Gründer des ägyptischen Reichs, vollzog wohl als erster den rituellen Lauf um die weißen Mauern von Memphis, das Reich so zugleich mit seiner Hauptstadt konstituierend. Das war ums Jahr dreitausend vor Christus. In der Zeit, als Jerusalem noch unzerstört war, wurden Feste gefeiert, in deren Verlauf eine Prozession rings um die Stadt führte. Der Psalm 48 sagt:

»Groß ist und hoch zu preisen
die Stadt unseres Gottes.
In ihren Palästen hat sich Gott
als Hort offenbart.
Denn siehe, Könige taten sich zusammen,
zogen her mit vereinter Macht.
Sie sahen sie und erstarrten,
erschraken und flohen davon.

Wir spielen, o Gott, deine Gnade nach
inmitten deines Tempels:
Umkreist den Zion,
umwandelt ihn, zählt seine Türme ...
auf daß ihr erzählt dem künftigen Geschlecht:
Dies ist der Herr, unser Gott, immer und ewig.
Er zieht uns voran.«

Im Orient gab es eine Art Gründungsritual für Städte. Die Stadt, das große Runde, der Raum und Machtbereich der Großen Mutter, wurde umschritten. Da der König der Stadt aber den Platz des Sohnes der Großen Mutter, nämlich des Mondes, einnahm, dürfte dieses Ritual wohl bei Nacht und während einer bestimmten Mondphase stattgefunden haben. Indem das Volk unter Führung der Priester der Großen Mutter die neuerstellten Mauern umzog, stand die Stadt fest. Nun nimmt Israel dieses Ritual auf, aber es zieht es an den Tag und vollzieht es nicht im Namen der Großen Mutter, sondern Gottes, der anstelle des Mondes und der Mutter Herr des Himmels und der Erde ist. Mir scheint, dies sei das Geheimnis der Geschichte von Jericho, den Posaunen und den Mauern: Die Gründung dieser durch die Große Mutter gesetzten Stadt wird aufgehoben, und so fallen denn die magisch festgegründeten Mauern ein.

Treue gegen Rahab

Während die Israeliten Jericho stürmten – so erzählte der Alte in Jerusalem seinen Hörern – wandte sich Josua an die beiden Kundschafter: Geht in das Haus der Dirne und holt sie mit allen ihren Angehörigen heraus, wie ihr geschworen habt. Die taten es und brachten Rahab draußen in Sicherheit, beim Lager Israels. Die Stadt verbrannten sie mit allem, was darin war, nur das Silber und Gold und die kupfernen Geräte brachten sie in das Heiligtum des Herrn. So ließ Josua die Dirne Rahab mit ihrer Familie am Leben, sie erhielt Wohnrecht in Israel, und das gilt bis zum heutigen Tag.
(Josua 6)

Was die Geschichte für uns bedeutsam macht, geschieht am Ende. Während der Feuerflut, die Jericho verschlingt, wird die Dirne Rahab mit ihrer Familie aus ihrem Haus geführt, wie die Kundschafter es versprochen hatten, nicht, um von den triumphierenden Feinden zur Schau gestellt, verspottet, gequält und mißbraucht zu werden, wie es Frauen aus eroberten Städten üblicherweise widerfuhr, sondern um als Glied des heiligen Volkes unter den Söhnen Israels Wohnrecht zu erhalten.

Wie kommt es eigentlich, daß die beiden Männer, nachdem sie aus Trance und Traum unter dem Mantel der Göttin erwacht sind, sich mit so klarem Bewußtsein zu Rahab bekennen? Niemand sage, dies sei unter Männern üblich. Üblich ist, daß ein Mann, der sich Rahab ausliefert – die irgendeine Frau sein kann –, die Erinnerung an diesen Vorgang vergißt, verleugnet oder verdrängt. Es wäre schon mehr als üblich, daß sie sagten: Vielen Dank, aber nun laß uns gehen.

Sie tun etwas anderes. Sie sagen: Mit unserem Leben bürgen wir für dich und die Deinen!

Und als Josua die Stadt erobert, gilt ihm die Treue gegen diese Frau mehr als der Gehorsam gegenüber dem Gott, der den Bann befohlen hatte. Er läßt sie am Leben, führt sie aus der Feuerhölle heraus und nimmt sie und ihre Familie auf in das Volk Israel. Das ist nicht nur die noble Geste eines Ehrenmannes, es ist vielmehr ein Zeichen erstaunlicher Reife. Es ist die Tat eines erwachsenen Menschen, der fähig ist, Wandlungen, die mit ihm und vor seinen Augen geschehen, wahrzunehmen.

Die Rettung der Rahab und die Treue der beiden Kundschafter wie des Feldherrn ihr gegenüber ist zudem ein Symbol von weittragender Bedeutung, Ausdruck einer tief einschneidenden Erkenntnis. Wir erinnern uns: Kurz vor dem Untergang Jerusalems hatte König Josia die Pfahlfrau aus dem Tempel entfernt und sie unten im Tal, auf der Müllkippe sozusagen, verbrannt. Er tat es, weil ihm an der Reinheit des Glaubens Israels gelegen war. In der Zeit nach der Katastrophe Jerusalems aber scheint sich eine neue Erkenntnis durchgesetzt zu haben: Daß nämlich derjenige, dem die reine Lehre vor allem anderen am Herzen liegt, gar nicht anders kann, als Wirklichkeiten abzutrennen, zu leugnen, zu vergessen, zu übersehen, die zu leugnen nur möglich ist um den Preis der Wahrheit, nämlich der universellen göttlichen Wirklichkeit. Man ahnte damals offenbar, daß man Unterwelt, Dunkel, Nacht und Rätsel, auch das Rätsel des Bösen und Unbewußten, zwar ausklammern kann, daß man damit aber keineswegs die Wahrheit erreicht, sondern allenfalls sterile Rechtgläubigkeit.

Nach dem alten israelitischen Glauben forderte Gott bei der Eroberung von Städten häufig den Bann. Das heißt: Die Stadt, die Menschen und das Vieh mußten völlig vernichtet werden, und auch vom Besitz der Einwohner durfte nichts als Beute genommen werden. Der Grund liegt darin, daß die menschlichen Heere nur im Vordergrund den Krieg bestritten, im Hintergrund aber der Gott Israels sich gegen einen anderen Gott, einen Stadt- oder Landesgott, durchsetzte und daß dieser Gott samt seiner Stadt vernichtet werden mußte. Der Krieg war heilig, das heißt, er fand zwischen Menschen ebenso wie zwischen Göttern statt.

Nun war in Jericho, wie die Geschichte erzählt, der Bann befohlen. Und doch tat Josua das, was mit diesem von Gott gebotenen Bann schlechthin unvereinbar war: Er rettete ausgerechnet die Frau, die stellvertretend für die Unterwelt und die dem Gott Israels feindlichen Gottheiten dieser Stadt stand. Er ließ die Hure, die Priesterin der Großen Mutter, nicht erschlagen. Er überließ sie nicht wie die anderen Leute von Jericho auf der Walstatt den Geiern und den Schakalen, sondern führte sie aus dem Untergang ihrer Welt heraus, zusammen mit ihrer Familie, das heißt vielleicht der Priesterschaft ihres Tempels.

Rahab erhielt das Recht, mitten unter den Stämmen Israels zu wohnen. Spätere Rabbinen erzählen gar, Josua habe Rahab geheiratet. Und schließlich steht Rahab, die Ururgroßmutter des Königs David, in der Ahnenreihe Jesu von Nazareth. Der Vorgang ist von solcher Bedeutung, daß wir uns noch weiter mit ihm befassen werden.

Jericho geht in einer Hölle von Feuer unter. Rahab wird herausgeführt und lebt unter den Söhnen Israels weiter. Es findet also, so meint der Erzähler, eine Trennung statt. Das Dunkle, das tödlich Verschlingende des alten Urmuttermythus wird ausgeschieden. Jericho liegt in Asche und wird nicht mehr besiedelt. Das Bewußtseinsfähige aber, das im Chthonischen, das heißt in der Erde, schlief, wird herausgerufen, aus der tödlichen Umklammerung herausgeführt, befreit, erlöst. Rahab wird zur Braut, die den König heiratet und nun im Reich des bewußten Glaubens bei Tage mitlebt und mitherrscht.

»Dein ist der Tag, und dein ist die Nacht«, dichtet Israel. Die Herrin der Tiere gibt ihre ordnende Gewalt ab. Der Nachthimmel beendet seine Herrschaft über die Seele der Menschen. Die nächtlichen Kreisprozessionen um das Mondheiligtum werden bei Tage gegangen, und der Tag, die Zukunft eines erwachsenen Volks, steht unter der Herrschaft des schaffenden Gottes, der als Partner den erwachsenen, verantwortlichen, freien Menschen will.

In der Geschichte von Jericho wird offenbar, daß Gott nicht nur ein Gott des Himmels, sondern auch des Chthonischen ist, aber nicht so, daß das Chthonische besiegt, sondern so, daß es erlöst wird. Das Chthonische, psychologisch gesprochen das Unbewußte, das von Hause aus an die Mutter angebunden ist, wird in ein größeres, umfassenderes Bild von Gott einbezogen, und Gott gewinnt neben väterlichen auch mütterliche Züge.

Wir wundern uns gelegentlich, daß die Propheten in Israel gegen die landesüblichen Kulte der Liebes- und Muttergöttinnen so unduldsam auftraten. Aber für sie war der Kult der Pfahlfrau eben eine Regression, ein Rückfall in eine kindliche Stufe der Gotteserkenntnis. Der Erzähler auf dem Trümmerhaufen in Jerusalem zieht einen Schlußstrich: Als Jericho erobert wurde, hat Israel das große Runde zum letztenmal umkreist. Die Stadt ist ein Ort bewußten politischen und religiösen Handelns durch erwachsene Menschen, die mit Gott im Bund stehen. Die Mauern stürzen ein, und Israel kann sein Land im Namen Gottes mit freiem, klarem Verstand besetzen. Rahab aber, der mütterliche Aspekt Gottes, lebt weiter. Israel hat seinen Sieg nicht dadurch errungen, daß es den weiblichen Aspekt Gottes vernichtet hätte, sondern dadurch, daß es auch die mütterliche Kraft der Erde als eine Kraft in Gott zu verstehen begann. Wir aber, die bis zum heutigen Tag eine einseitig männliche Vorstellung mit Gott verbinden, als habe Gott an der Trennung der Geschlechter seiner Geschöpfe teil, müssen uns diese Zusammenhänge heute endlich bewußt vor Augen führen.

Des Teufels Wiederkehr

Sechshundert Jahre, nachdem der Mann in Jerusalem die Geschichte von der Eroberung Jerichos erzählt hatte, kam Jesus aus Nazareth zu Johannes dem Täufer bei Jericho an den Jordan. Die Evangelisten erzählen, hier, in den Bergen über Jericho, sei Jesus danach vierzig Tage allein gewesen, bis ihm am Ende der Teufel gegenübergetreten sei.

Das Judentum hatte in seiner Schöpfungsgeschichte die uralten Geheimnisse der Natur ins Bewußtsein gehoben. Rahab, die stumme Natur, war einbezogen in das Bild Gottes. Nun bemächtigte sich das Bewußtsein dieser Geheimnisse. Die Welt wurde Werkzeug und Werk des Menschen, und zwar nicht allein für den, der Gott in sein Nachdenken nicht einbezog, sondern auch für den, der Gott am Werk sah und sich selbst als Vertreter Gottes verstand.

Und wieder trennte der Mensch Gott vom Reich der Mütter. Für das Judentum der Zeit Jesu lebten die alten Götter Kanaans in der Gestalt von Teufeln und bösen Geistern weiter. Baal war als Beelzebub zum Obersten der Teufel geworden, und mit ihm waren die großen, alten Mütter- und die Naturgötter in die Tiefe des Dämonischen hinabgesunken.

So trat der Teufel Jesus in der Wüste entgegen mit der Behauptung, die wirkliche Macht über die Fruchtbarkeit der Erde und das Leben der Menschen liege bei ihm: Bist du Gottes Sohn, das heißt der von oben Kommende, dann sprich, daß diese Steine Brot werden.

Bist du Gottes Sohn, so spring herab von der Zinne des Tempels.

Bist du Gottes Sohn, so steht dir die Macht über die Erde zu. Du brauchst dich nur vor mir niederzuwerfen, dann gebe ich sie dir.

Du bist Geist. Du kommst von oben. Dein Machtanspruch verwandelt die Natur. Steine zu Brot machen, das ist ein Werk des Geistes über die Natur. Vollbringe es!

Du bist Geist. Dein Vertrauen in den gegenwärtig und zuverlässig wirkenden Gottesgeist wird Wunder wirken, die ohne ihn in der Natur nicht möglich sind. Zeige, was möglich ist!

Du bist Geist. Wirf dich vor mir nieder. Verbünde dich mit den Kräften der Natur und der Tiefe, die ihr von oben Kommenden so sehr verachtet, und du wirst der Herr dieser Erde sein. Nimm deinen Auftrag wahr!

Vergessen wir nicht: Es gab später, während Jesus in Galiläa wirkte, Stimmen, die behaupteten, er stehe mit dem Teufel im Bunde, und das, obwohl Jesus es ablehnte, zu zaubern, indem er darauf verzichtete, zu tun, was er hätte tun können.

Jesus antwortete dem Teufel nicht mit eigenen Worten, sondern so, daß er Erkenntnisse wiedergab, die vor Jahrhunderten in seinem Volk aufgeschrieben worden waren.

Er fügte sich ein in die lange Tradition, in der es um das Bild Gottes gegangen war und um die von Gott dem Menschen anvertraute Natur. Er widerstand der Versuchung mit jener Disziplin, die sich an längst Erkanntes hält.

Im dritten Jahrtausend errichtete man in Mesopotamien ein Haus über einem solchen Gründungsstein. Eine Steinplatte wurde mittels eines großen Bronzenagels, der durch das zentrale Loch geschlagen wurde, in und an der Erde befestigt. Er zeigt die Muttergöttin, unter deren Schutz man Haus und Stadt stellt, und zwar in der Funktion als Herrin der Tiere. Sie legt die Hände zwei wilden Tieren, wohl Löwen, aufs Haupt und bändigt so die aggressive Triebhaftigkeit, die zur Zerstörung des Gemeinwesens führen könnte. Nun haben die Rinder, die am unteren Ende vor einem Lebensbaum stehen, Sicherheit und Raum, und unter dem Schutz der Großen Mutter kann die Stadt im Frieden gedeihen. Der Stein spiegelt die uralte Auffassung vom weiblichen Wesen der Stadt.

Wohl das älteste, heute noch freistehende, Stück einer antiken Stadtmauer ist die Mauer des Gilgamesch aus der Mitte des dritten Jahrtausends in Uruk. Von ihr heißt es im Gilgameschepos, das vielleicht zweihundert Jahre vor Mose in der Mitte des zweiten Jahrtausends schriftlich festgehalten wurde:

»Schau auf der Mauer Fries,
der glänzt wie Erz,
blick auf den Sockel, der da ohnegleichen . . .
Kein künftiger Fürst,
kein Mensch kann solches schaffen.
Ersteige Uruks Mauer,
schreit' sie ab,
blick auf die Gründung,
sieh das Ziegelwerk,
ob es nicht völlig aus gebranntem Stein!
Die sieben Weisen legten ihren Grund.«

Der Stolz des Gilgamesch, seine Mauer, reichte neun Kilometer lang rund um die Stadt und hatte achthundert hinter die Mauer gebaute Türmchen. Uruk lag in unmittelbarer Nähe des Aufenthaltsorts der Ju-

däer am Kanal Kebar und erscheint in der Bibel unter dem Namen Erech (1. Mose 10, 10). Die Mauer erschien den antiken Menschen als ein Werk der Götter, und der Sturz von Mauern ebenso.

Die Posaunen von Jericho waren Widderhörner, freilich wohl in der schlichteren Form eines einfachen kurzen Bogens, nicht in der imposanten Größe des Horns, in das der Schofarbläser aus dem heutigen Israel stößt.

Was Mauern ausdrücken können an Macht, an Herrschaft, an Unterdrückung schuftender Sklavenheere, das hatten die Judäer in der Stadt Babylon vor Augen, wenn sie den Palast der Könige, die Prachtstraßen und die Tempel, die Mauern und Tore sahen (links). Wenn Mauern fallen, fällt gleichsam eine Last von den Unterdrückten.

Ungefähr dort, wo Gilgal einst gestanden hat, das Heiligtum der Steinkreise nördlich von Jericho, steht heute ein Dorf (oben).

Die Göttin aus Kalkstein mit dem krugartigen Gefäß, dem Zeichen für die Gabe der Fruchtbarkeit, fand man in Mari, der alten Königsstadt am mittleren Euphrat. In ihrer Schlangenkrone kommt zum Ausdruck, wie sehr in einer solchen Göttin Elementares – wie der Krug – und Geistiges schon verbunden sind.

In einer aus dem zweiten Jahrhundert stammenden Synagoge in Jericho fand man ein Fußbodenmosaik, das in einem Kreis den siebenarmigen Leuchter zeigt, daneben die Palme, den heiligen Baum, und die Posaune, die zugleich das Symbol des Mondes ist, darunter die Schrift: Friede über Israel.

Der Tempel links unten wurde in Uruk ausgegraben. Er wurde um das Jahr dreitausend erbaut und zeigt die charakteristische Anlage eines Tempels aus der Zeit der Herrschaft der Mütter: ein Labyrinth, bestehend aus vier Mauerringen mit je an einer anderen Seite liegendem Durchgang. Eine Prozession, die durch die vier Tore schritt, mußte wohl einen mäanderähnlichen Weg zurücklegen, bis sie ins innerste Heiligtum kam.

Das Gegenstück ist der Tempel rechts unten, der zwölfhundert Jahre später entstand und der schon die Vorherrschaft männlicher Religiosität zeigt, der Tempel vom Tell Harmal, der heute in einem Vorort von Bagdad liegt und zu der alten Stadt Schaduppum gehörte: Von rechts geht der Feiernde zwischen zwei Löwen in einen Vorraum, betritt dann das eigentliche Heiligtum und steht nach gradlinigem Durchschreiten von zwei Türen am Ende dem Bild des Gottes oder der Göttin gegenüber. So hat Salomo seinen Tempel gebaut, und noch die Kathedralen Europas folgen diesem Schema.

Der Weg zur Großen Mutter ist ein Weg durch ein geheimnisvolles Labyrinth, der Weg zu den Göttern der späteren Zeit ein Weg bewußter Begegnung.

Aus dem Anfang des dritten Jahrtausends stammt der Backmodel, dessen Tonabdruck eine syrische Muttergottheit zeigt.

Symbole einer zwischen Geist und Chaos polarisierten, typisch männlich gesehenen Welt sind heute mühelos zu finden. Es ist nicht wichtig, daß es sich hier um israelische Truppen handelt. Sie sehen in anderen Ländern nicht entscheidend anders aus. Sie spiegeln eine Welt, die in Schichten gebaut ist: Oben der Geist, repräsentiert durch Fahnen, durch Farben und Symbole. Darunter die Soldaten, den Ideen, die oben flattern, gehorsam, angetan mit Stiefeln, mit denen sie das Böse, das Feindliche, das Chaos, das Ordnung und Frieden bedroht oder zu bedrohen scheint, untertreten. Zwischen dem Feind unten, der die dunkle Hälfte der Welt repräsentiert, und dem lichten Geist der Mensch als Kämpfer des Lichts gegen die Finsternis. So sieht jeder Diener einer Idee sich selbst als Lichthelden, im jeweiligen Feind einen Auswuchs der Finsternis.

Einbeziehung des Mütterlichen, Erlösung der Rahab, das bedeutet die Einbeziehung des Mysteriums der Fruchtbarkeit, wie es von den Frauen des Libanon zum Teil heute noch in der uralten Adonishöhle begangen wird, wo das Blut des Gottes in dem von Gestein rot gefärbten Wasser der Frühlingsschneeschmelze ans Licht tritt und sie ihn mit ihrem berühmten Adonisgärtchen beklagen als den von der Unterwelt verschlungenen Sohn. Daß die Liebe der Geschlechter schön, liebenswert und so rein ist wie irgendeine andere Kraft des Menschen, das zu entdecken steht unserem Christentum, das nach männlicher Art den Leib vom Geist abspaltete, erst noch bevor.

Einbeziehung des Mütterlichen bedeutet auch Einbeziehung des Todes. Wie ein Embryo liegt der Tote aus einem Grab in Jericho im Leib der Großen Mutter, der Erde. Er kehrt zurück. Er kann in seinem Sterben nichts Sinnloses und schon gar keine Strafe sehen. Er ist eingebunden in das Leben der Großen Mutter, freilich nicht als Einzelwesen, sondern lediglich als ein beliebiger Mensch, der ein Weilchen am Licht teil hatte. Die Auferstehungshoffnung führt über diese Phase später entscheidend hinaus, aber das unbefangene Nachdenken über den Tod ist damals und bis heute eine ihrer Voraussetzungen.

161

Eine männliche Gedankenwelt spiegelt auch der persische Dualismus zwischen dem Gott des Lichts, Ahura Mazda, der hier, über den Flügeln der Sonnenscheibe, den Frommen den Ring des Lebens reicht, und Ahriman, dem Herrscher der dunklen Gegenwelt.

Diese Welt des Dualismus bezieht ihre Ordnung aus der Furcht vor dem Chaos. Sie ist rein aus Furcht vor dem Unreinen. Sie ist licht aus Furcht vor dem Dunkel. Sie ist männlich aus Furcht vor der Frau. Sie könnte ihr Symbol heute in einem wohlgeordneten Regal finden, in dem jedes seinen Ort hat und alles übersichtlich und griffbereit liegt. Freilich, die Sorgenfalten des jungen Mannes könnten die kritische Frage andeuten, ob denn mit dieser Art Ordnung wirklich das Chaos, das Unreine und das Dunkle zu bannen sei, das heißt, ob die Ordnung dem Dasein so etwas wie Sinn verleihe.

Es wäre eine erste Hoffnung möglich, wenn der Mensch von heute, der fasziniert ist vom Machbaren, vom Wunderbaren, das er selbst schafft, und von der Macht, die der Geist ihm verleiht, Anzeichen einer korrigierenden und steuernden Disziplin zeigte.

Denn wir müssen heute fürchten, daß der Mensch die Weisheit nicht hat, seine eigene Intelligenz zu steuern, daß er also zu töricht ist, seine Klugheit vor Torheit zu bewahren. Er muß endlich lernen, Weisheit zu gewinnen, statt seinen Verstand anzubeten und ihm hirnlos zum Opfer zu fallen.

Wie aber überwand Jesus den Teufel auf dem Berg in der Wüste? Einmal durch das schlichte Schriftwort, das unabhängig von allen Spaltungen im Dasein und von allen Gefährdungen des Geistes galt und das auf Gott, den Geist, verwies. Zum zweiten dadurch, daß er sich nicht besetzen ließ, weder durch die Verlockung des Machers noch durch den Zauber des selbstübernommenen Risikos, noch durch die Versuchung zur Macht.

Die Fragen, die heute an den machenden und Macht ausübenden Menschen zu richten sind, sind in der Tat die, die der Teufel andeutete: Soll man Brot schaffen dadurch, daß man die Erde um ihre Fruchtbarkeit bringt? Soll man sich von Wundern blenden lassen, die nur zu haben sind, wenn die Menschheit sich dafür in den Abgrund stürzt? Soll man Können, Wissen und Macht ausspielen, bis am Ende der herrscht, vor dem die Machtausübenden sich niedergeworfen haben?

Jesus sagt gegenüber der Versuchung durch diesen Geist: Du sollst Gott allein anbeten und ihm allein dienen.

Es geht heute nicht darum, zu behaupten, die Welt habe keine Abgründe, und die Rede vom Teufel sei ein vergangener Irrtum. Es geht heute um die Unantastbarkeit der Welt und die Ausübung der geistigen Macht im Namen und unter der – altmodisches, hochnotwendiges Wort – Disziplin des Geistes.

Aber wie ist sie zu gewinnen? Das Evangelium erzählt, dem Gespräch zwischen Jesus und dem Teufel sei die Taufe vorhergegangen. Denn erst der Mensch, der seinen eigenen Tod nicht mehr fürchtet, wird zu dieser Disziplin fähig sein. Den Tod wird der nicht mehr fürchten, der wiedergeboren ist, für den der Tod also der Anfang des Lebens ist. Der menschliche Geist wird dann nicht mehr die schreckliche Gefahr für die übrige Welt sein, die er heute ist, wenn er im Ganzen der Welt wieder verwurzelt ist und nicht gezwungen, das Todesschicksal des Menschen durch immer neue Beweise seiner Lebenskraft auf Kosten anderer Menschen und der Welt zu überspielen.

Der Zauberlehrling rief die Atomkraft. Niemand aber weiß, wie man mit ihr leben soll.

Er erkannte die biologisch-genetischen Zusammenhänge. Niemand weiß, wie man die Menschheit vor dem Experiment der Lehrlinge schützt.

Er produzierte Berge von Medikamenten. Niemand weiß, wie sie aus dem Menschen und seiner Umwelt je wieder hinauszubringen sind.

Er erkannte die Psyche des Menschen und verwendet nun seine Erkenntnisse zur modernen Werbung, manipuliert den sehenden und hörenden Menschen, und niemand weiß, wie man vom Terror der Psychologen wieder frei wird.

Er schuf ungeheure Rüstungspotentiale, weil er den Frieden wollte, aber das jahrelange Feilschen um Abrüstung beweist nur, daß das Wettrüsten mit voller Kraft weitergeht. Niemand weiß, wie oft die Menschheit durch das heute vorliegende Potential vernichtet werden könnte – oder was in fünfzig Jahren daraus werden soll.

Er transportiert das Öl über die Meere, und die Meere werden an den kleinen Fehlern ersticken, die bei solchen Transporten immer wieder geschehen werden.

Es ist in der Tat ein Bewußtseinssprung nötig: der vom Zauberlehrling zu dem Meister, der zuerst seine eigenen Bedürfnisse unter Kontrolle bekommt. Noch ist nicht viel von dem Menschen, der sich selbst und dadurch auch sein Tun meistert, zu sehen, aber der Weg, der zu ihm führt, ist in den alten Geschichten im Grunde längst gezeigt.

Mutterersatz Technik

Gott setzte, so erzählte man in Israel, die Nomaden der Wüste in einen Garten. In das Gelobte Land. Aber er tat es nicht, damit sie sich von den Großen Müttern versorgen lassen, sondern damit sie die Rolle des Pflegers und Hegers übernehmen.

Als die europäische Menschheit die Energiekrise von 1974 überstanden hatte – was sehr tief in ihre Gewohnheiten einschnitt, da sie plötzlich befürchten mußte, daß die Versorgungseinrichtung Natur, die Große Mutter, plötzlich ihre Kinder nicht mehr so üppig würde stillen können, daß also der Busen der Natur plötzlich schmaler würde –, da erholte sie sich bemerkenswert schnell von ihrer Nachdenklichkeit und vor allem von der ungewohnten Zumutung, sich wie erwachsen zu verhalten. Im Jahre 1975/76 wurden schließlich mehr Autos verkauft und gekauft als je in der Geschichte des Automobils. Was ging eigentlich vor?

Fragt man, wozu ein Mensch ein Auto nötig hat, so hört man oft genug ganz andere als die wahren Gründe. Der Fragende empfindet, die Antwort sei eigentlich in der Hälfte aller Fälle nicht ganz ausreichend, um ein so aufwendiges Stück zu rechtfertigen, und die wahren Gründe müßten hinter den vordergründigen Auskünften verborgen sein.

Vielleicht zeigen kleine Kinder den Sachverhalt deutlicher. Kinder von heute erleben im Mutterleib schon mehr als Kinder früherer Zeiten. Die Frauen fahren im Auto zur Arbeit und zum Einkaufen, und während sie ihr Kind tragen, hören die Ungeborenen außer den Herztönen der Mutter auch das Vibrieren und Brummen des Autos. Wenn sie zur Welt kommen, ist die erste Veränderung nach dem Bettchen in der Klinik der Platz im Auto, das sie nach Hause bringt, und kaum sind sie drei Jahre alt, fahren sie mit nach Italien. Das Auto als das warme, bergende, schützende Gehäuse, das einen in weichen Sesseln hinbewegt, wohin man will, wird früh schon zum Symbol des Mütterlichen, wie Bett oder Haus. Die brummende, bequeme, warme Zweitmutter gehört zu den Grunderlebnissen des Kindes. Sie vermittelt ihm das Gefühl der Geborgenheit.

Psychologen haben festgestellt, daß das zweite Wort, das Kinder heute lernen, nach Mama das Wort Auto ist. Und wenn Kleinkinder, auf dem Teppich spielend, früher die Krabbelbewegungen von Fröschen einübten und sich so allmählich auf die Gangart des Menschen vorbereiteten, so sieht man sie heute primär die Bewegungen einüben, die in der großen brummenden Mutter üblich sind: sitzen, steuern, schalten, mit den Füßen auf Gashebel und Bremse treten.

Ein Mensch, der so aufwächst, wird ohne eine solche Zweitmutter kaum lebensfähig sein, nicht weil er unbedingt immer fahren müßte, sondern weil die brummende Mutter ihm das Gefühl gibt, sein Leben habe Sinn, es sei Kraft da, es gebe ein schützendes Gehäuse, es gebe ein Mittel, seinen Wunsch nach Abwechslung und Erlebnis zu erfüllen.

Seit vielen Jahrtausenden erfuhr der Mensch als seine Große Mutter die Erde, die Natur, die lebensspendende und tötende zugleich. Der kleine Mensch und die große Natur standen einander gegenüber wie ein Kind und seine Mutter. Es war ein ungeheurer Schritt in der Bewußtseinsgeschichte der Menschheit, daß die Schöpfungsgeschichte der Bibel plötzlich nicht mehr davon sprach, der Mensch sei in einen Garten gesetzt, um dort versorgt zu sein, sondern um Verantwortung zu übernehmen, den Garten zu bauen und zu bewahren. Es war der Schritt in die Mündigkeit gegenüber der Natur. Der erwachsene Mensch hatte es danach mit einer natürlichen, rationalen, überschaubaren Welt zu tun, mit Gesetzen und Ordnungen, mit Wachstums- und Sterbevorgängen, die er nun in sein verantwortliches Bewußtsein aufnehmen sollte.

Der moderne Mensch empfindet nicht mehr die Natur als die Mutter, wohl aber die Technik. Sie ist heute die Kraft, die Wärme, Geborgenheit und Erlebnis vermittelt. Die Technik tritt an die Stelle der Natur und erfüllt besser und nachhaltiger, was die Natur erfüllen konnte. Damit aber fällt der Mensch, speziell der abendländische, in eine kulturgeschichtliche Phase zurück, in der die Dinge allmächtig und der Mensch auf Tod und Leben auf sie angewiesen und von ihnen abhängig war. Er steht der Technik gegenüber wie der Urmensch den Kräften der Erde und des Himmels.

Der Schritt von der natürlichen Mutter über die Heimatlosigkeit der letzten zweitausend Jahre, in denen er der Natur gegenüber frei werden mußte, hin zum technischen Mutterersatz bedeutet, daß nun die alte Mutter nicht nur vergessen oder vernachlässigt, sondern mehr: zerstört wird. Allmählich und in steigendem Tempo zerstört die neue Mutter die alte.

Soll die Natur nicht zugrunde gehen und damit die Lebensbasis auch der Technik, dann muß der Mensch gegenüber der Technik denselben Bewußtseinssprung bewältigen wie den gegenüber der Natur vor zwei bis drei Jahrtausenden. Er muß sie als Instrument begreifen, dessen Sinn in seiner Anwendung liegt und dessen Begrenzung notwendig, aber nur mit Hilfe klarer Verantwortung und klaren Bewußtseins möglich ist.

Statt dessen freilich – und das nimmt dem Menschen der technischen Welt die Hoffnung auf die Zukunft – versteht er sich als Verbraucher und vervollkommnet seine künstliche Mutter so, daß sie immer mehr Nahrung, immer mehr Wärme, immer mehr Kraft gibt. Seine Welt ist in Ordnung, wenn die Mutter groß, warm und stark ist, und der Mensch legt sich in ihre Arme, ohne zu bedenken, daß sein Heil und seine Zukunft in Wahrheit in der Distanz zu ihr läge. Soll die Technik nicht diese Welt und uns alle zugleich zerstören, so muß ihr ein erwachsener Mensch gegenübertreten, der sie in ihre Schranken und Grenzen weist. Was wir aber erleben, ist die Regression von Millionen und aber Millionen in die Bedürfnishaltung von Säuglingen.

Noch einmal: Der Mensch hat sich ins Machen verliebt. Er brauchte die Natur nur noch als Hilfsmittel. So entstand die männliche Welt der Technik. Aber weil die andere Dimension, die weibliche, verdrängt wurde, kam sie sozusagen durch die Hintertür wieder herein, und die vergessene Große Mutter besetzte die technische Welt. Der Mann aber, stolz auf sein Werk, entwickelt sich zurück zum Säugling seiner neuen Mutter.

Wir können wissen, daß es gilt, zu verzichten. Aber kaum ein Politiker stellt im Ernst dieses einzige Ansinnen, das Zukunft hat. In der Tat: Rahab bedarf erwachsener Menschen, soll sie zur Partnerin werden, statt zu ihrer Rolle als herrschende Mutter verurteilt zu bleiben. Wir haben die Erlösung der Natur und der Technik eindeutig noch vor uns.

Das Ende der Kindheit

Vielleicht kann man also vier Phasen der Bewußtseinsgeschichte unterscheiden:
In der ersten ist der Mensch das Kind der Großen Mutter, ihr Sohngeliebter, von ihr hervorgebracht und wieder von ihr verschlungen.

In der zweiten wird er erwachsen. Er fängt an, die Natur als Werkzeug zu begreifen, er beeinflußt und nutzt sie. Die Angst vor der zerstörerischen Naturgewalt bleibt, aber der Mensch sichert sich, indem er die Technik entwickelt.

In der dritten fällt er zurück in die Abhängigkeit. Was er bekämpft, die Natur mit Hilfe der Natur, kehrt um so gefährlicher zurück. Und da er die Sicherungen verstärken will, verstärkt er auch seine Abhängigkeit und Angst.

In der ersten Phase ist Gott die umfassende und versorgende Mutter. In der zweiten erkennt der Mensch den schaffenden und erhaltenden Gott, dessen Partner er sein soll. In der dritten rückt die künstliche Mutter wieder an die Stelle Gottes.

Wieviel Mühe haben wir heute aufzuwenden, um der Technik gegenüber ein distanziertes, rationales Verhältnis zu gewinnen! Wie schwer finden wir in der fertigen Umwelt Maßstäbe für unser Leben und Verhalten, die wir vor Gott verantworten könnten! Die Technik, die als Werkzeug gedacht war, als die Naturwissenschaft die Voraussetzungen für sie schuf, und die durch die ganze Neuzeit hin noch im Zusammenhang mit Gott und der Verantwortung des Menschen gesehen wurde, rückt nun sozusagen aus Gott hinaus und wird selbst zum eigentlichen Gott, zum Gegenstand der Anbetung und der Zuversicht.

Vor uns liegt eine vierte Phase. In ihr muß der Mensch aus seinem Kinderschlaf in den Armen der Großen Mutter Technik aufwachen und ihr erwachsen gegenübertreten; er muß verantwortlich mit ihr umgehen und sie als Werkzeug und sonst nichts begreifen.

Technik – und damit kommt das unreife Verhältnis des heutigen Menschen zu seinem Dasein zum Vorschein – spiegelt die Angst der Moderne vor dem Vergehen, dem Auflösen oder Sterben. Jahrmillionen lebten die Menschen und ihre Vorfahren in einem natürlichen Kreislauf von Werden und Vergehen. Dieser Kreislauf ist durchbrochen. Was die Technik schafft, kehrt nicht mehr vollständig in die Natur zurück. Das ist ja eben unsere Sorge, daß sich technische Bauwerke, Produkte oder Abfälle nicht mehr auflösen lassen. Wie beseitigt man Betonklötze, wie Autobahnen oder Stauwerke?

Man wollte das Vergängliche überhöhen durch Bleibendes und wird sich eines Tages nach dem Vergehenden sehnen. Man wird vielleicht eines Tages erkennen, daß das Vergehen, das natürliche, seinen Sinn hat wie das Wachstum, weil Dauer und Lebendigkeit zugleich nur dort sind, wo das Werden und das Vergehen ineinander übergehen. Dieses grundlegende Gesetz weckt in vielen Menschen von heute den Zweifel an Gottes Weisheit oder Güte. Wir werden lernen müssen, es wieder als gute Ordnung zu begreifen.

Indem Israel Rahab und mit ihr den Todesaspekt der Welt in das Bild Gottes aufnahm, hat es das Gesetz der Wandlung aufgenommen. Denn es begriff, daß das Gesetz der Welt Tod und Wiedergeburt, aber eben Wiedergeburt durch den Tod hindurch ist.

Das abendländische Bewußtsein ängstigt sich noch immer vor dem Vergehen und vor dem Sterben. Der bloße Verstand meint von jeher, Vergehen und Sterben müßten vermieden werden. Sie dürften nicht sein. Aber das hat die Bibel uns voraus, daß sie im Glauben an den Gott des Himmels und der Erde das Werden und das Vergehen bejaht, ohne an Gott irre zu werden.

Taufe im Jordan

Gilt das alles, was die alten Geschichten über Gott sagen, ist Gott wirklich auch der Herr über dem Abgrund, dann ist er in mir, dem gespaltenen Menschen, nicht nur dort, wo ich mir gefalle, nicht nur dort, wo ich meine, licht und gut zu sein. Dann ist Gott auch in dem Abgrund, der in mir selbst ist. Wenn ich in mich selbst hinabsteige, in die Zone, aus der meine Wünsche und Träume kommen, das Wirre und Unerklärliche, das in mir ist, dann begegne ich auch dort Gott selbst.

»Nachts, wenn der Schlaf auf den Menschen fällt«, schreibt das Alte Testament, »öffnet Gott dem Menschen das Ohr.« Wenn es in mir träumt, wenn die rätselhaften Gestalten meiner Phantasie in mir erwachen, dann ist Gott auch in dieser skurrilen Unterwelt der Höhlen, der Meere, der Ungeheuer und redet mich an. Ich brauche also nicht zu verdrängen, was dort geschieht. Ich darf meine Träume und Phantasien fragen, ob sie nicht vielleicht ein Wort von Gott für mich haben.

Denn mit Gott umgehen heißt, nicht allein über ihn nachdenken oder gar nur über ihn diskutieren. Es heißt nicht nur in wohlgefügten deutschen Sätzen zu ihm beten, und Glaube ist kein Unternehmen eines isolierten Intellekts. Er sucht den ganzen Menschen mit all seinen Empfindungen, Erinnerungen, Ängsten, Träumen und inneren Spannungen, und der Mensch soll sich nicht einmauern gegen die unbewußte Zone in sich, sondern soll – mit Christus, der wehrlos in die Tiefe ging, bis in die Tiefe des Todes – wehrlos in sie absteigen, um Gottes Stimme auch in der stummen, unruhigen Welt seiner Träume zu hören.

Gott wird ihm dabei größer, aber auch er selbst wird weiter und tiefer. Er wird zu einem Raum, in den Gott herabsteigt oder in dem er schon immer gegenwärtig ist. Das Wort ward Fleisch, sagt das Evangelium, und wohnte unter uns, und die Finsternis hat es nicht verschlungen, sondern das Wort, der Geist, machte die Finsternis licht.

Die Geschichte vom Wasser des Jordan ist mit Josua nicht zu Ende. Ihr Ziel findet sie mehr als tausend Jahre nach ihm und sechshundert Jahre nach dem Erzähler von Jerusalem.

Eines Tages trat an der Stelle, an der Josua mit den Söhnen Israels den Fluß überschritten hatte, ein Prophet auf namens Johannes, der die Menschen durch das Wasser des Jordan gehen ließ, um ihnen einen neuen Weg zum Leben zu zeigen. Er taufte die Leute aus Jericho und Jerusalem – und zuletzt unter den vielen auch Jesus Christus. Als nun Jesus im Wasser stand, hörte er eine Stimme: »Von nun an bist du mein Sohn.« Was den beiden Kundschaftern unter dem Mantel der Göttin widerfahren war, daß ihnen nämlich Rahab aus ihrem überlegenen Wissen zusprach: Ihr seid Söhne des einen

Gottes des Himmels und der Erde und auch in der Unterweltstadt Jericho in seiner Hand – das widerfährt dem ins Wasser hinabsteigenden Menschensohn Jesus: Im Wasser stehend, empfängt er den Geist Gottes, der Himmel, Erde und Abgrund erfüllt, und hört: Du bist mein lieber Sohn.

Und dabei verwandelt sich die Unterweltgöttin in eine Kraft Gottes. Sie ist plötzlich eine Partnerin. Sie ist nicht mehr feindlich. Das Wasser ist nicht nur mehr Element des Todes, sondern das Element der lebendigen, lebenschaffenden Kraft Gottes. Die angenommene Unterwelt wandelt sich und wird Teil der Welt Gottes, in der der Mensch, glücklich und in sich eins, leben und gedeihen darf.

Befreiung der Frau

Seit dem Ende der Herrschaft der Mutter ist die Frau in einer männlichen Gesellschaft das unterdrückte Wesen. Sie ist Sklavin. Sie ist Gebrauchsmittel. Sie ist geistig unterlegen. Sie hat an der Freiheit nicht teil, die dem Mann offensteht. Und noch immer ist ihre Befreiung in weiter Ferne.

Denn die Angst vor den Müttern sitzt auch dem modernen Mann noch tief in den Knochen. So macht er sie zur Eva, die die Vertreibung aus dem Paradies verschuldete, oder zur Verkörperung der Sünde, mit der er bei sich selbst nicht fertig wird. Sie ist diejenige, die ihm immer wieder beweist, wie wenig souverän er sich selbst gegenüber ist, wie abhängig von seinem Trieb, wie gefährdet in seiner moralischen Standfestigkeit.

Die Rolle des Mannes ist, grob gesprochen, der Frau gegenüber auf zwei Funktionen reduziert: Er ist einerseits ihr Wächter, der sie bewahrt vor aller Freiheit, und ihr Herr, der sie davon entlastet, ihren Verstand zu gebrauchen. Auf der anderen Seite ist er ihr Kind, orientiert an seinen Bedürfnissen, und die Frau als heimliche Mutter ist eins davon. So werden bis heute zwischen Mann und Frau die uralten Rituale durchgespielt, durchgekämpft, durchgelitten, und die wenigsten verstehen, was da vorgeht.

Hat eine Frau einen kindisch gebliebenen Mann, so findet sie sich ihm gegenüber, ohne es zu wollen und ohne anders zu können, in der Rolle einer Mutter. Da sie keinen Partner findet, dem sie als erwachsene Frau zugehören kann, findet sie schließlich Gefallen an der Macht, die sie als Mutter über das Kind hat. Sie bleibt ausgeliefert an ihre Rolle als Gattungswesen und wird nie sie selbst. Und sie rächt sich, indem sie dem Mann den Weg zum erwachsenen Menschen versperrt.

Der Mann wird dabei zum Pantoffelhelden und begegnet auf seiner Suche nach einer freundlichen Mutter dem zerstörenden, verschlingenden Aspekt der Frau. Weil er aber nicht verschlungen werden will, spielt er den Unterdrücker, und es ergibt sich landauf, landab das festgefahrene System der gegenseitigen Unterdrückung.

Nicht daß nicht immer wieder neue Anfänge versucht würden, aber das Ritual treibt vom Neuanfang immer wieder in denselben zerstörerischen Kreislauf. So gebären im alten Mythus die Muttergöttinnen den jungen Geliebten immer wieder neu. Danach senden sie den Eber, der ihn zerreißt, und holen den Sohn im Tode zu sich zurück. Und vielleicht liegt in diesem eisernen Gesetz die stumme, verzweifelte Hoffnung, es möge einmal noch der kommen, der mehr ist als nur wieder der Sohn von ihren Gnaden: ein eigener Mensch, ein Partner.

Es geht zwischen Mann und Frau um die Freiheit, weder dem Fremden und Anderen sich zu unterwerfen noch es vernichten zu wollen, sondern ihm zu helfen, damit die verschlingende Mutter von Jericho sich wandeln kann in die Braut des Josua oder, schlichter gesagt, in das freie Glied eines überlegenen Volks.

Noch immer freilich wird auf christlichen Synoden oder Konzilien darüber beraten, ob denn die Frau für das geistliche Amt tauglich sei. Dahinter mag, wer ein gutes Gedächtnis hat, die noch nicht lange zurückliegende Diskussion unter Männern mithören, ob denn die Frau eine unsterbliche Seele habe oder mehr den Tieren zuzurechnen sei. Zunächst wird man in jeder Diskussion dieser Art eher einen Defekt im so oder ähnlich redenden Mann vermuten als in der so abgetanen Frau, und das gilt auch für gewisse Bischöfe und Theologen und ihre infantile Angstreaktion auf die gefürchtete Frau.

Soll also das Weibliche unterworfen werden, so wird der auf Herrschaft bedachte Mann in Gott gerne den Gesetzgeber sehen und im Menschen den Erfüller des Gesetzes. Oder er wird in Gott den Architekten einer anderen, einer neuen, zukünftigen Welt sehen und im Menschen den Kämpfer für das Kommende, und sein Gott wird mit der gegenwärtigen Welt nur noch wenig zu tun haben. Das Judentum hat aber immerhin neben Gesetzesreligion und Apokalyptik noch eine dritte Form der Frömmigkeit entwickelt: die sogenannte Weisheit. Die Sophia. Und diese Sophia, die »zu den Füßen Gottes spielt«, ist immerhin ein Name für den Aspekt im Menschen, im Mann wie in der Frau, der einer Wandlung auf Gott hin für fähig gehalten wird.

Mit Jesus freilich setzt die eigentliche Umkehrung ein: Er kommt, wie die Geburtsgeschichten erzählen, aus einer Mutter, ohne daß damit seine Herkunft von oben gefährdet wäre. Erde, Menschheit, Mutterschoß und Jordanwasser und alles, was allzu leicht der dunklen Seite der Wirklichkeit zugeordnet wird, ist in ihm aufgenommen. Am Ende aber steigt Jesus selbst in die Dunkelheit hinab und läßt sich vom Leiden, von der Schuld der Menschen und vom Tode gleichsam überschwemmen. Er erreicht, wie das Glaubensbekenntnis sagt, die Zone, die man mit Hölle bezeichnet. Das bedeutet, daß die Hölle, die ihren Rachen aufsperrt, um das Heer der Toten zu verschlingen, selbst Erlösung findet. »Die Kreatur«, sagt Paulus, »sehnt sich und ängstet sich und wartet auf die Offenbarung der Söhne Gottes.« Söhne Gottes aber sind, seit Christus, der Sohn, in die Zone der Hölle abstieg, die Liebenden, die den ganzen, im Schatten liegenden Bereich der Welt mit umfassen und befreien.

So kommt es zu der großartigen Vision des Kolosserbriefes:

»Er ist das Ebenbild des unsichtbaren Gottes,
der Erstgeborene vor allen Kreaturen.
In ihm ist alles geschaffen,
was im Himmel und auf Erden ist,
das Sichtbare und das Unsichtbare . . .
und er ist das Haupt des Leibes,
nämlich der Gemeinde,
er, der der Anfang ist,
der Erstgeborene von den Toten . . .
Denn es ist Gottes Wohlgefallen gewesen,
daß in ihm alle Fülle wohnen sollte
und alles durch ihn versöhnt würde mit Gott,
es sei auf Erden oder im Himmel,
dadurch, daß er Frieden machte
durch den Tod am Kreuz . . .«
(Kolosser 1, 15–20)

Nachdem der Kosmos in Gott eins geworden ist, werden auch die Menschen eins in dem Haupt, das Christus ist. Die Klugen und die Dummen, die Frauen, die Männer und die Kinder, die Guten und die Bösen, die Fortgeschrittenen und die Zurückgebliebenen – sie alle werden eins mit dem Haupt. Sie werden Glied eines Ganzen. Sie haben teil an allem, was das Haupt weiß und wahrnimmt, sie verstehen seinen Willen und vollziehen ihn mit. Sie brauchen nicht vollkommen zu werden, sie werden aber hören und antworten und das ihre tun. Es muß nicht alles zum Himmel aufsteigen, was auf Erden ist, aber es wird alles mit dem Haupt verbunden, was im Himmel und auf Erden und, wie das Neue Testament sagt, unter der Erde ist.

Der Mond geht über dem Gebirge östlich des großen Grabens auf, über den Bergen der arabischen Wüste, und wie ein Symbol der großen Meertiefe liegt der Golf von Eilat hinter den Felsküsten des Sinai.

Das Meer war für das Empfinden der Menschen von jeher der Ort verschlingender Ungeheuer drachenhafter Art. So erzählt die Geschichte von Jona, der Prophet sei auf der Flucht vor Gott im Meer von einem Fisch verschlungen worden. Er habe aus dem Bauch des Untiers zu Gott gerufen. Gott aber habe zum Fisch gesprochen, da habe der Fisch Jona ans Land gespien.

Der Künstler Walter Habdank hat zweimal im Abstand weniger Jahre dieses Motiv in Holz geschnitten. Auf dem ersten scheint Jona im Wal zu kauern wie ein Kind im Mutterschoß. Auf dem zweiten öffnet sich das Maul, und die Unterwelt der Großen Mutter gibt den Weg frei ins Licht.

Es wird selten beachtet, was für eine ungeheure Verwandlung mit der drachenhaften Tiefe geschieht, wenn die Bibel diese Geschichte erzählt. In allen alten Religionen erwehren sich die Götter nur mit Mühe der Urgewalt aus der Tiefe. In der Geschichte von Jona aber sendet Gott das Untier, um Jona zu verschlingen. Im Leib des Untiers redet Jona mit Gott. Gott hört also auch in der Tiefe des Meeres. Und am Ende redet Gott zum Fisch, und der Fisch hört, öffnet sein Maul und gibt Jona frei. Es gibt keine untere Welt, die außerhalb von Gott wäre.

Die Früchte, die das Foto auf der folgenden Seite zeigt, reiften in Jericho, und die Frau in ihrem schwarzen Tuch wohnt dort. In Jericho, der Unterweltstadt, war für die Menschen dieses heißen Landes von jeher der Traum von der großen Fruchtbarkeit der Erde Wirklichkeit gewesen, und nicht umsonst war es die Stadt der Großen Mutter.

Wer die Dame war, die man in der alten Königsstadt Mari am Euphrat ausgrub, weiß niemand genau. Den geweiteten Augen nach stand sie vor einem Gott. Sie könnte Priesterin gewesen sein wie Rahab (S. 172 links).

Wer aber heute nach Frauen sucht, in denen die Kraft der Priesterin, der Rahab aus Jericho, lebt, findet sie durchaus. Ich könnte mir die Frau in ihrem schwarzen Tuch durchaus in ihrer Rolle vorstellen.

172

8. Kapitel
Welt in Gott

Freiheit in der Gefangenschaft

Es ist kaum zu glauben. Da endet ein Volk – wie heutige Marxisten sagen würden – auf dem Misthaufen der Geschichte und weiß das. Und dann steht einer auf und sagt: Dies ist kein Ende. Dies ist kein Misthaufen der Geschichte. Dies ist eine gute Zeit zum Nachdenken, Sicherinnern, Sichändern, zum Einüben von Vertrauen und Gelassenheit, zur Korrektur von Fehlern und eine große Chance zu einem neuen Anfang.

Immerhin ließ das Schicksal den Verbannten diese Wahl zwischen Resignation und freiem Nachdenken. Die Geschichte zeigt immer wieder die zwei grundlegenden Formen der Bestrafung: die Ausstoßung und die Einsperrung. Gott verstieß die Judäer nach Babylon. Hitler verschloß die Juden in Konzentrationslagern. Der Ausgestoßene hat unter Umständen die Chance, in Freiheit einen neuen Anfang zu machen. Er ist durch seine Situation herausgefordert, sich selbst und seinen Weg zu erkennen. Der Eingesperrte wird unmündig, wenn er nicht am Ende gar in der Gefangenschaft ausgelöscht wird. Die Verbannung nach Babylon enthielt neben allen Leiden auch ein Angebot an die Leute aus Jerusalem, und dieses Volk hat sie genutzt, wie kaum je ein Volk eine Katastrophe zu seinem Heil genutzt hat.

Das Exil hat sich als die große Stunde in seiner Geschichte erwiesen. Aus ihm ging das Judentum recht eigentlich hervor, lebensfähig für Jahrtausende in seiner unerklärlichen geistigen und religiösen Kraft.

Ich stelle mir einen Tag vor, die Sonne ist gerade aufgegangen, doch der Weg, der zu den Ziegeleien führt, ist leer – wie immer, wenn die Babylonier ein Fest feierten: einen Neumond oder eines der großen Staatsfeste zu Ehren der Göttermutter oder des Nationalgottes Marduk. Die Judäer blieben in ihren Hütten. Die Babylonier strömten in der großen Stadt zusammen, um die Tempel her, wo die Opfer stattfanden, und zu beiden Seiten der Prachtstraßen, durch die die Wagen mit den Bildern der großen Götter fuhren, Bilder der Macht und Herrlichkeit dieses größten Reiches der damaligen Erde. Was taten die Gefangenen?

Ich könnte mir denken, daß in abgeschwächter Form ein Jude heute noch Ähnliches empfindet, der in einem christlichen Land wohnt und da die Weihnachtstage durchlebt. Was geht ihn das Fest an?

Ich denke mir, daß sich im Laufe eines langen Tages, an dem einmal ausgeschlafen wurde, sich ein paar müde Menschen an den alten Erzähler wandten: Wie sollen wir uns eigentlich auf die Dauer zu diesen Festen und Feiern stellen? Ist es nicht besser, mitzujubeln als hier, in der leeren Steppe, trostlos untätig, der Sinnlosigkeit dieses Daseins nachzuhängen?

Und ich stelle mir vor, daß er an einem solchen Tag an eine ihrer Überlieferungen erinnerte:

Der besondere Tag

Der Herr, so erinnerte sich der alte Mann, sprach zu Mose:
»Sage den Söhnen Israels:
Ihr sollt den Sabbat einhalten.
Er ist ein Zeichen zwischen mir und euch
von Generation zu Generation.
An ihm erkennt ihr, daß ich der Herr bin
und euch heilige.
Darum soll euch der Sabbat heilig sein.
Sechs Tage sollt ihr arbeiten,

aber am siebten Tag ist völlige Ruhe,
dem Herrn geheiligte Stille.
Denn in sechs Tagen machte der Herr
Himmel und Erde,
aber am siebten Tag ruht er,
an ihm atmet er auf.« (2. Mose 31)

Der Sabbat ist der Tag, an dem der Mensch dem heiligen Gott gegenübertritt, an dem er nicht seinem Werk zugewandt ist, sondern dem Gott, der ihn anspricht. An dem er nicht werkt, sondern Antwort gibt. An dem er nicht irgendwohin geht, sondern gleichsam in den Gott hinein, der ihn umgibt, um Anteil zu gewinnen an der Ruhe Gottes.

Ihr wißt, so höre ich ihn erzählen, das hat man durch viele Generationen vergessen. Vielleicht erinnert sich der eine oder andere von euch noch an die Reden der Propheten, die etwa so sagten: Ihr wohnt in dem verheißenen Land Kanaan. Gott hat geboten, daß das Land seine Ruhe findet am siebten Tag. Aber ihr habt ihm die Ruhe nicht gelassen, die Gott befohlen hat, die Brache, die ihm zustand. Einmal wird das Land seinen Sabbat ersetzt bekommen. Ich werde euch fortjagen, spricht Gott, unter die fremden Völker, und euer Land soll zur Steppe werden. Dann wird das Land ruhen. Wenn die Unrast der Schaffer nicht bald die Ruhe wieder achtet, wird Gott dem Land die Ruhe verschaffen, die es braucht. Euch selbst aber will ich ein verängstigtes Herz geben, daß euch ein raschelndes Blatt jagen wird, auch wenn niemand euch bedroht (so z.B. 3. Mose 26 und öfter).

Aber diese Ruhe des Landes ist ein neuer Anfang. Und in eurer Ruhe im fremden Land liegt eine Gnade. Das Elend, das in die Ruhe Gottes einkehrt, ist heilig. Wo euch alles zu Ende zu sein scheint, ist ein Beginn.

Denn diese Ruhe gibt uns die Zeit, zurückzukehren in den Gott, der nicht nur uns und die Menschen von Babylon, sondern diese Welt geschaffen hat und schafft. Diese Ruhe gibt uns die Zeit, zu verstehen, wer Gott ist, was seine Welt ist und wer wir selbst sind. Diese Ruhe gibt uns den freien Raum vor Gott, und Gott nimmt unsere Angst von uns. In dieser Ruhe hören wir ihn sprechen und können wir ihm antworten. In dieser Ruhe offenbart sich uns, was der Sinn dieses unseres Schicksals ist. Denn wir können anfangen, größer zu denken von Gott.

Ihr wißt, daß unsere Väter eine Geschichte erzählt haben, wie Gott die Welt schuf. Ich will sie euch neu und anders erzählen. Die alte kennt ihr: Am Anfang ist eine trockene Steppe, staubig und hart wie die, in der wir hier leben. Da läßt Gott eine Quelle aufsteigen, die Feuchtigkeit durchdringt das Land, Büsche und Bäume wachsen auf. Gott pflanzt, so sagten die Väter, einen Garten in der Steppe, in Eden, und setzt Menschen hinein, die ihn bauen und bewahren sollen. Die Schlange redet. Adam und Eva essen von der verbotenen Frucht und verstecken sich vor Gott. Gott geht in der Abendkühle spazieren und ruft nach Adam. Die Väter dachten vielleicht an einen Abend, wie wir ihn hier erleben, wenn die Sonne hinter den Dattelpalmen untergeht. Ihr kennt die Geschichte. Sie ist uns allen vertraut und ehrwürdig.

Ihr wißt auch, wie die Babylonier die Entstehung der Welt schildern. Sie denken moderner, als unsere Väter gedacht haben. Aber sie reden davon, wir seien allenthalben von Göttern umgeben, wo wir doch Berge und Meere, Sonne, Mond und Sterne vor uns haben. Das Meer sei ein Gott, sagen sie. Die Sonne sei ein Gott. Sie bringen den Sternen Opfer dar, damit sie brennen. Und sie nehmen alle Macht dieser Götter für sich in Anspruch.

Aber ich sage euch: Der eine Gott, der Gott

unserer Väter, war vor Tiamat, vor Marduk auch, und beide, die Finsternis und das Licht, gehen aus seinen Händen hervor. Und es bedarf nur eines Worts von ihm, um uns alle, unser Volk, unseren Glauben, unsere Zuversicht neu zu schaffen.

Die Schöpfungsgeschichte des großen Erzählers

Im Anfang schuf Gott den Himmel und die Erde.
Nichts war vor ihm, auch nicht das Chaos. Im Anfang war die Welt, die er schuf, wüst und leer, über der unendlichen Wassertiefe war Finsternis, und der Geist schwebte über dem Wasser. Unten war nicht der Drache, sondern Wasser, und oben der Geist Gottes, nicht Marduk, der Himmelsheld.

Da sprach Gott: Es werde Licht. Es werde Klarheit. Es werde eine Welt, die keine Kluft kennt, keine finsteren Geheimnisse, keine Abgründe und keine in ihnen hausenden Mächte. Es werde alles klar bis auf den Grund. Und er sah: Das Licht war gut. Gott will, daß über uns, die in der Finsternis sitzen, umschlossen von Mächten und umstellt von Rätseln, das Licht aufgeht. Ja, mehr: daß wir selbst ein Licht werden, das in dieser Welt leuchtet und das seine Klarheit spiegelt.

Licht und Finsternis heißen hierzulande Marduk und Tiamat. Aber Gott trennte sie und gab ihnen ihre Aufgabe und ihre Namen: Er nannte das Licht Tag und die Finsternis Nacht. Das war der erste Tag. Und dieser Tag ist heute. Wenn Gott will, daß es für uns Tag wird, wird es Tag. Wenn wir selbst Finsternis sind, zerschlägt uns Gott nicht, sondern sendet sein Licht, tröstet uns, hört unsere Klagen, gibt uns Freiheit, zeigt uns einen Weg, den wir bei Tage und bei Nacht gehen können.

Und Gott sprach: Ein Gewölbe soll entstehen zwischen den Wassern und sie trennen. Und er zog ein Gewölbe ein über der Erde, schied das Wasser unter dem Gewölbe von dem Wasser über dem Gewölbe und nannte das Gewölbe Himmel. So ging der zweite Tag zu Ende.

Es gibt Völker, die meinen, das Gewölbe des Himmels sei eine große Frau, eine Göttin, eine Mutter, die sich über die Erde beugt. Aber es ist eine schlichte Kristallschale. Über ihr ist nicht der Palast der Götter, sondern eine Art großer Ozean, den wir durch die Kristallschale hindurch sehen. Darum ist der Himmel blau. Wasser ist oben, Wasser ist unten, dazwischen ist die Luft mit den Wolken. Wenn ihr kritischer über die Welt nachdenken wollt als die Babylonier, dann könnt ihr sagen: Das Wasser ist kein Gott, sondern schlichtes Wasser. Aber das ist nur die halbe Wahrheit. Denn das Wasser ist nicht nur Werk, sondern auch Ort Gottes, Ort seiner Gegenwart. Es ist Gott selbst in seinem Werk. Wer das Wasser sieht, steht vor dem geheimnisreichen Gott.

Ihr erinnert euch an die Geschichte, die ich erzählt habe. Da sprach Gott durch den Mund des Mose, und die Wasser trennten sich. Die Väter gingen auf dem Grund des Meeres bei Baal Zephon durch das Wasser. Wenn Gott will, trennt er auch die Wasser des Euphrat, der uns den Weg in die Heimat versperrt, und wir gehen unseren Weg ungehindert, wohin immer Gott uns führen will.
Das ist der zweite Tag der Schöpfung.

Und Gott sprach: Es sammle sich das Wasser unter dem Himmel an besondere Orte, so daß man trockenes Land sieht. Und es geschah so. Gott nannte das Trockene Erde, die große Wasserfläche nannte er Meer, und er sah, daß es gut war. Er nannte das Wasser nicht den großen Richter und die Erde nicht die Große Mutter. Er gab ihnen ganz einfach den Namen

Meer und Land. Aber wenn ihr sagt: Sie sind nur Meer und Land, dann habt ihr nur die halbe Wahrheit. Denn Meer und Land sind nicht nur Geschöpfe dieses Gottes, sondern auch sein Ort. Wer durchs Meer geht, wer über das Land wandert, ist in Gott.

Ihr erinnert euch: Ich habe erzählt, wie eure Väter durchs Meer zogen und das Meer einen Weg freigab. Das ist ein Geheimnis. Gewiß, das Meer ist schlichtes Wasser. Aber es ist mehr, und Gott ist im Meer, er ist über dem Meer, und das Meer ist sein Kleid oder sein Werkzeug. Nehmt Gott weg, und das Meer ist nicht mehr das große Wasser, es versinkt ins Nichts.

Dann sprach Gott: Die Erde lasse Gras und Kraut aufgehen, das soll seinen Samen bei sich tragen. Wir brauchen also nicht die Götter zu versöhnen, damit etwas wächst, und nicht die Große Mutter zu verehren. Fruchtbare Bäume sollen wachsen, und jeder Baum soll in seinen Früchten die Samen tragen, aus denen neue Bäume werden. Ihr könnt weiter gehen als die Babylonier und könnt ihnen zeigen, wie sehr sie der Aufklärung, der vernünftigen Deutung der Dinge bedürfen, und sagen: Bäume sind nicht Götter, sondern schlichtes Holz. Aber das wäre nur die halbe Wahrheit. Denn in diesen Bäumen wirkt der schaffende Gott. Ihr erinnert euch:

Als die beiden Männer unter dem Mantel der Göttin schliefen, unter dem Baum, der die Göttin darstellte, da sprach die Priesterin Rahab, als hätte sie vergessen, daß der Baum ihre Göttin war, von dem einen Gott, der die Macht hat im Himmel und auf der Erde. Sie tat einen Blick in das Geheimnis dieser Welt, in der die Bäume nicht Götter sind, aber auch nicht bloßes Holz, sondern Ort und Werkzeug des einen Gottes, der sein Geheimnis in die Kraft ihres Werdens und Wachsens gelegt hat.

Denn in allem Werden und Wachsen spricht Gott, und wenn Gott nicht spricht, dann wird nichts. Und wenn wir heute fürchten, wir seien ein abgeschlagener Baum oder verdorrtes Gras, dann liegt es in der geheimnisvollen Freiheit Gottes, sein Wort zu sprechen, wenn er will, und der Baum schlägt wieder aus, das Gras wächst nach, und unsere Leiden bringen ihre Frucht.

Gott sah, daß es gut war und die Erde fruchtbar. Und so wurde der dritte Tag.

Und Gott sprach: Lichter sollen am Gewölbe des Himmels aufleuchten, die sollen zwischen Tag und Nacht scheiden und Zeichen geben für Tage und Jahre. Sie sollen als Lampen am Himmel hängen und die Erde erhellen. Er machte zwei Lichter: ein großes für den Tag, ein kleines für die Nacht, dazu die Sterne.

Vielleicht schaudert euch bei dem Gedanken. Aber der große Mondgott Sin der Babylonier ist eine Lampe, die leuchten soll. Der große Sonnengot Schamasch ist eine Lampe. Die Babylonier werden euch totschlagen, wenn ihr das sagt. Aber es gilt. Wenn ihr nun jedoch sagt: Sonne, Mond und Sterne sind nichts als Lampen, dann seid ihr nur einen Schritt gegangen. Denn Sonne und Mond sind Geschöpfe in der Hand Gottes. Wer das Licht der Sonne schaut, schaut mit den Augen seines Geistes Gott, der das Licht gibt. Er steht vor einem Geheimnis, und wenn er für das Licht der Sonne dankt, dankt er dem Gott, in dem die Lichter des Himmels sind oder – der in den Lichtern ist.

Gott sah: Es war gut, und so wurde der vierte Tag.

Ihr erinnert euch: Ich habe euch von Mose erzählt, von dem Leuchten Gottes auf dem heiligen Berg und von dem Leuchten Gottes auf dem Gesicht des Mose. Nicht weil der Berg

Gott ist oder das Licht, aber weil im Berg das Geheimnis Gottes offenbar wurde, das Geheimnis des Gottes, der sein Licht spiegeln läßt in den Lichtern des Himmels, im Leuchten des Blitzes oder in dem Licht auf dem Angesicht eines Menschen. Und wodurch sollte der Mensch ein Mensch sein, wenn nicht dadurch, daß Gott zu einem Licht auf seinem Gesicht wird?

Und wenn unsere Gesichter dunkel sind vor Angst und Verzweiflung, dann sollen wir sie zu dem Gott erheben, der das Licht schuf. Einer unserer Psalmdichter hat gesagt: Wer sich zu Gott wendet, dessen Gesicht wird hell sein von Freude.

Und Gott sprach: Es wimmle das Wasser von lebendigen Tieren, und Vögel sollen unter dem Gewölbe des Himmels fliegen. Er schuf große Walfische und alle Tiere, die im Wasser leben, und die gefiederten Vögel, ein jedes nach seiner Art. Und Gott segnete sie und sprach: Seid fruchtbar und mehret euch. Füllt das Meer, und die Vögel sollen sich auf der Erde mehren. So ging der fünfte Tag zu Ende. Und Gott sprach: Die Erde bringe lebendige Tiere hervor, Vieh, Kriechtiere, Feldtiere, jedes nach seiner Art. Und Gott sah: Es war gut.

Tiere, die wimmeln, die fliegen, die sich mehren und mit Fruchtbarkeit ausgestattet sind. Ein jedes nach seiner Art. Genau abgegrenzt nach ihren Arten. Er schuf also nicht jene schaurigen Mischwesen, die man hierzulande aufstellt und verehrt: Stiere mit Menschenköpfen, Schakale mit Löwenpranken und Schlangenhälsen. Nein, ein jedes nach seiner Art.

Ihr könnt den Babyloniern sagen: Tiere sind Tiere, nichts sonst. Sie sind nicht heilig, sie sind nicht Träger einer geheimnisvollen, göttlichen Macht. Sie wollen nicht angebetet sein. Sie sind liebenswert, weil Gott sie liebt, Wesen in Gottes Garten, der Obhut des Menschen anvertraut. Aber damit zeigt ihr ihnen nur den ersten Schritt. Denn auch die Tiere sind nicht nur Tiere. Sie sind auch Träger des Lebens, das aus Gott ist. Und sie sind nur lebendig, weil der lebendige Gott in ihnen schafft und wirkt. Ihr erinnert euch: Eure Väter machten sich einen goldenen Stier anstelle Gottes, und Mose zerstörte ihn. Der Irrtum eurer Väter lag nicht darin, daß sie gemeint hätten, Gott sei im Stier. Und die Meinung des Mose war nicht, der Stier sei eben ein Stier und nicht Gott. Vielmehr verdeckte der Glaube an den Stier das Geheimnis, daß Gott in der Tat im Stier ist wie in allen Wesen. Denn Gott wird kleiner, wenn der Stier Gott ist. Und er wird unendlich groß und geheimnisvoll, wenn wir verstehen, daß der Stier in Gott und Gott im Stier ist und daß wir Gott begegnen, wo immer wir ein lebendiges Wesen anschauen.

Das Geheimnis aber wird am dichtesten bei uns selbst. Gott sprach: Ich will Menschen machen, ein Bild, mir gleich. Die sollen herrschen über die Fische im Meer und über die Vögel unter dem Himmel und über das Vieh und alle Feldtiere und alles Gewürm. Und Gott schuf den Menschen ihm zum Bilde als Mann und Frau. Und Gott segnete sie und sprach: Seid fruchtbar, mehrt euch und füllt die Erde. Macht sie euch untertan und herrscht über die Fische im Meer und die Vögel unter dem Himmel und das Vieh und alle Kriechtiere.

Ihr könntet den Babyloniern sagen, der Mensch sei mehr, als sie meinen, nämlich ein Mensch. Ein Wesen mit einem eigenen Recht und einer eigenen Freiheit. Der Mensch sei kein Sklave und kein Massenwesen, das man leben lassen oder auch auslöschen kann. Er sei kein militärisches oder politisches Material, mit dem man operieren oder das man vernichten kann. Der Mensch sei ein Mensch. Aber selbst, wenn sie das begriffen hätten, wären sie auf dem halben Weg stehengeblieben. Denn der Mensch ist zu mehr bestimmt als zu dem, was er dem Urteil der Vernunft und der Humanität nach ist. Er ist mehr, als er selbst weiß. Er ist bestimmt, Gott gegenüberzutreten und sein Licht zu spiegeln wie das Gesicht des Mose. Er ist dazu bestimmt, in sich selbst hineinzudenken und dort dem Geheimnis Gottes ebenso zu begegnen wie draußen, wo er mit Sonne oder Meer, Pflanze oder Tier zu tun hat. Er ist selbst Ort Gottes, Ort seines Geheimnisses, und so hört und sieht er, was Gott ihm sagen oder zeigen will, und wird zum Werkzeug, mehr: zum Mitarbeiter, zum Mitwirkenden im schaffenden und wirkenden Gott.

Und so wurde der sechste Tag.

Aber nun ist Gott nicht nur der Wirkende. Nicht nur der Tätige. Er ist vielmehr der Gott, der einfachhin ist. In sich ruht. Himmel und Erde sind vollendet, und Gott feiert am siebten Tag von seinem Werk. Er segnet ihn und macht ihn heilig, und der Mensch, der sein Bild ist, ruht an diesem Tag in Gott.

Der Sinn des Ruhens

Der Sabbat ist in der Tat eine der auffallendsten Besonderheiten des jüdischen Volks. Freilich ist auch diese Sitte nicht sozusagen aus dem Nichts aufgetaucht, sie hat sich vielmehr – wie es immer geschieht, wo Neues gedacht wird – in der Auseinandersetzung mit sehr alten Überlieferungen erst herausgebildet. Ein mythischer – oder noch besser, ein magischer – Brauch aus unvordenklichen Zeiten wurde aufgenommen und so grundlegend gewandelt, daß er plötzlich das Gegenteil bedeutete und bewirkte als zuvor.

Der Sabbat, den wir in den Jahrtausenden vor Mose bei einigen Völkern im Orient beobachten, war ein Tabutag. Ursprünglich war der Mensch ja nicht das Wesen, das die Natur veränderte, sondern selbst ein Teil der Natur. Die Natur war stärker, und der Mensch hatte sich einzufügen. Er konnte Beeren sammeln oder Hasen jagen, aber er mußte die Welt nehmen, wie sie war. Mit dem Ackerbau kam die Zeit, in der der Mensch in den Boden eingriff, ihn verletzte, ihn aufriß. Als er anfing, Tiere zu zähmen und für seine Herden Brunnen zu graben, begann er die Welt zu verändern. Aber damit vergriff er sich an der Großen Mutter, er riß gleichsam den Leib der Mutter auf. Er begab sich in die Gefahr, daß die Mutter sich rächte.

Jede Arbeit ist ein Angriff auf die Natur. So gab es vermutlich in frühen Jahrtausenden nur einzelne bestimmte Tage des Mondumlaufs, an denen die Priester die Arbeit erlaubten, weil an ihnen die Natur sich gegen einen Angriff dieser Art nicht zur Wehr setzte. Mit der Zeit wurden, wie es der Ackerbau verlangt, die Arbeitstage vermehrt, und das Verhältnis kehrte sich um. Es gab dann Tage, an denen das alte Verbot, die Erde zu verletzen, nun aber wirklich und auf alle Fälle gelten mußte. Die Ruhe des Sabbats ist eigentlich das Ursprüngliche, die Arbeit ist das Kulturprodukt.

An den wenigen Tagen, die zuletzt übrig blieben, waren nun freilich alle bösen Geister los, und wer nicht alles unterließ, was die Natur als Angriff empfinden konnte, geriet in ihre Gewalt. Man spricht heute noch von einem Hexensabbat und meint einen Tag losgelassener Naturmächte. Die Furcht, etwas zu tun, das gegen den Rhythmus und das souveräne, allem Menschenwerk vorangehende Gesetz der Natur geht, drückt sich heute noch in dem Versuch aus, in den Sternen zu lesen, ob ein Tag günstig sei für eine Reise oder eine Entscheidung. Darin liegt nicht nur einfältiger Aberglaube, sondern auch eine Art Restwissen, daß das Tun des Menschen ein Umfeld hat, daß es Voraussetzungen und Folgen hat und daß es dem Gesamtablauf des Geschehens angehören und eingefügt sein muß.

Israel nahm den alten Tabutag auf und verwandelte ihn. Gott schuf die Welt, sagt die Schöpfungsgeschichte. Die Erde entstand nicht durch den Kampf oberer und unterer Mächte. In der Erde herrscht nicht die große, verehrungswürdige und gefährliche Mutter. Nicht sie bringt die Bäume hervor und die Tiere. Nicht sie läßt Gras und Getreide sprossen, nicht sie bringt das Wasser an den Tag. Die Erde ist vielmehr ein Instrument in der Hand Gottes, der sie erschuf.

Am siebten Tag aber ruht Gott. Nicht, weil er die Rache einer Widergöttin fürchten müßte, sondern weil sein Werk vollendet ist. Der Mensch, der mit Gott im Bunde ist, der ihn spiegelt, der in ihm lebt, ist frei von Dämonen und von Hexen, frei auch von unablässiger Eile. Er läßt nach sechs Tagen sein Werk. Er begibt sich mit allen seinen Kräften in die Ruhe, die in Gott ist. Er läßt sich heiligen. Seine Ruhe aber ist nicht Erschlaffung, sondern wache Gegenwart im lebendigen Gott. Der Sabbat wandelt sich in jener Zeit aus einem Tag der Angst in einen Tag der Freiheit und der Geborgenheit. Er ist ein Zeichen für die Berufung des Menschen, Kultur hervorzubringen, eine Kultur, die das Heilige im Diesseits und die Transparenz des Diesseits auf das Heilige hin abbildet.

Die große Stele des Königs Melischipak aus dem zwölften Jahrhundert zeigt den Aufbau der Welt nach dem Glauben und Verstehen der Babylonier, wie er auch den Judäern vertraut war, wenn sie von den Gestirnen sprachen, von Cherubim und Seraphim, von den Vögeln des Himmels oder den Drachen und Meerungeheuern der Unterwelt. S 132 zeigt die Rückseite desselben Steines.

Die Sumerer und nach ihnen die Babylonier dachten ihre Welt in Geschossen aufgebaut. Und wie ihre Welt vier sozusagen oberirdische und ein unterirdisches Geschoß aufwies, so waren ihre großen Stufentürme, die diesen Aufbau spiegelten, in der Regel mit vier Geschossen, vier Stufen versehen.

Der Kudurru oder die Stele des Melischipak aus der Zeit des Mose, die heute im Louvre steht, zeigt dieses Weltbild besonders deutlich und vollständig.

Im obersten Feld, dem Himmel, sind die Götter anwesend, in Feld zwei und drei Wesen zwischen Göttern und Menschen, das vierte Feld ist der Ort des Menschen, und darunter der Urozean, der Ort für Schlangen und Drachen. Wenn unsere Kinder heute auf der Straße Himmel und Hölle spielen, wobei sie Steine oder Kettchen auf bestimmte Felder werfen und dann über die Felder hüpfen, schließen sie an uralte Muster an, die durchaus im Zusammenhang mit solchen antiken Vorstellungen stehen.

Im obersten Feld sind zunächst die Gestirngötter, der Mond, der Stern und die Sonnenscheibe. Darunter stehen vier Altäre, auf den beiden linken Götterkronen, auf dem dritten ein geopferter Widder, davor ein für das Opfer bestimmtes Mischwesen aus Stier und Fisch. Auf dem rechten das Symbol des Mutterleibs, also der Muttergöttin. Es sind die vier Hauptgottheiten Anu, Enlil, Ea und die Göttin Ninchursanga.

Im zweiten Feld ist die Feuerzone gedacht, die die Wesen der unteren von den Wesen der oberen Welt trennt. Hier thronen die Götter des Krieges und der Herrschaft über die Unterwelt: Nergal, Zababa und Ninurta in Gestalt von Flügeltieren, denen die Cherubim der Bibel ähnlich sind oder die Seraphim, die Brennenden, also die Götterwesen, die den Abstand zu den höchsten Göttern wahren.

Im dritten Feld ruht in der Gestalt eines Drachen Marduk, der erdnahe, politische Gott Babylons und Schöpfer der Welt. Neben ihm die Götter Nabu und Gula.

Im vierten Feld die Gottheiten, die für die Menschenwelt unmittelbar zuständig sind: Links der Stiergott Baal, auf dessen Altar der Blitz steht, neben ihm ein Bock mit einer Lampe und Ningursu, vogelgestaltig, mit dem Pflug. Der Vogel rechts auf einem Baum ist eine besondere kassitische Gottheit mit Namen Schuqamuna.

Wenn die Judäer von Babylon in ihrer Schöpfungsgeschichte den Mond als Lampe bezeichneten, dann griffen sie einen der ehrwürdigsten Götter der sumerisch-babylonischen Kultur direkt an: Nanna, den Mondgott. Urnammu, der König von Ur, der Gründer der dritten Dynastie, der von 2111 bis 2094 vor Christus regierte, steht auf der Stele, die seinen Namen trägt, vor ihm. Links am Bildrand eine Göttin mit segnender Gebärde. Neben ihr mit der typisch runden Kopfbedeckung der sumerischen Könige Urnammu, Wasser in eine Vase ausgießend, in der ein Baum wächst. Es muß sich um eine Dattelpalme handeln, denn rechts und links hängen prall gefüllte Fruchtstände mit Datteln herab, von denen – neben dem Ackerbau – das Land lebte.

Auf dem Thron, der nach Art der Fassade eines Tempels gebaut ist, sitzt der Gott, die vierfache Schlangenkrone auf dem Haupt als Zeichen seines überlegenen Geistes und angetan mit dem Zottenrock. Der König erbittet offenbar die Zustimmung des Gottes zum Bau eines Tempels oder Stufenturms, denn der Gott hält in der linken Hand eine Hacke und reicht dem König mit der rechten einen Meßstab und eine Meßschnur, ringförmig aufgewickelt, von der ein Ende herunterhängt. Er gibt ihm also den Auftrag zum Bau. Damit aber, daß Meßschnur und Meßstab aus der Hand des Gottes kommen, ist gewährleistet, daß die Maße des Baus denen der himmlischen Ordnung entsprechen.

Ring und Stab bedeuten danach aber nicht nur Meßstab und Meßschnur. Der Stab ist auch Zeichen der Herrschaft und des Bewußtseins, der Ring das Zeichen des Lebens und des Unbewußten. Beides, den Geist und die Seele, aus der Hand des Gottes zu empfangen ist lebensnotwendig. Wenn die Judäer dies anzweifeln, machen sie sich allein schon dadurch zu Hochverrätern am Staat und Gemeinwesen der Babylonier.

Ur, dessen Ruine heute im Wüstensand liegt, war ursprünglich eine Hafenstadt, als der Persische Golf noch zweihundert Kilometer ins Land hineinreichte. Aber noch immer sind die wunderbaren Dattelpalmenwälder an den Seen des Hor al Hammar ein Stück unberührter Urlandschaft, ein Stück Ahnung vom Paradies, das die Schreiber der Urgeschichte vor Augen gehabt haben. Wer heute zwischen den Kähnen die kleinen Wasserschlangen schwimmen sieht, ahnt noch etwas von der numinosen Tiefe, die die Menschen der alten Welt unter Seen und Meeren ahnten, und von dem Mut jener Verbannten in Babylon, das Wasser zu schlichtem Wasser zu erklären.

Aufgerichtete Steine waren für die Menschen der alten Welt auf vielerlei Weise lebendige Wesen. Ein solcher Stein konnte aufgestellt werden, damit er Regen brachte. Andere wurden als Zeugen aufgestellt, wenn Verträge abgeschlossen wurden, weil der Stein alles hörte – so 1. Mose 31 zwischen Laban und Jakob. Vor allem aber galten Steine als Behausungen von Göttern. So nannte Jakob den Stein von Bethel Haus Gottes und salbte ihn, das heißt, er brachte dem darin wohnenden Gott ein Opfer. So stehen in der alten Phönizierstadt Byblos in einem auf das dritte Jahrtausend zurückgehenden Tempel zu Ehren des Kriegs- und Feuergottes Reschef mehr als zwanzig aufgerichtete Steine, wobei man fragen kann, ob der große aufgerichtete Stein rechts nicht das Haus einer Göttin sein müsse, da ihm ein Kind beigegeben ist, wie noch die gotischen Baumeister Frankreichs dem Marienturm, dem nördlichen der beiden Westtürme, einen kleinen Dachreiter, nämlich das Kind Jesus, zugesellten.

Wenn die Schöpfungsgeschichte von der Erde spricht, die Gott vom Wasser trennte, dann bedeutet das eine Entgötterung etwa auch solcher Steine. Freilich, die bloße Aufklärung liegt hinter uns. In ihr behielt man nach der Entgötterung der Welt eben den Stein und nichts als den Stein übrig. Wir werden heute einen Schritt weitergehen müssen und uns Gedanken machen, wie denn nun die wirkliche Gegenwart Gottes im Stein zu denken sei.

Als ich im Museum Damaskus diese Tonscherbe aus Mari sah, fiel mir die Paradiesgeschichte ein. Ein Garten. Eine Frau. Ein Baum. Eine Schlange. Offenbar pflanzt sie einen Baum neben dem großen heiligen Baum, der die Große Mutter repräsentiert. Vielleicht erhofft sie sich Fruchtbarkeit für sich selbst. Dann wäre die Schlange, die in ihren Schoß strebt, begreiflich, denn die Schlange ist ja ein altes phallisches Symbol. Fruchtbarkeitszauber ist uralt und unausrottbar, aber schon die Schöpfungsgeschichte, die fünfhundert Jahre jünger ist als die Geschichte vom Paradies, sagt, der Mensch sei fruchtbar, weil Gott ihn mit Fruchtbarkeit ausgestattet und ihm den Auftrag gegeben habe, sich zu mehren. Der Baum und die Schlange sind weder Wohnung von Göttern noch Zaubermittel, sondern eben Baum und Schlange und so Ort göttlicher Gegenwart.

An den Palästen der assyrischen Könige in Nimrud oder Chorsabad standen die ungeheuren Wächter aus Stein: Göttliche Wesen, Cherubinen ähnlich, die der Zone des Feuers unterhalb des Himmels angehören, gebildet aus einem Stierleib, einem Menschenkopf mit königlich geflochtenem Bart und einer Schlangenkrone, also Träger überlegenen Geistes, mit gewaltigen Flügeln. Fünf Beine gab man ihnen, damit sie für den, der ihnen entgegenging, stehend, für den, der sie von der Seite sah, schreitend erschienen.

Diese himmlischen Wesen spielen auch für Israel eine beträchtliche Rolle. Im Prinzip allerdings sind sie durch die Schöpfungsgeschichte erledigt. Denn Gott schuf die Tiere, ein jedes nach seiner Art und nicht Mischwesen nach Art des orientalischen Götterhimmels.

Das wirkliche Tier war für den Israeliten ein von Gott geschaffenes Wesen, einen Tag früher gleichsam entstanden als der Mensch, aber ihm zugeordnet als sein Helfer und Schicksalsgenosse.

186

Der Mensch selbst aber ist das Bild Gottes: Sein Gegenüber, ihn repräsentierend auf dieser Erde, ihm verantwortlich. Die junge Frau, die in der Nähe der alten Sumererstadt Uruk ihren schweren Wassersack schleppt, ist Bild der Ischtar bis zum heutigen Tag. Unter den vielen kaum zu deutenden Zeichen in der Tätowierung dieser Frauen fällt immer wieder der Stern auf, hier auch auf dem Handrücken, das Zeichen der uralten Mutter- und Liebesgöttin, die noch heute Schutz und Segen für diese Frauen bewirken soll, auch wenn den Trägerinnen selbst dieser archaische Zusammenhang kaum deutlich sein dürfte. Sie sind noch immer Kinder ihrer sumerisch-babylonischen Heimat.

Nein, sagten die Judäer am nahen Kanal Kebar: Nicht Bild der Ischtar sind wir, sondern Bild des einen Gottes.

Christus, das Bild Gottes und des Menschen zugleich, thronend, flankiert von Mond und Stern, auf Maria mit dem Kind verweisend. Zu seinen Füßen Gesichter von Menschen. So erscheint er am mittleren Westportal des Domes von Assisi: der kosmische Christus, den zu entdecken eine der geistlichen Aufgaben dieser Zeit ist.

Die Woche der sieben Tage, in einem Erkenntnisakt von unglaublicher Überlegenheit entdeckt, gehört bis heute zu den großen Leistungen des freien Menschen. Singen, Sagen und Erkennen geben dem Werk seinen Sinn. Und wenn der Jude am Sabbat die heilige Schrift studiert, weist er damit darauf hin, daß der Mythus, der die Menschen beherrscht hatte, seine Macht abgab und Sprache geworden ist, Sprache des redenden und wirkenden Gottes. Er zeigt damit, daß der Mensch Gott gegenüber sozusagen gemeinschaftsfähig geworden ist, ein freies, selbständiges Wesen, das hört und zu antworten vermag und das die Ehre weder sich selbst noch seinem Werk gibt, noch auch irgendeinem von Gott geschaffenen Wesen, sondern dem großen, geheimnisreichen Gott allein.

Grenzüberschreitung

Wer eine Hoffnung gewinnen will, muß eine Erinnerung wecken. Und wer in einer Zeit seines Lebens, in der die Hoffnung zu Ende gehen, einen neuen Anfang finden will, muß es in eben dieser Landschaft wagen, Grenzen zu überschreiten, vor denen er bis dahin stehengeblieben war.

Mit den Vätern, die Ägypten verließen, überschritten die Leute in Babylon nicht nur die Grenze der sogenannten Realität in einen Traum hinaus, sie überschritten vielmehr auch die Grenze ihres Tatsachenverstandes und betraten ihre eigene Erinnerung, das Land des Unbewußten in ihrer eigenen Seele.

Während sie mit den Vätern durch die Wüste wanderten, verließen sie den engen Bezirk ihrer eigenen Lebenserfahrung und betraten die Weite der umfassenderen Erfahrung, die frühere Jahrhunderte und Jahrtausende mit Gott und mit dem Schicksal des Menschen gemacht hatten.

Mit dem Mose, der den Sinai bestieg, überschritten sie die Grenze, die sie selbst sich gescheut hatten zu überschreiten: die Grenze zu dem großen, gewaltigen und heiligen Gott in der Höhe. Und sie wurden bei dieser Begegnung nicht zerstört, sondern gewannen in ihr neuen Boden unter die Füße, weil dieser Gott sich als einer erwies, mit dem der Mensch leben und reden kann, der den Menschen nimmt, wie der Mensch nun einmal ist, ohne die Wand unerfüllbarer Forderungen zwischen sich und dem Menschen aufzubauen.

Zusammen mit Josua und den Söhnen Israels überschritten sie den Grenzfluß, die magische Grenze zum eigenen Tod, und erlebten eine neue Geburt. Sie lösten sich von allen scheinbaren Erfahrungen, die sie mit der Wüste bisher gemacht hatten, und lernten eine Weite kennen, in der sie leben konnten. Sie lösten sich von dem überkommenen Bild des schrecklichen, angsteinflößenden Gottes und am Ende von ihrer Furcht vor dem Tod.

Zuletzt, als sie Rahab, die fremde Priesterin, in das Volk Gottes einbezogen, lernten sie, daß es für Gott nicht um ein abgegrenztes Volk, sondern um die Menschen geht. Und so fanden sie einen Weg in eine neue geistige Freiheit, einen Weg, dessen Sinn sie verstehen konnten.

Im Grunde ist dies das Muster eines Wegs, den irgendwann jeder Mensch gehen muß, soll er den Sinn der zweiten Hälfte seines Lebens begreifen. Die Aufgabe kündigt sich in der Krise der mittleren Lebensjahre an. Der Mensch dieses Alters spürt, daß er an eine Grenze kommt. Er hat seine Selbständigkeit errungen. Er hat seinen Beruf. Vielleicht eine Familie. Er hat sein Auskommen, vielleicht eine gewisse soziale Anerkennung gefunden. Aber was nun noch kommen soll, das sieht er nicht. Er kann so tun, als ginge alles weiter wie bisher, und beginnt doch heimlich zu leiden. Äußerlich wird alles enger. Innerlich wird es leer. Er merkt, daß es nicht mehr aufwärts, sondern allmählich abwärts geht. Es beginnt Nachmittag zu werden, und der Abend wird spürbar.

Und da liegt nun die Aufgabe, bisher nicht gesehene Grenzen zu überschreiten. Wo bisher alles Interesse nach außen ging, muß er sich nach innen wenden. Wo er bisher mit dem Rücken zur Welt gelebt hat, muß er nun der Wirklichkeit ins Auge sehen. Dabei wird der Mann in sich Empfindungen und Kräfte entdecken, die er bis dahin für weiblich gehalten hatte, und die Frau Empfindungen und Kräfte, die sie für männlich gehalten hatte.

Vielleicht wandern sie dabei durch eine Art Urlandschaft ihrer Seele und finden dort Gegenden, die bisher im Schatten gelegen hatten, hell daliegen, oder Stellen, vor denen sie sich gefürchtet hatten, begehbar.

Vielleicht finden sie, daß das Meer einen Weg freigibt. Vielleicht entdecken sie, daß die Wüste ihre Schönheit hat. Vielleicht entdecken sie statt dem drohenden Gott ihrer Kindheit den Menschenbruder Christus, der mit ihnen geht und ihnen vom Vater spricht. Vielleicht auch lernen sie, über den Tod nachzudenken und sich seinem dunklen Geheimnis zu nähern, vielleicht gar sich dem anzuvertrauen, in dessen Hand die Welt der Toten ist.

Das alles versteht sich nicht von selbst. Aber wo Grenzen und Schwellen überschritten werden, fangen neue Wege an. Und vielleicht führen diese Wege den Menschen, dessen Spielraum geringer wird, dennoch in größere Freiheit.

9. Kapitel

Mythisches Spiel

Dieses Kapitel ist ein Einschub. Es unterbricht die Geschichte. Wer sie weiterverfolgen will, lasse es aus. Aber mir scheint, es sei an dieser Stelle vielleicht doch dem einen oder anderen Leser wichtig, zu wissen, was dieses Buch unter Mythus versteht, unter der mythischen Welt oder dem mythischen Bild, von denen immer wieder geredet wurde. Es ist in den vergangenen Jahren viel davon die Rede gewesen, der Mythus stehe im Gegensatz und Widerspruch zur Offenbarung. Auf der einen Seite bedeutete das, die Offenbarung Gottes in der Heiligen Schrift habe nichts mit einem Mythus zu tun. Auf der anderen Seite wurde gesagt, die Offenbarung Gottes ergehe in der Sprache des Mythus und im Rahmen eines mythischen Weltbildes, aber dieses Weltbild sei überholt und seine Sprache sei nunmehr durch eine rationale, eine deutende, eine interpretierende zu ersetzen, die Heilige Schrift sei also zu entmythologisieren. Wie steht es damit?

Was ist ein Mythus?

Ein Mythus ist zunächst einmal eine Geschichte. Sie erzählt vom Anfang der Welt oder ihrem Ende. Sie erzählt von Göttern und Mächten, vom Gott des Himmels oder des Meeres, der Göttin der Liebe oder des Ackers, von Söhnen und Töchtern einer Göttin oder eines Gottes, vom Tod eines Gottes oder seiner Geburt, von Mächten des Lichts und der Finsternis, von Drachen und Ungeheuern.

Ein Mythus erzählt von Kontakten zwischen Göttern und Menschen, von Offenbarungen, Visionen und Begegnungen, von Aufträgen, die ein Mensch von einem Gott empfängt, von Bedrohungen, die von den Mächten des Himmels, der Erde oder des Abgrunds ausgehen, und von Kämpfen zwischen Göttern, Dämonen und Unterwelttieren.

Er erzählt von der Thronbesteigung eines Gottes oder vom Ende einer Götterdynastie, von den Generationen der Götter und ihrem Machtwechsel. Und er schildert die Welt in ihren verschiedenen Schichten, Dimensionen oder Stockwerken, mit Himmel, Erde und Unterwelt.

Das ist in allen Völkern so. Geschichten dieser Art kommen in allen Religionen vor, und auch die Bibel macht darin keine Ausnahme.

Der Mythus spiegelt Bilder, die in der Seele lebendig sind, nach außen und sagt dann etwa: Der Himmel ist wie eine große Frau, er überwölbt uns und deckt uns wie eine große Mutter.

Später, wenn der Mensch bewußter lebt und beobachtet, sagt der Mythus etwa: Der Himmel ist ein großer Ozean, der sich über die Erde wölbt. Warum sonst wäre er so blau?

Ist aber in der weiteren Entwicklung des Bewußtseins der Mythus überwunden, so ist doch das mythische Bild noch immer unentbehrlich, dann ist dem Menschen der Himmel ein Symbol für den Ort Gottes, für seine Erhobenheit und seine umfassende Nähe zugleich. Himmel ist dann ein Denkbild.

Die Menschen früherer Jahrtausende machen Erfahrungen mit sich selbst und mit ihrer Welt und fassen in die Bilder und Geschichten des Mythus ihre Deutung. Sie sagen damit: Dies sind die Mächte, unter denen das Dasein steht und denen es so oder so gehorchen wird.

Götter sind dann andere Bezeichnungen für die Kräfte und Ordnungen, die der Mensch in seiner Welt entdeckt oder erleidet, und seine Antwort an die Mächte besteht darin, daß er Ordnungen oder Kräfte in seinem religiösen Ritual nachspielt, sei es den Wechsel der Jahreszeiten, den Umlauf oder das Wachsen und Abnehmen des Mondes, die Bewegungen der Gestirne, die Fruchtbarkeit der Erde oder das Fließen, das Steigen und Fallen des Wassers, Geburt, Hochzeit und Tod des Menschen.

Der Mythus handelt von der Urzeit. Aber er meint nicht eine Epoche, auf die der Historiker zurückblicken, die er etwa mit Jahreszahlen bezeichnen könnte, sondern jene Urzeit, die aller Zeit zugrunde liegt oder voraufgeht und aller Zeit den Sinn bestimmt. Er redet von dem Uranfang, den das Johannesevangelium meint, wenn es sagt: »Im Anfang war das Wort.« Er redet von dem Ursprung, auf den der Mensch, nachdenkend, Bilder schauend, Geschichten erzählend, Rituale nachspielend, jederzeit zurückgreifen, aus dem er selbst neu beginnen kann.

Der Mythus erzählt von Göttern und von Menschen. Aber selbst, wenn Menschen Namen tragen, wenn sie Adam heißen oder Eva, Kain oder Abel, meint die Geschichte nicht bestimmte einzelne Menschen, sondern den Menschen überhaupt, das Gemeinsame, das Typische, das Gültige, das Bleibende des Menschen, wie es sich in jedem Einzelnen bis ans Ende der Menschengeschichte wiederholen oder neu verkörpern wird.

Der Mythus erzählt, wie die Welt entstand und wie sie gebaut ist. Aber wenn der Mythus sagt: Droben sind die Götter, meint er nicht ihre räumliche Höhe allein, sondern ihre Macht, ihre Würde, ihre höhere Weise zu sein. Wenn er sagt: Unten ist der Drache, meint er nicht sein räumliches Drunten allein, sondern seine Gefährlichkeit, seine chaotische, zerstörende Gewalt. Denn er schildert, wenn er die Welt beschreibt, zugleich immer den Menschen mit seinen ordnenden Kräften und dem in ihm selbst drohenden Chaos.

Märchen erzählen in Bildern

Mythische Geschichten entstehen nicht durch plötzliche Einfälle. Sie wachsen in Jahrtausenden, wandeln sich, erweitern ihre Stoffe, vertiefen ihre Aussage. Das Muster aber, nach dem sie gewebt sind, ist in allen Völkern dieser Erde ähnlich oder gleich.

Die Märchen aller Zeiten und Zonen zeigen es: Da sind zunächst die Figuren des mythischen Spiels, die Urfiguren des Menschseins überhaupt: Der Held. Der Freund. Der Feind. Die gütige alte Frau. Das böse alte Weib. Der alte weise König. Der verhärtete alte König. Die Mutter. Das Kind. Der Vater. Der Bruder. Die Schwester. Die Geliebte. Die Feindin. Es ist gleichsam das innerseelische Ensemble, welches das Mysterienspiel der Seele feiert, das im Traum erscheint und noch im Märchen und im kindlich und populär gewordenen Spiel der Kasperbühne mühelos wiederzuerkennen ist, aber ebenso im Kriminal- oder Science-fiction-Roman, in jedem Drama ebenso wie im Comic Strip.

Das Spiel vollzieht sich in einer Landschaft: Berg und Tal sind der Rahmen und die Kulisse. See und Quelle. Baum und Höhle. Weg, Stadt und Haus. Sonne, Mond und Sterne. Wildnis. Steppe. Wüste. Wald und kahles Feld. Feuer, Wind, Wasser und Erde spielen mit. Licht und Dunkelheit. Aber auch genaue Punkte auf der Landkarte der Entscheidungen: Kreuz- und Scheidewege. Flußübergänge, Torwege oder Brunnenränder.

Das Ensemble hat mit Gegenständen zu tun: mit Krone, Ring und Stab, Krug und Schale, Perlen und vergrabenen Kästchen, Tüchern und Schleiern, Waffen und Werkzeugen, mit Büchern und Schriften, Spiegel und Kranz,

Thron und Tisch, Brot und Wein, Frucht, Zweig und allerlei Zaubermitteln, wie sie in den alten Kulten von jeher ihre Rolle gespielt haben.

Es spielen Tiere mit: Raben und Schwäne, Falken, Adler und Eulen, Pfauen und Tauben, Hähne, Stiere, Ziegen, Hunde, Fische, Frösche, aber vor allem Drachen, Ungeheuer und Schlangen.

Zahlen und Zeiten sind mit im Spiel: Sieben Jahre oder sieben Tage. Drei oder vierzig Tage oder Jahre. Mitternacht, Morgen, Abend, Neumond und Vollmond. Die Zeiten verschieben sich: Einer meint, er habe eine Nacht geschlafen, in Wahrheit sind sieben Jahre vergangen. Die Sonne bleibt stehen. Die richtige Zeit muß abgewartet und ergriffen werden. Erlösendes geschieht zu bestimmten Stunden. »Als die Zeit erfüllt war«, lesen wir im Neuen Testament.

Es wirken Symbole mit, die Wandlung oder Erlösung bewirken. Gegenstände müssen berührt, Wege gegangen, Worte ausgesprochen werden. Einer muß einen Namen wissen. Er muß eine Frage stellen oder darf, was er weiß, nicht aussprechen. Er muß ein Rätsel lösen, darf sich nicht fürchten oder nicht nach links oder rechts sehen. Eine Heimkehr muß glücken, eine Hochzeit gefeiert, ein Trank getrunken werden. Eine Tür muß sich öffnen, eine Verzauberung gelöst werden. Man mag bei alledem von Magie reden und sich der Welt solcher Bilder und Geschichten gegenüber frei und überlegen dünken, und vergißt dabei die einfache Tatsache, daß das, was wir das Magische nennen, ganz schlicht eine bestimmte Schicht in der Seele ist.

Der Mythus aber erzählt nun Geschichten, in denen die Seele und ihre Welt in ständigem Austausch sind.

Ein Held verläßt seine Mutter und sucht eine Braut. Auf seinem Weg treten ihm Teufel, Räuber oder andere böse Kräfte entgegen. Er muß Proben ablegen, den alten König entmachten oder ein Ungeheuer töten. Dabei hilft ihm ein Tier oder ein Mädchen oder eine weise Frau. Er findet einen Kampfgefährten, endlich die Braut und feiert die Hochzeit, durch die er zugleich König wird.

Eine Heldin steht unter der Herrschaft eines Königs oder einer Stiefmutter, wird ausgebeutet und gefangen gehalten oder ausgesetzt. Sie wartet auf den Helden, der sie erlöst, muß schweigen oder spinnen, sie gelangt schließlich, wie Schneewittchen, zu Elementargeistern oder auch zur Großen Mutter, etwa zu Frau Holle, und wird schließlich aus Schlaf und Traum wie Dornröschen durch den Helden erweckt.

Eine alte Frau steht im Mittelpunkt. Sie sieht ihre Kinder in Gefahr und bangt um sie. Sie gibt dem Sohn Ratschläge für seinen Weg in die Welt, gibt ihm ein Zeichen mit, ein Tuch oder einen Schmuck. Schließlich erwartet sie seine Rückkehr, sie opfert sich für ihn oder sieht seinem Sieg zu.

Wandlung, Erlösung, Verzauberung, Bestrafung, Versteinerung, Schlaf, Tod, Auferstehung, die die Grundmuster des Mythus und des Märchens sind, sind zugleich die Grundmuster jedes Rituals und weitgehend auch noch unserer heutigen Gottesdienste.

Hat aber der Mythus in einem Ritual seine Gestalt gefunden, so ändert sich der Mythus mit dem Ritual und wird zur Kultlegende. In der Seele des feiernden Menschen aber geschieht nun das Drama, das der Mythus erzählt hat, und bewirkt Befreiung, Orientierung, Wandlung des Menschen.

Die Welt ist innen, die Seele außen

Es ist für das mythische Bild und die mythische Erzählung bezeichnend, daß sie gleichermaßen von der Welt wie von der Seele des Menschen berichten.

Im griechischen Wort Mythus liegen zwei Bedeutungen. Die eine meint Erzählung, Bericht, Rede. Die andere meint das Schließen der Augen und das Schließen des Mundes.

So wendet sich der Mythus gleichermaßen nach innen und nach außen. Der mythisch denkende und erfahrende Mensch schließt die nach außen gewandten Sinne und schaut die Bilder, die in seiner eigenen Seele aufsteigen. Er öffnet aber die Sinne auch nach außen und beschreibt die Spiegelungen zwischen seiner Seele und seiner Welt. Er deutet, was er außen wahrnimmt, mit den Bildern, die er in sich selbst sah.

Was er in sich selbst schaut, das sind Spiel und Kampf der Kräfte und Mächte in seiner eigenen Seele und in der der Menschheit, wie etwa die Tiefenpsychologie sie heute schildert.

Wenn er nach außen schaut, sieht er draußen den Kampf zwischen Licht und Dunkelheit im Lauf des Tages oder des Jahres, zwischen Leben und Tod, zwischen dem Bewußtsein des Einzelnen und seiner Einbettung in das Ganze seines Volks oder der Menschheit, zwischen Glück und Unheil, Gut und Böse. Er weiß, daß er von der Übermacht der Welt außen und der Welt innen erfaßt ist, er erfaßt nun als einer, den das Größere umgreift, seinerseits die Welt. Das Äußere und das Innere treffen zusammen, sie fallen zusammen, und aus dem Bild der Seele und dem Bild, das die Welt darbietet, wird das Zusammentreffende, das Symbol.

Wenn wir Symbole verlieren, wenn sie uns nichts mehr sagen, beweisen wir nicht, daß wir über eine primitive mythische Welt hinausgekommen, sondern im Gegenteil, daß wir in eine archaische Welt zurückgefallen sind, in der die Menschen noch nicht deuten konnten, was ihnen draußen in der Welt oder drinnen in ihrer Seele begegnet ist. Symbole sind nicht Merkmale eines noch schlafenden Bewußtseins, sondern im Gegenteil Zeichen eines Geistes, der aus seinen Träumen erwacht ist. Denn nur der Erwachte kann Rechenschaft geben über einen Traum.

Alle Sprache ist mythisch

Der Mythus wirkt heute wie eh und je auf die Seele der Menschen ein und aus der Seele der Menschen heraus. Wer in unserer Kultur geboren ist, kommt unablässig mit Traditionen in Verbindung und ist auf sie ansprechbar. Erzähle ich Geschichten, so erinnere ich an Bilder, die der Hörer kennt oder kennen kann.

Der Hörer aber begegnet dieser Überlieferung auch in sich selbst. Er merkt: Das kann wahr sein! Das habe ich selbst schon gedacht, empfunden, gesehen oder geträumt. Erzähle ich also eine in mythischen Bildern ergehende Geschichte, so deute ich zugleich Situationen, in denen der Hörer sich befindet oder befinden kann, und es mag sein, daß im Augenblick des Erzählens etwas von Wahrheit aufleuchtet, etwas von Ewigkeit, und sich ein Weg in die Zukunft eröffnet.

Ein Mensch bringt Bilder mit, die ihm seine Seele zeigt, aber er weiß nicht, was er weiß. Er muß einer Geschichte begegnen, aus der er selbst herkommt. Das Bild bedarf der Deutung. In der Deutung muß ein Auftrag liegen.

Der Mensch empfängt seine eigene Erfahrung in gedeuteter Form wieder und kann sich nun für tiefergehende Erfahrungen seines eigenen Daseins öffnen. Die lebendige Energie der Seele wird durch den Eingriff des Deutenden für eine Entscheidung frei.

Der Deutende und der Hörende aber können nur in einer gemeinsamen Sprache sprechen: der des Mythus. Alle Sprache ist mythisch. Schon wenn ich, weil ich keinen Rat weiß, frage: Siehst du einen Weg?, wenn ich klage: Es ist alles so dunkel!, wenn ich sage: Mir geht ein Licht auf! rede ich mythisch. Es gibt keine Sprache mehr für die innere Erfahrung, wenn ich den Mythus ausscheide. Es gibt kein Gefäß mehr für die Wahrheit.

Noch vor dreißig Jahren konnte die Theologie, die doch hätte Tieferes wissen sollen, der Meinung sein, es gelte, den Mythus in den Texten der Bibel durch eine andere Sprache so zu interpretieren, daß das Mythische ausgeschieden und die Substanz der Geschichte, ihre Bedeutsamkeit, erhalten bleibe. Aber die Sprache des Menschen hat ihr Geheimnis eben darin, daß sie immer dann mythisch reden wird, wenn es sich um das, was sie sagt, wirklich lohnen soll. Die Sprache der Liebenden, die von Ewigkeit und Unendlichkeit, von Himmel und Seligkeit, von Traum und Wunder spricht, ist durch und durch mythisch. Wenn der Psychologe von der Seele redet, tut er das in mythischen Bildern, und selbst die Physik redet in den Grenzgebieten ihrer Erfahrung eine mythologische Sprache, weil eben Unanschauliches nicht anders zu zeigen ist.

Die Welt ist für den, der sich Augen bewahrt, zu sehen, voller Symbole. Sie ist Bilderbuch und Wirkstätte, durchscheinend auf den schaffenden Gott und den mitwirkenden Menschen hin.

Ob es das Licht über Meeren und Gebirgen ist oder die Spiegelung eines Schilfgrashalms im Uferwasser, der Kampf einer kleinen grünen Pflanze um ein wenig Wurzelgrund und Licht in den Schichtungen eines Schieferfelsens oder die Zartheit eines Heidelbeerblattes – immer ist mehr vor unseren Augen als nur das Ding oder das Licht.

Und wenn wir die Spinne an ihrem Werk, an ihrem zauberhaft schimmernden, wenige Zentimeter großen, im Moos ausgespannten Netz finden oder das Geheimnis zwischen Tier und Mensch in den Felszeichnungen früherer Jahrtausende – immer ist das Geschöpf Mitarbeiter nicht nur in der Zone seines Kampfs ums Dasein, sondern auch in dem verborgen-offenbaren Wirkzusammenhang zwischen Gott und ihm (S. 198).

Am Ende wird ein leerer Kahn, auf das runde Gestein am Ufer gezogen, Symbol eines Ruhens sein, das viel mehr ist als Ausdruck von Müdigkeit oder Unterbrechung einer Arbeit, sondern Zeichen des ewigen, beständigen, unstörbaren Seins Gottes, an dem die Schöpfung teilhat.

Den Mythus verstehen

Wir können heute mindestens ahnungsweise wissen, daß das Denken in mythischen Bildern nicht einer jetzt überholten Phase der Bewußtseinsentwicklung angehört, sondern unverlierbar dem Wesen des Menschen und seiner Welt zugehört. Man kann einen Mythus nachdenkend erhellen, aber man kann ihn nicht aus dem geistigen Leben eines Menschen ausscheiden. Man kann ihn erklären, prüfen und deuten, aber man kann ihn nicht durch rationale Begriffe ersetzen. Der Mythus ist die Sprache, die der Mensch immer sprechen wird, wenn vom Unbedingten, vom Ganzen, vom Gültigen und Beständigen die Rede sein soll. Die mythische Welt ist in uns selbst, sie schläft in uns, sie erwacht in uns, wirkt in uns, steuert, treibt oder hemmt uns und unsere Gedanken, und ob die Vernunft eines Menschen frei ist, denkend die Wahrheit zu erfassen, das entscheidet sich an der Rolle, die das mythische Bild dabei spielt.

Und das gilt auch für den Umgang mit der Bibel. Denn wohl ist die Bibel das Wort. Wohl ist Christus nicht der Mythus, sondern das Wort. Aber was die Bibel Wort nennt, ist bei weitem nicht dasselbe, was wir im Sinne von Lexikon oder Grammatik Wort nennen. Es umfaßt das Bild mit. Es umfaßt das Ereignis, das Geschehen, die Tat, das Drama, das schöpferische Spiel, das Mysterium, die Jahrtausende gewordene Wirklichkeit und ihren Niederschlag in der menschlichen Seele.

Was also soll heute mit dem Mythus geschehen? Der frühe Mensch schaute in den Bildern des Mythus distanzlos sich selbst. Nun tritt das Bewußtsein dem Mythus entgegen. Das heißt: Der Mensch beginnt den Mythus schauend zu verstehen.

Der frühe Mensch war in der Gewalt des Mythus. Die Mächte, die er nicht kannte, hatten ihn sozusagen im Griff. In der so wichtigen Schwellenzeit der Geschichte aber, als Israel im Exil war, begann der Mensch den Mythus nicht nur darzustellen, sondern ihn auch zu verstehen. Aus einer neugewonnenen Distanz sah und benannte er, was ihn bestimmte. Er konnte nun sagen: Gott nannte das Feste Land. Er nannte das Licht Tag und das Finstere Nacht. Die mythische Macht wird nicht dem Menschen und seinem Wort unterworfen. Die Nacht bleibt bedrohlich. Das Meer behält seine Gewalt. Aber mit diesen Mächten ist sozusagen ein Gespräch möglich. Sie können geprüft, ihnen kann widerstanden, sie können bejaht werden. Sie sind nicht mehr im Sinn von Dämonien gefährlich.

Damit gerät noch nichts ins Bloß-Rationale, und nichts wird einfach beherrschbar. Einige Jahrhunderte lang hat der Mensch gemeint, er könne die Natur mit Hilfe der Technik beherrschen. Er zerstört sie aber, wie wir heute sehen, und beherrscht sie keineswegs. Die Welt verdient endlich auch unseren Respekt. Sie ist gleichsam ein eigenes Wesen und verlangt von uns den zum Gespräch bereiten Menschen.

Der Mythus ist uns nicht mehr die dumpfe Macht, der der Mensch das Opfer seines Nachdenkens zu bringen hätte. Er kann andererseits nicht durch bloße rationale Manipulation beseitigt werden. Überwindung des Mythischen heißt nicht seine Vernichtung. Wenn Mose im Namen Gottes das Meer anspricht, teilt es sich und gibt einen Weg frei. Aber es wird nicht beseitigt. Wenn der Zug der Söhne Israels ans andere Ufer steigt, darf es sozusagen wieder seinem eigenen Gesetz gehorchen und Meer sein.

Was ist nun Offenbarung?

Die Geschichten des Erzählers von Babylon schildern in immer wieder anderem Zusammenhang einen für die Erkenntnis Gottes damals wie heute grundlegenden Vorgang: den nämlich, den wir Offenbarung nennen. Da erkennt ein Mensch, der einen kleinen Gott hat, plötzlich: Gott ist ja viel größer! Er ist ja ganz anders! und faßt seine neue Erkenntnis in eine Geschichte. Er nimmt die Bilder seiner früheren, alten Vorstellungen zu Hilfe und schildert, wie die Bilder von früher gesprengt werden, wie plötzlich etwas Neues und Größeres einbricht, und aus der Geschichte wird das Bekenntnis eines neuen, eines größeren, eines tieferen, eines wissenderen Glaubens.

Wenn heute zu hören ist, man habe als moderner Mensch einfach nicht mehr die Möglichkeit, die Bilder mythischer Rede zu verstehen, dann zeigt das nicht so sehr an, daß an die Stelle des Mythus etwas Besseres getreten sei, sondern daß der Denkbezirk, in dem wir Mythisches begreifen, bei vielen von uns mittlerweile verödet ist, jener Bezirk, in dem wir Bilder betrachten und verstehen. Ich habe den Verdacht, daß wir Heutigen, die so viel von Bewußtsein und Bewußtwerdung reden, in Wahrheit erschreckend unbewußt leben. So kann der Mythus sich uns nicht in Sprache wandeln, und wir sind außerstande, in der Sprache der Bilder Offenbarung Gottes zu vernehmen.

Denn es kann ja für die Denkfähigkeit des Menschen nicht ohne Folgen bleiben, wenn er lange genug sich eingeredet hat, der Mensch sei nicht nur ein vernünftiges Wesen, er bediene sich darüber hinaus seiner Vernunft frei und selbständig. Wir wissen doch mittlerweile, daß der Mensch nicht nur vom Bewußtsein her bestimmt ist, sondern in sehr wenig überschaubarer Weise von vier Faktoren:

dem Bewußtsein, dessen er persönlich mächtig ist,

dem kollektiven Bewußtsein, das ihn mit den Menschen seines Landes und seiner Zeit verbindet, also der Kultur oder Zivilisation, in der er lebt,

dem persönlichen Unbewußten, dessen Kräfte ihn bestimmen,

und dem kollektiven Unbewußten, das ihn mit allen anderen Zeitgenossen zusammenschließt und zusammenprägt.

Und Tatsache ist doch wohl, daß er unter allen diesen Bedingungen kaum fähig sein wird, zu prüfen, worin denn nun eigentlich die Freiheit des Denkens bestehe, auf die er sich verläßt, und wie weit sie trage.

Es gibt kein mythusfreies Bewußtsein, und wo es im Einzelfall ein solches geben sollte, wäre es kalt und steril und nicht mehr das Bewußtsein eines Menschen. Es kann lediglich ein Bewußtsein geben, das im Mythus seiner Zeit aufgeht, weil es sich seiner Macht nicht zu entziehen vermag, und ein Bewußtsein, das, vom Druck eines unkontrollierten Mythus frei geworden, die Sprache des Mythus versteht und sich in ihr ausspricht.

Es gibt keinen mythusfreien Raum. Es gibt nur entweder die Sklaverei unter dem Mythus oder das hörende und sprechende Sichverständigen mit dem Mythus. Man fragt sich, ob Leute, die den Menschen für ein »vernünftiges Wesen« halten, nie geträumt haben und also nicht wissen, wieviel mehr als das, was ihr Verstand faßt, sich in ihnen abspielt, oder ob sie nie geliebt, nie gehofft und sich nie hingegeben haben.

Wer die Heilige Schrift entmythologisiert, verliert nicht nur, was die Bibel sagt, er verliert zugleich die Wirklichkeit dieser Welt und dieser Menschen. Er verliert, was im bloßen Verstand, im wissenschaftlichen Denken, keinen Raum hat oder zu haben scheint. Jenseits der engen Grenzen aber des praktisch eingesetzten Verstandes beginnt erst der Bezirk dessen, was für den Menschen und seine Humanität konstitutiv ist.

Das bedeutet allerdings gerade nicht, daß die biblische Erzählung schlicht und unverändert den Mythus wiederholte, den sie in ihrer Umwelt vorgefunden hat. Sie nimmt ihn auf, klärt ihn, verändert ihn, erhellt ihn, nimmt ihm seine dumpfe Macht und macht ihn zur Sprache für die geistig klare, bewußte Aussage über den Gott, mit dem sie den Hörer oder Leser bekannt machen will. Ganze mythische Komplexe lösen ihre umschlingende Macht, der Komplex der Gestirngötter ebenso wie der Komplex der Unterwelt- und Todesgötter oder der Fruchtbarkeits-, der Städte- und Landesgötter und -göttinnen. Übrig bleibt die Sprache der Bilder: klar, dem Nachdenken zugänglich, vor dem neuerwachenden Geist des Menschen verantwortbar, zur eigenen Entscheidung rufend. Das Macht ausübende Bild wandelt sich in das Mittel der Sprache und des verantwortbaren Bekenntnisses eines freien Menschen, bis am Ende Christus, das Bild Gottes, zugleich der Logos, die Menschen ganz freistellt, doch so, daß er sich selbst, sein Werk, seine Herkunft, den Auftrag der Menschen und das Ziel der Welt in den unendlich vielseitigen, abgewandelten Bildern des Mythus schildert. Denn der Mythus ist nicht ein Relikt aus einer vergangenen Epoche, er ist eine Sprache, und es gibt außerhalb der mythischen keine Sprache für den Glauben überhaupt.

Seit Menschen die Bibel schreiben oder lesen, seit sie Geschichten und Hymnen, Gesetzestexte oder prophetische Predigten weitersagen, weiterschreiben, weiterverkündigen, ist klar, daß der Mensch nicht nur des Lesens mächtig sein muß, will er das Wort verstehen, daß er vor allem des Geistes Gottes bedarf, um zu lesen, was in den Worten ist, zu verstehen, was das Wort meint, zu sehen, was das Bild zeigen will. Es war, seit es eine Kirche gibt, bekannt, daß die Bibel spirituell gelesen werden will. Es war den Kirchenvätern, den Auslegern des Mittelalters und nicht zuletzt Martin Luther selbstverständlich, daß im buchstäblichen Sinn des biblischen Textes ein geistlicher Sinn als das eigentliche, den Glauben weckende Wort verborgen sei, in, mit und unter dem biblischen Text, wie der Leib Christi in, mit und unter dem einfachen Brot gegenwärtig sei.

Die Zeit ist vorbei, da man meinen konnte, der christliche Glaube sei durch Entmythologisierung zu retten. Der mythusfreie Glaube erwies sich als nicht lebensfähig. Am Ende wendet er sich von einem toten Gott ab und den Problemen einer an sich selbst kranken Gesellschaft zu, ohne ihr helfen zu können.

Viele machen gerade heute reichere und tiefere Erfahrung mit der eigenen Seele als Menschen früherer Zeiten, und sie warten auf den Augenblick, in dem sie sagen können: Ja! Das ist es! Das bin ich! Das ist die Wahrheit! Das ist Liebe! Das ist Gott! Denn der Mensch von heute ist nicht das arme Verstandeswesen, das man lange Zeit für den modernen Menschen hielt.

Die letzten zwanzig Jahre haben geklärt, was in den fünfziger Jahren noch kontrovers war. Die Entmythologisierung war als Versuch nötig, die christliche Sprache aus der Erstarrung zu lösen. Aber was sie zeigen konnte, ist gezeigt. Wir wissen wieder um das irdene Gefäß der Wahrheit, das irdene Gefäß, das wir mit allen Schichten unseres Wesens selbst sind.

Es wird erzählt, Jesus habe in Gleichnissen geredet, »damit erfüllt werde, was durch die

Propheten gesagt ist: Ich will meinen Mund auftun in Gleichnissen und aussprechen, was von Anfang der Welt her insgeheim gegolten hat«. Das mythische Bild verwandelt sich in deutende Geschichte. In der Geschichte redet Christus zu uns, und sein Wort gibt uns die Weisung für unseren Weg. Das Bild herrscht nicht mehr, es wandelt sich in einen Diener des Worts. Der glaubende Mensch aber, der freigewordene, bedient sich der Bilder wie im Spiel.

10. Kapitel

Der Gott der Leidenden und die Heimkehr

Wende

Zwischen den Jahren 550 und 540 etwa, also ungefähr vierzig Jahre nach der Zerstörung Jerusalems, lebte in Babylon unter den Verbannten am Kanal Kebar ein Mann, den wir nicht mit Namen kennen und der doch zu den größten Gestalten nicht nur der Bibel, sondern überhaupt der religiösen Geschichte der Menschheit zählt. Da ein paar schriftliche Aufzeichnungen von ihm in der zweiten Hälfte des Buchs Jesaja stehen, angehängt an die Schriften des wirklichen Jesaja, der um 700 in Jerusalem gewirkt hatte, in den Kapiteln 40–55, nennt man ihn den Zweiten Jesaja oder mit dem griechischen Ausdruck Deuterojesaja. Ob er Jerusalem als Kind noch gesehen hat, oder ob er die Heimat im fernen Judäa nur vom Erzählen kannte, wissen wir nicht, aber wahrscheinlicher ist, daß er in der Gefangenschaft geboren und aufgewachsen ist.

Inzwischen war aus dem grauen, staubigen Haufen der Gefangenen eine Art eingesessener babylonischer Bevölkerung geworden. Viele hatten es aufgegeben, auf Rückkehr zu hoffen. Warum auch sollten sie zurückkehren in das zerstörte, versteppte Land, in dem die Äcker und die Häuser längst anderen Leuten gehörten? Was auch sollten sie sich vom Tempel in Jerusalem erhoffen und vom Glauben der Väter, da doch, allen Erzählungen des alten Priesters zum Trotz, der Staat und das sakrale Imperium der Priesterschaft Babylons unerschüttert standen, während über dem Hügel des Tempels ihres Gottes mittlerweile das Gestrüpp wuchs?

Da erhob sich mitten in der grauen Szene eine Stimme: ein junger Mann, der begriffen hatte, was vermutlich nur einem sehr kleinen Teil seiner Landsleute aufgegangen war, daß nämlich in den Geschichten des Priesters sich etwas Unerhörtes begeben hatte. Er erkannte: Hier war von einem unendlich größeren Gott die Rede als je in den Zeiten früherer Propheten oder Seher seines Volks. Er rief seinen Zuhörern zu: Wenn das wahr ist, dann laßt uns Konsequenzen ziehen! Und er zog die Konsequenzen aus den Geschichten vom Weg durchs Meer und durch die Wüste und vor allem aus der Schöpfungsgeschichte des Priesters. Er ging sogar einen sehr bedeutsamen Schritt über die Erzählungen des Priesters hinaus. Er ging in seiner Deutung, wer Gott sei, so weit, daß seine Erkenntnis eine Brücke bis unmittelbar zu Jesus Christus schlägt, über fünf Jahrhunderte hinweg. Wenn die sogenannte Schwellenzeit auch für die Geschichte der biblischen Offenbarung ihren Sinn, ihre Bedeutung hatte als die Zeit der entscheidenden geistigen Durchbrüche in der Geschichte der Menschheit, dann darum, weil in ihr der Zweite Jesaja lebte und wirkte.

Sein Buch beginnt mit einem andringenden Ruf:

»Tröstet, tröstet mein Volk,
spricht euer Gott!
Redet freundlich zu Jerusalem
und ruft ihm zu:
Sein Sklavendienst ist erfüllt,
seine Schuld ist gebüßt.
Denn es hat doppelte Strafe empfangen
für alle seine Sünden.
Horch! Da ruft einer:
Durch die Wüste bahnt einen Weg
für den Herrn.
In der Steppe ebnet eine Straße unserem Gott.
Jeder Berg und Hügel soll sich senken!
Jedes Tal soll sich heben.
Zerklüftetes Land soll eben werden
und die schroffe Höhe zum flachen Grund,
denn die Herrlichkeit des Herrn
wird sich enthüllen,

und alle sollt ihr zuschauen!
Ja! So ist es.
Der Mund Gottes hat es geredet.«

(Jesaja 40, 1–5)

Der Prophet schaut eine Szene im Himmel: Er sieht in den geistigen Raum hinein, in dem der Lauf der Geschichte auf dieser Erde entschieden wird; Gott selbst hört er sprechen inmitten seiner himmlischen Diener und Boten: Auf! Geht nach Babylon und tröstet die Menschen am Kanal Kebar! Und ihr: Geht nach Jerusalem und redet freundlich zu dem armen Volk, das dort wohnt! Denn zweimal ist Jerusalem gestraft: mit Zerstörung und Elend im Land und mit der Vertreibung nach Babylon. Es ist genug.

Danach hört der Prophet, wie eine der himmlischen Stimmen den Befehl Gottes aufnimmt und ihn an einen anderen Diener weitergibt: Laßt uns anfangen! Das Volk muß nach Hause geführt werden. Nicht auf den krummen Wegen, auf denen es hergetrieben wurde, nein, geradewegs durch die Wüste. Auf einer Prachtstraße wird Gott seinem Volk vorausziehen, und alle Welt soll es sehen!

Zuletzt wendet sich die Stimme an ihn, den Propheten, selbst und bezieht ihn gleichsam in den himmlischen Mitarbeiterstab ein:

»Verkündige!
Da fragte ich: Was soll ich verkündigen?
und hörte die Stimme sagen:
Dies: Alles Fleisch ist Gras
und alle seine Schönheit
wie die Blume des Felds.
Das Gras verdorrt, die Blume welkt,
wenn Gottes Hauch sie anweht.
Wahr ist's! Gras ist das Volk!
Das Gras verdorrt, die Blume welkt,
aber das Wort unseres Gottes
bleibt in Ewigkeit.«

(Jesaja 40, 6–8)

Wenn der gefürchtete Schirokko aus der Wüste über das Kulturland weht, verdorrt das Gras in Stunden. Aber der Wind der Geschichte ist ein Instrument in der Hand Gottes. Und wenn der Gotteswind, von dem der alte Priester gesprochen hatte, über den Wassern der Urflut dahinfuhr, dann entstand auf Gottes Befehl hin Neues: eine Zukunft, die auf Ewigkeit angelegt ist.

Der Prophet darf reden. Allem Augenschein entgegen darf er sagen: In den Augen Gottes ist die Wende schon eingetreten. Es ist beschlossen! Wir werden heimkehren! Was droben besprochen wurde, das wird auf der Erde geschehen. Es wird etwas eintreten, das ihr kennt: Wenn am babylonischen Neujahrsfest die Prozession der Götter über die Prachtstraße zieht und das Volk jubelnd mitströmt, wenn auf den Wagen Marduk thront, Ischtar, Sin und Schamasch und wie sie alle heißen, die goldenen Scheinbilder von Gott, dann wird dies ein ärmliches Schauspiel sein gegenüber dem Triumph unseres Gottes, der uns voraus durch die Wüste nach dem Zion heimkehrt!

Die Zuhörer widersprachen: Wer ist denn dieser Gott, von dem du sprichst? Was richtet er denn aus gegen die Macht der Götter, von denen du behauptest, sie hätten keine Macht? Und der Prophet erwidert:

»Wißt ihr das nicht?
Habt ihr es nicht gehört?
Hat man es euch nicht von Anfang an gesagt?
Der über dem Erdkreis thront –
der macht die Fürsten
und die Herrscher der Erde zunichte.
Kaum sind sie gepflanzt, kaum gesät,
kaum wurzelt ihr Stamm in der Erde,
da bläst er sie an, und sie verdorren,
und der Wind trägt sie davon wie Spreu.«

(Jesaja 40, 21–24)

Das sagt man von Marduk auch. Von Baal und von all den großen Göttern!

»Wem wollt ihr mich vergleichen,
daß ich ihm ähnlich sei, spricht Gott?«
fährt der Prophet fort.
»Wer hat denn diese Gestirne geschaffen?
Er allein, der ihr Heer abgezählt herausführt
und sie alle mit Namen ruft.«
(Jesaja 40, 25–26)

Aber uns sieht er nicht! ruft man ihm entgegen.
»Warum sprichst du, Israel«, antwortet der Prophet,
»mein Weg ist vor Gott verborgen?
Mein Recht berührt ihn nicht?
Weißt du nicht? Hast du nicht gehört?
Ewiger Gott ist Jahwe,
der die Enden der Erde schuf.
Er wird nicht müde noch matt.
Unerforschlich ist seine Einsicht.
Er gibt dem Müden Kraft
und Stärke genug dem Unvermögenden.
Jünglinge werden müde und ermatten,
junge Männer fallen,
aber die auf Gott hin gespannt bleiben,
empfangen neue Kraft,
Schwingen wie Adler.
Sie laufen und werden nicht matt.
Sie gehen und werden nicht müde.«
(Jesaja 40, 27–31)

Die Zuhörer waren, so scheint es, keineswegs begeistert von der Aussicht, die der Zweite Jesaja ihnen eröffnete. Zu wenig hatten sie von der Nähe dieses Gottes erfahren, und den Visionen dieses Mannes zu vertrauen, dazu fehlte ihnen die Kraft.

Der Prophet hielt ihnen zweierlei entgegen: Wenn ich Gott sage, meine ich erstens die umfassende Macht, die diese Welt umgreift. Wenn ich Gott sage, meine ich zweitens den umfassenden Willen, der am Anfang stand, der die Geschichte in Gang setzte, der die Wege der Völker vorzeichnet und an ihr Ziel führt. Dieser Gott sieht, was am Kanal Kebar gelitten wird. Er hat seine Absicht offenbart: Rettet die Verlassenen. Darauf sollt ihr, darauf dürft ihr eure Zuversicht setzen:

»So spricht der Herr, der im Meer einen Weg
und in starken Wassern eine Bahn macht,
der ausziehen läßt Wagen und Rosse,
Heer und Macht,
daß sie auf einem Haufen liegen
und nicht mehr aufstehen,
daß sie verlöschen, wie ein Docht verlöscht:
Denkt nicht mehr an das Vergangene,
achtet nicht auf das Vorige.
Denn seht, ich schaffe ein Neues . . .
Ich bahne einen Weg durch die Wildnis
und spende Wasser in der Wüste.«
(Jesaja 43, 16–19)

Also redete er immer wieder von jenen Geschichten des Erzählers, von jenem Auszug aus der Sklaverei in Ägypten, gebrauchte er die Bilder vom Weg im Meer und vom Untergang eines bewaffneten Heeres.

Aber nicht in Hast und Eile werdet ihr ausziehen wie damals, sondern gelassen, in Frieden und unter dem Schutz Gottes. Erinnert ihr euch nicht? Das hat man euch doch erzählt, wie die Väter durch den Sirbonischen See gingen, auf dessen Grund nach dem Glauben der Menschen der große Drache hauste, wie sie auf dem trockenen Weg gingen, unbehelligt durch die Gefahr aus dem Abgrund?

»Warst du es nicht«, ruft der Prophet Gott an,
»der das Meer austrocknete,
die Wasser der großen Tiefe,
der den Grund des Meeres zum Weg machte,
daß die Erlösten hindurchgingen?
So werden die Erlösten des Herrn heimkehren
und nach Zion kommen mit Jauchzen.«
(Jesaja, 51, 9–11)

Der leidende Gottesknecht

Der große Seher und Prediger, Denker und Dichter fand keinen Widerhall. Er begegnete wohl erst dem ungläubigen Staunen, dann dem Widerspruch, dann der Resignation, zuletzt dem Haß, und schließlich entledigte sich die überforderte oder enttäuschte Gemeinschaft der Verbannten seiner auf irgendeine blutige Weise.

Es sind vier Lieder überliefert, in denen wir Weg und Geschick dieses Mannes ahnen können:

»Seht, hier ist mein Knecht! Ich halte ihn!
Mein Erwählter, an dem ich mich freue.
Ich habe ihm meinen Geist gegeben,
und er wird meine Wahrheit
unter die Völker tragen.
Er wird weder schreien noch rufen,
noch lärmen auf den Gassen.
Er wird das geknickte Rohr nicht zerbrechen
und den noch glimmenden Docht
nicht auslöschen.
In Treue trägt er die Wahrheit hinaus.
Er selbst verlischt nicht und zerbricht nicht,
bis er die Wahrheit aufrichtet auf Erden
und die fernsten Inseln
seine Weisung empfangen.

So spricht Gott, der Herr,
der den Himmel schuf und wölbte,
der die Erde machte und ihr Gewächs,
der dem Menschen den Atem gab
und den Geist allen, die über die Erde gehen:
Ich, der Herr, habe dich in Gnaden berufen.
Ich halte deine Hand und behüte dich.
Ich habe dich unter die Menschen gesandt,
daß du sie zu mir bringst
und meine Barmherzigkeit zu ihnen.
Blinden sollst du die Augen öffnen,
die Gefangenen aus dem Gefängnis führen
und aus dem Kerker alle,
die in Finsternis sind.« (Jesaja 42, 1–7)

Die himmlische Szene wiederholt sich, und Gott wendet sich in Anwesenheit seines Propheten an seine himmlischen Diener: Das ist mein Knecht! Der Knecht selbst, der dies danach den Menschen vorträgt, berichtet: So spricht der Herr: Ich mache dich zu einem Licht für die Völker.

Das zweite Lied ist ein Dankhymnus, in dem der Prophet sich angesichts zunehmender Widerstände und Schwierigkeiten auf den Auftrag Gottes beruft und in ihm seine Gewißheit wiedergewinnt:

»Hört mir zu, ihr Inseln,
ihr Völker in der Ferne, merkt auf!
Der Herr hat mich berufen
vom Mutterleib her,
vom Mutterschoß an mich beim Namen genannt.
Er machte zum scharfen Schwert
meinen Mund,
bedeckte mich mit dem Schatten seiner Hand.
Er machte mich zum spitzen Pfeil
und barg mich in seinem Köcher.
Er sprach zu mir: Du bist mein Knecht,
durch dich zeige ich meine Herrlichkeit.
So wurde ich hoch geachtet
in den Augen des Herrn,
mein Gott war meine Kraft.
Ich aber dachte, ich arbeitete vergeblich
und verzehrte meine Kraft umsonst,
wo doch mein Recht
bei dem Herrn bewahrt ist
und mein Lohn bei meinem Gott.

Nun aber spricht der Herr,
der mich vom Mutterleib an
zu seinem Knecht bestimmte,
daß ich Jakob zu ihm heimbringe
und Israel zu ihm sammle:

Zu wenig ist es für dich,
daß du mein Knecht bist,
nur um die Stämme Jakobs aufzurichten
und die Übrigen Israels wiederzubringen.
Ich mache dich vielmehr zum Licht
der Völker,
damit die Kunde von meinem Heil
reiche bis an das Ende der Erde.«
(Jesaja 49, 1–6)

Das dritte Lied ist eine Klage über die Mühe und Qual seines Amtes:

»Der Herr hat mir eine Zunge gegeben,
wie Jünger sie haben,
daß ich wisse mit den Müden
zur rechten Stunde zu reden.
Der Herr hat mir das Ohr geöffnet.
Ich bin nicht ungehorsam
und weiche nicht zurück.
Ich bot meinen Rücken denen,
die mich schlugen,
die Wangen denen, die mich rauften.
Mein Angesicht verbarg ich nicht
vor Schimpf und Speichel.
Gott, der Herr, hilft mir,
darum werde ich nicht zuschanden.«
(Jesaja 50, 4–10)

Und endlich bringt das vierte Lied einen Rückblick auf eine Katastrophe: die Verfolgung des Knechts, seine Verurteilung und Tötung. Das Lied beginnt damit, daß Gott spricht und sich zu seinem Knecht bekennt:

»Siehe, mein Knecht siegt.
Er ist erhaben, hoch über allen ist er,
die bedeutend sind unter Menschen.
Viele erschraken vor ihm,
denn er war schrecklich entstellt
und nicht schön wie andere Menschen.
Aber er wird nun viele Völker versöhnen,
und Könige werden
staunend den Mund schließen.

Nie Erzähltes schauen sie
und hören nie Gehörtes.« (Jesaja 52, 13–15)

Danach nimmt eine Gruppe von Menschen das Wort. Sie hatten früher anders über den Knecht gedacht als nun, nach seinem Tode. Sie überprüfen ihre Meinung über ihn, und es klingt, als hätten sie sich nun vor Gott für ihr Mißverstehen zu verantworten.

»Wer konnte denn der Kunde glauben,
die uns wurde,
wer konnte verstehen, was Gott tat?
Er wuchs kümmerlich auf wie ein Reis,
das in dürrem Erdreich wurzelt.
Er hatte keine erhabene Gestalt,
keine Hoheit, keinen Glanz.
Wir sahen ihn, aber er gefiel uns nicht.

Ausgestoßen war er, von Menschen gemieden,
ein Mann der Schmerzen,
mit Krankheit belastet,
so verachtet,
daß man das Gesicht vor ihm verbarg
und ihn für nichts hielt.

Aber das ist wahr: Er trug unsere Krankheit
und lud unsere Leiden sich auf.
Wir meinten, Gott habe ihn gestraft.
Um seiner Schuld willen
habe Gott ihn geschlagen und erniedrigt.
Aber er wurde durchbohrt
unserer Untreue wegen,
mißhandelt um unserer Verschuldung willen.
Die Strafe liegt auf ihm,
damit wir Frieden hätten,
und durch seine Wunden sind wir geheilt.

Wir alle irrten umher wie die Schafe,
ein jeder sah auf seinen Weg,
aber der Herr warf unser aller Verschulden
auf ihn.

Er wurde mißhandelt und beugte sich,
doch er tat seinen Mund nicht auf
wie ein Lamm,
das man zur Schlachtbank führt,

wie ein Schaf,
das verstummt vor seinem Scherer.

Aus Haft und Gericht wurde er weggerafft,
doch wer bedenkt sein Geschick?

Denn er ist weggerissen
aus dem Lande der Lebendigen,
für die Untat meines Volks hingerichtet.
Man gab ihm bei Gottlosen sein Grab,
bei Übeltätern seine Grabstätte,
obwohl er niemand Unrecht getan hat
und kein Trug in seinem Munde war.

Aber der Herr wollte ihn
mit Leiden zerschlagen,
als er sein Leben zur Sühne hingab.
Nach der Last seines Lebens
wird er Licht schauen
und sich an Fülle sättigen.« (Jesaja 53, 1–11)

Am Ende bestätigt Gott noch einmal, was die Gemeinde verstanden hatte:

»Durch seine Erkenntnis macht mein Knecht,
der Gerechte, die Vielen gerecht.
Denn er gab sein Leben dahin
wie eine Strafe für Aufrührer.
In Wahrheit aber trug er die Sünden
der Vielen
und trat für die Empörer ein.«

(Jesaja 53, 11–12)

Was war geschehen? Der Gottesknecht, den wir unter dem Namen des Zweiten Jesaja kennen, war offenbar keine imponierende Gestalt, sondern wohl eher klein und unscheinbar, vielleicht gar häßlich und unansehnlich, entstellt oder behindert. Vielleicht auch war er später aussätzig, so daß man ihn mied. Aber vielleicht auch ist gemeint: Er war durch Mißhandlungen entstellt, durch die Geißel oder die Folter. Denn dies ist deutlich: Die Frommen nahmen sein Wort nicht an. Die weniger Frommen verhöhnten ihn. Vielleicht verklagten sie ihn bei der babylonischen Regierung als Empörer. Vielleicht wurde er in einem Ketzergericht zusammengeschlagen und hingerichtet und schließlich bei den Verbrechern verscharrt.

Das Lied, in dem sich eine Gruppe von Menschen nach anfänglichem Mißverstehen zu ihm bekennt, könnte von Schülern oder Freunden, vielleicht aber auch von der ganzen Gemeinde gesprochen sein: Der verachtete Mann hatte also doch eine Botschaft! Der Wille Gottes geschah offenbar doch und gerade in dem abstoßenden Vorgang seines Sterbens!

Vielleicht war es die Art seines Leidens, die sie wachgerüttelt hat, die Ergebung, die sie erlebten, als er seinen Mund nicht auftat, sich nicht wehrte, nicht verteidigte, sondern seinen Weg schweigend und gütig ging, zuletzt noch betend für sein Volk. Auf alle Fälle erkannten sie, daß er Worte gesagt hatte, die nun nicht nur für Israel wegweisend und befreiend waren, sondern auch für alle anderen Völker, auch für Babylon.

Aber was eigentlich warf man ihm vor? Wo lag der Grund für das Todesurteil, ob es nun ein Gericht aussprach oder das Volk es im Stil eines öffentlichen Totschlags vollzog? Es ist eine allgemeine Erfahrung, daß das Neue, das ein Denker oder Prophet ausspricht, selten als Befreiung empfunden wird, sondern eher als Bedrohung, auch wenn es in Wahrheit Befreiung bringt.

Nahm zum Beispiel der Knecht den Gedanken der Schöpfungsgeschichte auf, daß Gott die Sterne gemacht und sie zu Lampen bestimmt habe, dann geriet für das Empfinden von jahwetreuen Judäern dieser Gott in gefährliche Nähe zu den fremden Göttern der Sterne. Er wurde selbst der Urheber all der Götter, die sein Volk unterjochten. Wie kann man ihn mit Schamasch, dem Sonnengott, mit Sin, dem

Mondgott, oder Ischtar, deren Symbol der Stern ist, in einem Atemzug nennen? Und dann soll Gott auch noch gesagt haben, all dies sei gut!

Und weiter: Wenn Gott alle Menschen geschaffen hat, und zwar zu einem Bild seiner selbst, sie also zu seinem Gegenüber erwählt hat, was ist dann mit Israel? Hat Gott nicht Abraham, hier in der babylonischen Steppe, aus der dumpfen Masse der Völker des Zweistromlandes herausgerufen und erwählt? Inwiefern ist ein Tyrann wie Nebukadnezar, inwiefern sind seine Helfer und Henker Bild Gottes? Welch eine Verhöhnung des Heiligen!

Weiter: Wenn Gott die Tiere geschaffen hat, auch alle die unreinen Tiere wie Würmer und Schlangen, Drachen und Meerungeheuer, und sie gar alle gut findet, was ist dann am Ende noch böse zu nennen? Was gehört nun eigentlich noch dem dunklen, widergöttlichen Untergrund dieser Welt an? Ist dieser Prophet nicht ein gefährlicher Verharmloser und Vereinfacher? Löscht er nicht, indem er das Böse leugnet, auch das Licht, das vom Guten kommt?

Als man ihn fragte, mit welchem Recht er sich als Einzelner gegen eine uralte Überlieferung stelle und behaupte, er tue das im Namen Gottes, da griff er nach der höchsten Autorität, die unter ihnen galt, und verglich sich mit Abraham:

»Hört mir zu, die ihr Gerechtigkeit sucht,
die ihr den Herrn erkennen wollt!
Schaut den Felsen an,
aus dem ihr gehauen seid,
und des Brunnens Schacht,
aus dem ihr gegraben seid:
Abraham, euren Vater,
und Sara, die euch geboren hat.
Denn als Einzelnen hat ihn Gott berufen,
ihn zu segnen und zu mehren.«

(Jesaja 51, 1–2)

Auch Abraham war ein Einzelner, und er war der Erwählte. Als Jesus ähnlich auftrat mit dem Wort »Ich war vor Abraham« und »Wer mich sieht, sieht den Vater«, hoben sie Steine auf, um ihn zu steinigen. Und hat der Zweite Jesaja nicht über den Anspruch aller Propheten hinaus, die von Gott zu ihrem Volk gesandt waren, behauptet, er sei berufen, ein Licht für alle Völker zu sein?

Noch mehr: Ist dieser Mann nicht in höchstem Grade lebensgefährlich für die Verbannten? Was geschieht, wenn die Babylonier hören oder lesen:

»Schüttle den Staub ab, steh auf,
Jerusalem, du Gefangene!
Mach dich los von dem Halseisen,
du gefangene Tochter Zion!
Denn so spricht der Herr:
Eure Peiniger haben nichts für euch bezahlt,
sie sollen auch nichts für euch bekommen!«

(Jesaja 52, 2–3)

Ist das nicht der offene Aufstand? Mußten sie sich dieses Menschen nicht entledigen, so schnell und so deutlich wie möglich, damit sie nicht alle zusammengeschlagen würden? Ist es nicht besser, fragte Kaiphas, der Hohepriester, sechshundert Jahre später, daß dieser eine, Jesus, stirbt, als daß das ganze Volk von den Römern massakriert wird?

Vielleicht wurde der Zweite Jesaja den Babyloniern ausgeliefert ähnlich Jesus, dem man die Anklage mitgab: Er predigt den Aufstand! Und wie Jesus Pilatus gegenüber schwieg, so tat er seinen Mund nicht auf, als man ihn zu Tode brachte. Und wie von Jesus ist von ihm gesagt: Er betete für seine Henker.

Es muß wie ein Schock in die Gemeinde der Verbannten hineingefahren sein, die ja sein Sterben erlebte und sah, wie man ihn bei Verbrechern verscharrte, als der erste anfing zu fragen: Ist er nicht im Grunde für sein Volk gestorben, das sich so entsetzlich an ihm versündigt hat? Hat er uns nicht eine Erkenntnis geschenkt, die uns frei macht, freier als wir selbst auf dem Heimweg nach Jerusalem werden könnten?

Die Überlieferung spricht von diesen Vorgängen im übrigen nicht. Vielleicht war der Skandal zu unerträglich. Aber das ist gewiß: Wenn es im Alten Testament überhaupt irgendeine geradlinige Prophetie auf Jesus Christus hin gibt, dann liegt sie in dem Wort und dem Geschick, in der Person und der Ausstrahlung des Zweiten Jesaja an den Wassern zu Babel. Es ist nicht zufällig, daß Jesus zu Beginn seiner Wirksamkeit, als Motto für sein Werk, Worte dieses Zweiten Jesaja auf sich selbst bezog:

»Der Geist des Herrn ist bei mir.
Er hat mich eingesetzt,
tröstliche Nachricht zu bringen den Armen.
Er hat mich gesandt,
zu zeigen den Gefangenen ihre Freiheit
und den Blinden das Licht,
Mißhandelte zu erlösen
und die Zeit anzukündigen,
in der Gott Heil gibt.« (Lukas 4)

Wie bei Jesus aber handelte es sich, als man politische Gründe anführte, um ihn anklagen zu können, allenfalls um einen Vorwand. Die wirklichen Gründe lagen tiefer. So auch beim Zweiten Jesaja. Der hatte eine große Zukunft prophezeit: Neuschöpfung der Erde. Verwandlung der Wüste in fruchtbares Land. Eine große Straße für die Heimkehr. Die leuchtende Gegenwart Gottes auf dem Zion. Jerusalem Mitte einer anbetenden Völkerwelt. Aber nichts von alledem traf ein.

Vielleicht hat es zunächst Menschen gegeben, die sich an seinen Bildern festhielten, die sie so wörtlich nahmen, wie sie klangen. Vielleicht gab es einen Augenblick, in dem die Hoffnung auf die nahe, große Zukunft und die Verwandlung aller Dinge tatsächlich aufflammte. Aber dann kam die lange Zeit, das vergebliche Warten, die Enttäuschung, die Verbitterung, der Haß, der Rachedurst der Betrogenen. Und dann kam der Gegenschlag: Du bist kein Prophet, sondern ein Betrüger. Du bist kein Beauftragter Gottes, sondern ein Lästerer. Er hat Gott gelästert. Es könnte durchaus sein, daß das Urteil des Hohen Rates über Jesus auch den Gottesknecht von Babylon traf.

Vielleicht hat er sich wirklich getäuscht. Vielleicht war seine Hoffnung ein Irrtum. Vielleicht reifte die Frucht, die aus seiner Aussaat in den Herzen wachsen sollte, ganz anderswo, als er selbst vermutet hatte. So wurde aus einem tragischen Mißverständnis eine der großartigsten und tragfähigsten Erkenntnisgeschichten der Menschheit. Es gehört zum Wesen des Prophetischen auch dies, daß, was dringlich erscheint, was groß und wichtig ist, dem Propheten selbst auch zeitlich nahe und dringend erscheint. Der zeitliche Irrtum nimmt der Erkenntnis nicht ihre Größe, so wenig der tragische Untergang des Schauenden die Schau auslöscht.

Auf dem Meer gehen

Aber wohin trug die Erkenntnis jener Stunde in Babylon? Zunächst trug sie aus der Enge einer auf Israel begrenzten Gottesvorstellung in die Weite eines Gottes der Erde und der Menschheit. Weiter dahin, daß das Wissen Israels um den in der Geschichte wirkenden Gott in der Begegnung mit den Schöpfungsmythen des Ostens zu dem Bild des einen, Zeit und Raum, Geschichte und Kosmos umgreifenden Gottes zusammenwuchs. So griff auch zum dritten die Zukunftshoffnung Israels, die bislang nur das eigene Volk betraf, auf die Schöpfung aus und reifte heran zu dem großen Gedanken vom Reich Gottes.

Aber das ist nicht alles. Gott war nicht mehr gleichsam der Repräsentant des Lichtes gegen die Finsternis in einer gespaltenen Welt. Denn nun trat am Ende der Zeit des babylonischen Exils ein unansehnlicher, kranker, mißgestalteter Mensch als Repräsentant Gottes auf. Das Bild des Leidens und der Erniedrigung wurde zum Bild Gottes, und diejenigen, die Gott oben, im Reich des Lichts, zu suchen gewöhnt waren, gerieten ins Unrecht. Sie waren plötzlich, nach dem Bekenntnis der Späteren, die von seinem Tod berichteten, die Empörer. Oben also war plötzlich die Fratze des Bösen, und unten war Gott. Plötzlich stand man vor der Zumutung, Gott in der Tiefe zu entdecken, im Ursprung, und dem mißgestalteten Propheten zu glauben, das Werk der Erlösung beginne unten.

Die Erkenntnis, die hier gewonnen und in Christus letztgültig gezeigt wurde, ist die, daß das Oben und das Unten, das Licht wie der Schatten in Gott sei. So war das Wasser ursprünglich Symbol für den Ort der unteren Mächte, der Drachen und Meergötter, die von den oberen Göttern mühsam in Schach gehalten wurden. Wenn aber nun das Wasser Geschöpf Gottes war, wenn es Instrument seines Willens war, dann war Gott auch der Dunkle, der Gott in der Tiefe. Denn wie das Wasser die Tiefe sucht und alle Mulden, Rinnen und Schluchten ausfüllt, ehe es fließen oder ruhen kann, so füllt Gott sozusagen die Tiefen des Daseins aus, und wer nun in irgendeine Tiefe absinkt, begegnet dort, im Leiden und Sterben, eben diesem Gott der Höhe und der Tiefe.

Das aber anzunehmen ist nicht einfach. Denn nun gibt es die so sehr befriedigende Möglichkeit, sich gegen das Dunkel abzugrenzen und dem lichten, guten Gott zuzugehören, nicht mehr. Wenn der lichte Gott auch der dunkle Gott ist, dann ist die Angst mitten im Glauben anwesend. Dann kommen Leiden und Glück aus derselben rätselhaften Hand. Dann bleibt als Zeichen der Hoffnung nichts mehr als das Wort des unansehnlichen Propheten:

Ich habe dich bei deinem Namen gerufen. Du bist mein. Ich führe dich. Ich habe einen Weg für dich.

Und als bedürfe die Geschichte noch eines letzten großen Kapitels, in welchem der Sinn der ganzen Erzählung erst eigentlich an den Tag kommt, erzählt das Evangelium die Geschichte, wie die Begleiter Jesu in einer Nacht bei Sturm über das Galiläische Meer fahren und in Seenot geraten. Während sie nun in ihrem Fischerboot in der Finsternis mit den Wellen kämpfen, sehen sie etwas: eine Gestalt. Und die Angst packt sie: ein Gespenst! Aber da hören sie aus der Dunkelheit und aus dem Heulen der Elemente eine vertraute Stimme: Ich bin's! Fürchtet euch nicht. Da war Christus, der Meister, bei ihnen. Und das Meer wurde still.

Es hat wenig Sinn, an Erfahrungen dieser Art herumzufragen, ob sie denn möglich seien. Erfahrungen dieser Art kommen von außen, wo Nacht, Sturm und Meer sind. Und sie kommen von innen, wo ein Mensch in den Bildern von Sturm, Meer und Nacht seine Rettung erfährt. Am Ende ist unwichtig, was außen und was innen geschah, denn es ist tatsächlich alles anders geworden: Es ist einer da. Der Sturm ist nicht souverän. Das Schiff hält stand. Der Morgen kommt, und der Meerfahrer macht sein Boot fest. Die Seele geht nicht unter. Der Christus vermag auf dem Wasser zu gehen. Er geht über dem Chaos im Grund der Seele, frei über den Wassern und sagt: Ich bin das Licht der Welt. Das Licht über der Finsternis. »Die erste große, gänzlich in sich gesicherte Helligkeit«, sagt Jean Gebser, »ist damit in der Menschheit zum Durchbruch gekommen, jene Helligkeit, die es zum erstenmal auszusprechen wagen darf, daß sie das Dunkle, das Leid der Welt, auf sich zu nehmen wage.«

Ich bin's! sagt der Christus vom See Genezareth. Mitten in dem, was dir Angst macht, bin ich. Fürchtest du den Sturm? Ich bin's. Fürchtest du, was kommt? Ich bin's. Fürchtest du deine Krankheit? Ich bin mitten in ihr. Fürchtest du das Sterben? Es wird eine Begegnung mit mir sein. Du brauchst dich nicht gegen die Welt abzuschirmen. Du brauchst weder in dir selbst noch an irgendeinem anderen weltabgewandten Ort Zuflucht zu suchen. Nimm die Herausforderung an, die in dieser Zeit liegt. Wenn diese Zeit von dir eine Änderung deiner Gesinnung verlangt – und sie tut es –, dann nimm ihre Forderung an. In dieser Zumutung begegnest du mir.

Und wenn du erkennst, es sei nötig, daß du dich gegen allen Zeitgeschmack offen zu denen bekennst, die jetzt eben den Haß aller zu tragen haben, dann folge deiner Erkenntnis. Im Verurteilten, im Schuldigen, im Ausgestoßenen begegne ich dir.

Du hast keine Angst nötig. Die Zukunft wird, in welcher Form immer sie dir entgegentritt, die Begegnung mit mir bringen. Du kannst nachdenken, wo andere der Hysterie verfallen. Du hast noch eine Güte zu geben, wo andere gezwungen sind zu hassen. Du wirst erleben, daß das Meer still wird, der Sturm sich legt und in der bedrohlichen Wassertiefe sich der Himmel Gottes spiegelt.

Nichts kann die Angst bannen, die heute durch die Welt geht, es sei denn das Wort, mit dem Gott uns mitten aus der Gefahr anspricht. Nichts kann uns helfen, als das eine, daß das Gebirge der Wellen in seiner Gegenwart in sich zusammensinkt und der Horizont frei wird, in dem die Weltgeschichte sich in Wahrheit abspielt.

Ein Mann in den Vierzigern saß mir gegenüber. Pfarrer in Argentinien. Fünf Jahre Gefängnis lagen hinter ihm und seiner Frau; Quälereien, Folterungen. Sie waren, leidenschaftlich für die Erneuerung der sozialen Verhältnisse in ihrem Land und Kontinent engagiert, den Herrschenden gefährlich geworden.

Wir sprachen über die sogenannte Theologie der Revolution. War es möglich, war es erlaubt, war es gar vielleicht geboten für Christen mit wachen politischen Sinnen, um der Veränderung der Verhältnisse willen zur Gewalt, zum Kampf im Untergrund überzugehen? Er schüttelte den Kopf. Nein, die Gewalt ist es nicht. Der Umsturz ist es nicht. Die Theologie der Revolution ist vorbei. Damit sind wir gescheitert. Vielleicht haben das manche unserer Freunde in Europa noch nicht gemerkt. In der Revolution liegt keine Hoffnung mehr.

Was wir brauchen, ist eine »Theologie des Exils«. Was meinen Sie damit? fragte ich. Wir sind, fuhr er fort, in dieser Gesellschaft nicht zu Hause. Wir sind Fremde, wir Christen. Wir sind aber auch nicht die, die, alles rettend, von außen eingreifen. Wir stehen mit gebundenen Händen. Wir können beten, hoffen, warten, aber nicht umstürzen. Wir haben die Vergeblichkeit unserer besten Bemühungen erlebt. Wir können nur noch auf das warten, was sich von Gott her ereignen wird.

Der Mann wirkte keineswegs resigniert, sondern eher fröhlich und aktiv, gespannt und voller Pläne.

Er ist aus seinem Land ausgesperrt und verbringt die Zeit, bis sich ihm wieder ein Weg nach Hause öffnet, in einer Gemeinde in Frankreich.

Es gab eine Zeit, so fuhr er fort, da waren wir Fachleute in Sozialpolitik, und fast verloren wir die Maßstäbe des Glaubens dabei. Inzwischen haben wir uns der Theologie erinnert. Wir haben wieder entdeckt, was es heißt, zu glauben. Es war kein Weg mehr sichtbar – und nun zeigt sich plötzlich ein Weg. Ein neuer Raum, mitten in der Gefangenschaft. Aber diesen Weg, diesen Raum eröffnet nur Gott selbst.

Die Welt war uns ein Tummelplatz von Terror, Gewalt und Menschenschinderei gewesen. Sie wurde uns wieder – gegen allen Augenschein – zu einem Haus Gottes. Man muß im Exil leben, um zu begreifen, daß dies die Welt Gottes ist, die Welt, in der Gott wirkt. Wir entdecken, was wir gewußt, aber nicht mehr praktiziert hatten: Daß es Gott ist, der diese Welt geschaffen hat und bis zum heutigen Tag und bis ans Ende in ihr wirkt. Man muß im Exil leben, um zu wissen, was Schöpfung ist.

Ein Auftrag für die Zukunft

Das alles bedeutet, daß sich auch die Welt für uns wandelt. Sie ist kein Reich dämonischer Mächte. Sie ist ebensowenig banaler Mechanismus. Sie ist ebensowenig ein Reich uns fremder Gegenstände. Was ist die Welt, wenn sie Schöpfung ist?

Gott sprach: Es sollen Lichter an der Feste des Himmels aufleuchten, die sollen zwischen Tag und Nacht scheiden und Zeichen, Zeiten, Tage und Jahre abgrenzen. Sie sollen als Lampen am Gewölbe des Himmels hängen und die Erde beleuchten.

Die beiden Tafeln auf den folgenden Seiten stammen aus dem im achten Jahrhundert nach Christus im Frankenreich geschriebenen und gemalten Stuttgarter Psalter. Die erste deutet den Psalm 37 und in ihm die Stelle:

»Von dem Herrn kommt es,
wenn eines Mannes Schritte fest werden,
und er fördert seinen Weg.
Fällt er, so stürzt er doch nicht;
denn der Herr hält ihn fest an der Hand.«

Vor den Augen erregt zuschauender Menschen spielt sich eine Verfolgung ab. Männer mit Keulen verfolgen zwei andere, um sie niederzuschlagen. Der eine der Verfolgten ist gestürzt. Den anderen faßt die aus dem Himmel herausgreifende Hand Gottes und reißt ihn über den Abgrund. Wie fliegend, mit wunderbarer Leichtigkeit den Verfolgern entrinnend, den Blick auf den rettenden Gott gerichtet: so schildert der Maler den Christus. Es ist der Christus der Auferstehung, und das Bild meint die Rettung der vom Tode bedrohten Menschen überhaupt. Es scheint, als weise Jesus mit der Hand auf den Gestürzten und als gelte es, nun auch den in tödlicher Gefahr Daliegenden zu ergreifen und zu retten.

Die zweite Tafel zeigt den Psalm 66, in dem es heißt:

»Kommt her und seht die Werke des Herrn,
der so wunderbar ist mit seinem Rat
bei den Menschenkindern,
der das Meer in trockenes Land wandelt.
Zu Fuß durchschritten sie den Fluß.
Darum freuen wir uns seiner.«

Die Handschrift zeigt Christus, der statt mit dem Stab des Mose mit dem Kreuz und mit dem Wort den Seinen voraus durch das Wasser geht. Die Symbolik des alttestamentlichen Glaubens ist in der Tat erst an ihrem Ziel dort, wo sie in die Christusgeschichte einmündet.

puddnm gressus hominis dirigentu
& uiam eius uole
cum ceciderit non conlidetur
quia dns subponit manum suam

iunior fui & enim senui

psalmum dicat nomini tuo· up
entte & uidete opera di
terribilis in consiliis super filios hominum
Qui conuertit mare in aridam, in flumine pe
transibunt pede· ibi l&abimur in ipso·

Qui dominatur in uirtute sua in &ernum:
oculi eius sup gentes respiciunt·

Man hat immer wieder, gerade im Gefolge der naturwissenschaftlichen Entwicklung in der Neuzeit, darauf hingewiesen, daß das bedeute: Die Sterne sind Sterne, sonst nichts. Lampen, sonst nichts. Sie gehorchen erkennbaren Gesetzen, sie sind dem großen Mechanismus unterworfen, den wir in den Ordnungen der Natur erkennen. Das ist wahr. Aber es ist erst ein Teil der Wahrheit.

Wenn wir den Gott glauben, der diese Welt umgibt, durchdringt, in der Hand hält, durchwirkt oder wie immer wir sagen, dann sind Sonne und Mond eben nicht nur Lampen, sie sind keineswegs bloße Dinge, Nichts-als-Dinge, sie sind vielmehr innerhalb Gottes, sie sind Träger Gottes, sie sind Teil Gottes. Sie sind göttliche Natur und nicht nur dingliche Natur. Dann sind die Bäume keineswegs Nichts-als-Bäume, sie sind vielmehr innerhalb Gottes, Träger, Teil Gottes. Dann faßt, wer einen Baum anfaßt, Gott an, den Gott, der unschaubar ist und doch zu schauen. Ungreifbar und doch zu greifen. Untastbar und doch zu tasten. Unerkennbar und doch zu erkennen. Dann ist dieser Gott in der greifenden Hand wie im begriffenen Baum.

Dazu kommt ein drittes: Wenn Gott nicht den bloßen Baum schuf, wenn der Baum vielmehr in ihm bleibt, und wenn er dem Menschen die Hand gab und nun selbst in der Hand anwesend ist, dann schuf er zum dritten auch die Zone der Begegnung zwischen der eigenen Seele und den Dingen, zwischen der Seele und Himmel und Erde, zwischen Seele und Sonne, Mond und Sternen, zwischen Seele und Baum, Seele und Tier, Seele und Licht, Seele und Dunkelheit, Seele und Wasser. Er schuf eine Welt von Bedeutungen, Entsprechungen und Bezügen. Er schuf die Seele des Menschen als einen Raum, in dem die Dinge zu ihrer eigentlichen Sprache finden, in dem sie aussprechen, was in ihnen ist.

Der Mond ist bloßes Gestein. Das ist wahr. Der Mond ist Ort und Raum, Teil und Zeichen Gottes. Das ist auch wahr. Und der Mond ist ein Bild, ein wirkendes, schöpferische Kräfte weckendes, dynamisches Bild, das sich in der Seele des Menschen spiegelt. Und eins läßt sich nicht vom anderen trennen.

Der Baum ist bloßes Holz. Er ist zugleich ein greifbarer Ort des gegenwärtigen Gottes. Und er ist ein Bild, in dem sich der menschlichen Seele ein Stück ihrer eigenen Wirklichkeit erschließt, ein Stück der Welt, ein Stück Gottes zugleich. Und diese drei Wirklichkeiten sind in Wahrheit untrennbar eins.

Es wäre einmal darüber nachzudenken, ob sich darin nicht jene Erfahrungen widerspiegeln, die in der alten Kirche zur Formulierung der Lehre von der Dreieinigkeit Gottes geführt haben. Ob also die Lehre von der Dreieinigkeit Gottes nicht vielleicht zugleich eine Lehre von der dreieinigen Wirklichkeit der Welt und von der dreieinigen Wirklichkeit des Menschen sei.

Auch von Gott wird ja eben dies gesagt: Er ist Gott. Er ist anders als alles. Er ist ganz einfach Gott. Und in weitem Abstand davon sind wir Menschen. Nichts als Menschen.

Von Gott wird aber auch dies gesagt: Er ist Gott in dieser Welt. In der Gestalt eines Menschen wurde er sichtbar, greifbar, erkennbar, hörbar. Und niemand wird in dieser Menschengestalt Jesu Christi unterscheiden können, was daran göttlich, was menschlich sei. Im Menschen Christus greifen wir, begreifen wir Gott.

Von Gott wird aber auch das dritte gesagt: Er lebt auf seltsame Weise im Grund der menschlichen Seele. Er kommt dort sozusagen als Licht der Erkenntnis an den Tag, er erleuchtet den Menschen gleichsam von innen und macht ihn zu einem Ort der Begegnung, des Worts, des Verstehens, des göttlichen Geistes.

Die Schöpfungsgeschichte der Bibel ist für uns heutige Menschen eine Anweisung, wie wir freier werden können. Freier von Angst. Freier von Resignation. Freier von dem zerstörerischen Irrtum, wir seien die Herren der Welt. Wir sind es in der Tat nicht. Wir wirken aber mit in dem großen Spiel, das zwischen Gott, der Welt und den Menschen in Gott selbst gespielt wird.

Wissen wir das, dann löst sich der Krampf, in welchem die Angst und Herrschsucht des Menschen sich heute wie in einem Knoten zusammengezogen haben. Angst ist nicht nötig, und herrschen heißt gelassen und behutsam mitverantworten, was mit der Welt geschieht. Dann wird die Welt frei vom Zugriff des Menschen, und es offenbart sich, daß sie die Welt Gottes und des Menschen, des freien und freilassenden, zugleich ist.

Heimkehr

Im Jahre 539 zog Kyros, der König der Perser und Meder, nach einem Sieg über den König des neubabylonischen Reichs in der Hauptstadt Babylon ein, weniger als Feind denn als Befreier auch von der Bevölkerung dieser Stadt begrüßt. Das Zweistromland fiel ihm zu und ohne Kampf auch der ganze Raum Syriens und Palästinas bis an die Grenze Ägyptens. Damit schlug die Stunde der Befreiung für die Verbannten am Kanal Kebar, und allmählich hoben sich aus dem schon fast babylonisch gewordenen Volk diejenigen heraus, die den Weg in die Heimat antreten wollten, um einen neuen Anfang zu wagen. 538, also rund fünfzig Jahre nach dem Untergang Jerusalems, eröffnete das berühmte Edikt des Kyros den Weg in die Heimat.

So spricht Kyros, der König von Persien:

»Der Herr, der Gott des Himmels,
hat mir alle Königreiche der Erde gegeben,
er hat mir befohlen,
ihm einen Tempel in Jerusalem zu bauen.
Wer nun unter euch zu seinem Volk gehört,
mit dem sei der Herr, sein Gott,
und er ziehe dorthin!«

Sie brachen mit großen Hoffnungen und ebenso großer Sorge auf. Was würde sie im Land der Väter erwarten? Vielleicht hörten sie mit neuer Betroffenheit die Worte des Propheten, den sie getötet hatten. Und wir, die mehr als zweitausend Jahre später Lebenden, hören die Stimme, die jenem Volk den Weg in eine neue Zukunft gewiesen hatte und selber in Leid und Dunkel verstummt war. Wir hören sie als eine Generation, die einen neuen Anfang wagen und ihren Weg durch unbekanntes Land finden muß:

Wort von Gott:
Fürchte dich nicht.
Ich befreie dich.
Ich rufe dich bei deinem Namen,
du bist mein.
Wenn du durch Wasser gehst,
bin ich bei dir,
inmitten von Strömen
halte ich dich fest.
Wenn du durch Feuer gehst,
wirst du nicht brennen,
und die Flamme
wird dich nicht versengen.
Ich bin der Herr, dein Gott;
ich mache das Meer still,
wenn seine Wellen brausen,
und schütze dich.
Ich zeige dir einen Weg
auf dem Grunde des Meeres:
den Weg der Befreiten,
die erlöst sind von Angst.
Freude gebe ich dir
im Aufbruch,
auf dem Weg aber
Geleit im Frieden.

Bildnachweis

Umschlag: See Genezareth. Foto: Zink.
S. 1: Ugaritischer Prinz, 14. Jahrh. v. Chr. Elfenbeinschnitzerei. Archäologisches Museum Damaskus. Foto: Mouslimanni.
S. 2 oben: Inschrift des Hofbeamten Schebna, Jerusalem, ca. 700 v. Chr., hundert Jahre vor der Zerstörung Jerusalems, im Siloahtunnel. Britisches Museum, London. Foto: Zink.
S. 2 unten: Assyrischer Reiter. Iraqi Museum, Bagdad. Foto: Zink.
S. 3: Hafen von Sidon, mit Kreuzfahrerburg. Foto: Manoug, Beirut.
S. 4 oben: Phönizisches Schiff aus römischer Zeit, bei Sidon gefunden. Archäologisches Museum Beirut. Foto: Manoug, Beirut.
S. 4 unten: Fischer auf dem See Genezareth. Foto: Zink.
S. 4–5: Urlandschaft in Nordnorwegen. Foto: Zink.
S. 6: Beduinenfrauen mit Kind aus dem Sinai. Foto: Philipp Giegel, Zürich.
S. 7: Boote auf dem Hor al Hammar bei Ur. Foto: Zink.
S. 8: Beduinenmädchen im Sinai. Foto: Zink.
S. 25: Frau mit Kindern aus der Gegend von Lagasch im südlichen Irak. Foto: Zink.
S. 26 oben: Mädchen aus der Gegend von Uruk. Foto: Zink.
S. 26 unten: Wasserbüffel im »Kanal Kebar«. Foto: Zink.
S. 27: Schilfhaus am Hor al Hammar. Foto: Zink.
S. 28: Junge auf dem Hor al Hammar. Foto: Zink.
S. 29 oben: Jungen in einer Ziegelei nördlich Bagdad. Foto: Zink.
S. 29 unten: Ziegelformen nach antikem Verfahren bei der Rekonstruktion des Palastes in Nimrud, Nähe Mossul. Foto: Zink.
S. 30 oben: Hinrichtung eines Gefangenen durch einen babylonischen Soldaten. Britisches Museum, London. Foto: Zink. Harfenspieler, mesopotamisch, 2. Jahrt. v. Chr. Louvre, Paris. Reunion des Musées Nationaux. Cliché des Musées Nationaux.
S. 30 unten: Zug von Gefangenen. Britisches Museum, London. Foto: Zink.
S. 31 oben: Zikkurat von Aqar Quf bei Bagdad, erbaut 14. Jahrh. v. Chr. Kassitisch. Foto: Zink.
S. 31 unten: Dorf bei Lagasch. Foto: Zink.
S. 32 oben: Nomadenfamilie in der Nähe von Ur. Foto: Zink. »Löwe von Babylon«, Basalt, auf dem Ausgrabungsfeld von Babylon stehend. Foto: Zink.
S. 32 unten: Jerusalem. Foto: Stefan Moses.
S. 41: Memphis im Morgengrauen. Foto: Zink.
S. 42 oben: Auf dem Brennofen einer Ziegelei bei Bagdad. Foto: Zink.
S. 42 unten: Ziegelei bei Kom Ombo am Nil, nördlich Assuan. Foto: Zink.
S. 51: Felukke auf dem Nil. Foto: Zink.
S. 52 links unten: Gefangene Vietkong in Vietnam. Foto: dpa. Archiv: EBA-dpa.
S. 52 rechts oben: Phönizischer Baal mit ägyptischer Krone. Herkunft der Aufnahme und Standort unbekannt.
S. 53 oben: Esel am Göppel bei Nasirya, Irak, für die Bewässerung der Felder eingesetzt.
S. 53 unten: Internierte Palästinenser in einem Lager bei Gaza. Foto: Stefan Moses.
S. 54: Salzlagune im Nildelta. Foto: Zink.
S. 55: Tempelanlage von Luxor, frühmorgens, vom Nil aus. Foto: Zink.
S. 56 links: Aufseher in einem Ausgrabungsfeld, Ägypten. Foto: Zink.
S. 56 rechts: Gefangene Semiten im Amun-Tempel von Karnak, Ägypten. Siegesbericht des Pharao Sisak I. Foto: Zink.
S. 57 oben: Jude an der Klagemauer. Foto: Stefan Moses.
S. 57 unten: Frauen am Nil. Foto: Zink.
S. 58 oben links: Stier vom rekonstruierten Ischtartor in Babylon. Foto: Zink.
S. 58 oben rechts: Drache vom rekonstruierten Ischtartor in Babylon. Foto: Zink.
S. 58 unten links: Inschrift mit Bericht aus der letzten Zeit der babylonischen Könige im Palast von Babylon. Foto: Zink.
S. 58 unten rechts: Kanaanäerin, 12. Jahrh. v. Chr. Rockefeller-Museum, Jerusalem. Foto: Zink.
S. 67: Satellitenaufnahme des Nildeltas. NASA-Zeiss.
S. 68 links oben: Teschub, baalähnlicher hethitischer Gott, im Kampf mit der Schlange. Museum Aleppo. Foto: Zink.
S. 68 links unten: Baaltempel in Ugarit. Altar des Baal. Foto: Zink.
S. 68 rechts oben: Dschebel el Akra von Norden, vom alten Hafen Seleukia bei Samandag aus. Foto: Zink.
S. 68 rechts unten: Rekonstruktionsarbeiten am Tempel des Sethi in Gurna, Theben West. Foto: Zink.
S. 77 oben links: Israelische Soldatin auf einem Beobachtungsturm am Suezkanal. Foto: Stefan Moses.
S. 77 oben rechts: Beobachtungsturm am Suezkanal. Foto: Stefan Moses.
S. 77 unten: Arbeiten an der Verbreiterung des Suezkanals durch Ägypten. Foto: Karsten de Riese.
S. 78: Wandernde Nomadenfamilie im Wadi Taba, Sinai. Foto: Zink.
S. 79 links oben und unten: Nomadenkinder im Wadi Taba. Foto: Zink.
S. 79 rechts oben: Ein Mädchen schüttelt Blätter von einer Akazie als Futter für die Ziegen. Foto: Zink.
S. 80 oben: Bildhauerarbeiten eines Nomaden im Wadi Mrach, Sinai. Foto: Zink.
S. 80 unten: Beduinenfrau und Kind, Mais mahlend. Wadi Mrach, Sinai. Foto: Zink.
S. 81 oben links: Kalksteinfigur, wie S. 80 oben. Foto: Zink.
S. 81 oben rechts: Salem, von dem die gezeigten Figuren stammen. Foto: Zink.
S. 81 unten rechts: Wasserspalt in einem Felsen des Dschebel Musa. Foto: Zink.
S. 82 oben: Zelt einer wandernden Familie, auf einer Mannatamariske abgelegt. Sinai. Foto: Zink.
S. 82 unten: »Wohnung« einer Familie unter einer Akazie. Nähe Dschebel Musa. Foto: Zink.
S. 83 oben: Wüste bei Deir es Surian, Wadi Natrun, Ägypten. Foto: Zink.
S. 83 unten: Mönch in demselben Kloster. Foto: Zink.
S. 84 oben: Schweizer Gardist, vor dem Papst salutierend, Vatikan. Foto: Karsten de Riese.
S. 84 unten links: Beduinenjunge bei Serabit el Khadim, Sinai. Foto: Zink.
S. 84 unten rechts: Beduinenzelt und Straßenbaumaschine in der Wüste bei Uruk. Foto: Zink.
S. 93–94: Bilder aus dem Wadi Taba. S. Text S. 78–79. Alle Aufnahmen: Zink.
S. 103: Stele des Königs Naram Sin, akkadisch. Aus Susa, zwischen 2260 und 2223. Louvre, Paris. Cliché des Musées Nationaux, Paris.
S. 104 oben: Panorama vom Gipfel des Dschebel Musa.
S. 104 unten links: Wandernde Familie im Wadi Taba, Sinai.
S. 104 unten rechts: Zelt von Sinainomaden, Nähe Dschebel Musa. Fotos: Zink.
S. 105: Führender Druse am Heiligtum des Jethro bei Tiberias, Israel. Foto: Zink.
S. 106 links oben: Die Eliasmulde unter dem Gipfel des Dschebel Musa.
S. 106 rechts oben: Junge mit Kamel.
S. 106 unten: Kirche, Kirchturm und Turm der Moschee im Kloster Santa Katharina, Sinai. Fotos: Zink.
S. 107: An der Klagemauer, Jerusalem. Foto: Zink.
S. 108 unten: Demonstration. Foto: Stefan Moses.
S. 108–109: Panorama mit dem Dschebel Sirbal und dem Wadi Firan. Bildmitte im Tal: Tell Pharan und Filiale des Klosters Santa Katharina. Foto: Zink.
S. 108 unten: Foto: Stefan Moses.
S. 110 links: Goldene El-Figur aus dem Anfang des 1. Jahrtausends, aramäisch, aus Hama. Museum Aleppo. Foto: Zink.
S. 110 rechts oben: Mondgott, babylonisch. 2. Jahrtausend. Iraqi Museum, Bagdad. Foto: Zink.

S. 110 rechts unten: Stierkopf mit Widderbart aus den königlichen Gräbern in Ur. Gold und Lapislazuli. 3. Dynastie des Alten Reiches. Sumerisch. Ca. 2500 v. Chr. Iraqi Museum, Bagdad. Foto: Zink.

S. 119 links oben: Morgen auf dem Dschebel Musa, mit den Rosengranitgipfeln. Foto: Zink.

S. 119 links unten: Beduinen im Sinai am Feuer. Foto: Philipp Giegel, Zürich.

S. 119 rechts: Beduinenmädchen bei Serabit el Khadim, Sinai. Foto: Zink.

S. 120 links oben: Tabor. Foto: Zink.

S. 120 rechts unten: Karfreitagsprozession in Jerusalem, an der Grabeskirche. Foto: Garo Nalbadian, Jerusalem.

S. 129 oben: Jordantal nördlich Jericho. Foto: Philipp Giegel, Zürich.

S. 129 unten: Israelische Soldaten in der Nähe von Jericho. Foto: Zink.

S. 130–131: Panorama der verschiedenen Lagen der Stadt Jericho. Siehe Text. Foto: Zink.

S. 130 links unten: In Ton ausmodellierter Schädel eines Ahnen im Zusammenhang eines Ahnenkults im alten Jericho. Ca. 7. Jahrtausend v. Chr. Bildautor unbekannt.

S. 130 rechts unten: Israelische Panzer in der Wüste Juda. Foto: Zink.

S. 131 rechts unten: Araber in einem Beduinenzelt bei Jericho. Foto: Zink.

S. 132: Stele der Mondgöttin Nanna: Großer Kudurru des Königs Melischipak II., kassitisch, 12. Jahrh. v. Chr. Musée Louvre. Cliché des Musées Nationaux, Paris.

S. 133 oben: Sogenannte Trinität von Palmyra. 1. Jahrh. nach Chr. Musée Louvre. Cliché des Musées Nationaux, Paris.

S. 133 rechts: Hazor, Israel: links opfernder Priester, im Hintergrund Löwe im hethitischen Stil, rechts Stele mit Darstellung der Verehrung des Mondgottes. Museum Ajelet Haschachar, Israel. Foto: Garo Nalbadian, Jerusalem.

S. 134: Stiergötter und Göttin Ninchursanga aus Susa. 2. Hälfte des 2. Jahrtausends v. Chr. Musée Louvre. Chliché des Musées Nationaux, Paris.

S. 135: Schutzmantelmadonna aus dem Archiv des Staatl. Amts für Denkmalspflege Tübingen. Foto: Dr. H. Hell, Reutlingen.

S. 136 oben: Passafeier (Sedermahl) bei einer bucharisch-jüdischen Familie in Jerusalem. Foto: Zink.

S. 136 unten: Jordan in der Nähe der Stelle des Übergangs Israels und der Taufe Jesu. Foto: Manoug, Beirut, Libanon.

S. 145 links: Stichgrabung von den Ausgrabungen von Kathleen Kenyon in Jericho. Hintergrund: Berg der Versuchung. Im Schacht: Turm aus der Zeit um 8000 v. Chr. mit Eingang unten und Ausstiegsluke oben, heute aus Sicherheitsgründen vergittert. Foto: Zink.

S. 145 rechts: Isis mit dem Horusknaben als Darstellung zugleich von Hathor und Aphrodite. Spätantik. Bronze. Louvre, Paris. Foto: Zink.

S. 146 oben: Landschaft westlich Jericho mit Anstieg auf das judäische Bergland. Foto: Zink.

S. 146 unten: Taufkerzen während einer Taufeier am Jordan. Foto: Garo Nalbadian, Jerusalem.

S. 155: Sumerischer Grundstein, 3. Jahrtausend v. Chr., mit Darstellung der »Herrin der Tiere«. Iraqi Museum, Bagdad. Foto: Zink.

S. 156 oben: Schofarhornbläser, Israel. Foto: Schlesinger, Jerusalem.

S. 156 unten: Mauer des Gilgamesch mit Tor und zwei von ca. achthundert Türmen. Ca. 2500 v. Chr. Uruk. Foto: Zink.

S. 157 oben: Dorf nördlich Jericho an der ungefähren Stelle des alten Heiligtums von Gilgal. Foto: Zink.

S. 157 unten: Rekonstruktionen an den Grundmauern des Stadtpalastes des Nebukadnezar, Babylon. Foto: Zink.

S. 158 links oben: Fruchtbarkeitsgöttin aus Mari, 18. Jahrhundert, altbabylonisch, wahrscheinlich Zeit des Zimrilim. Museum Aleppo. Foto: Zink.

S. 158 rechts oben: Fußbodenmosaik einer Synagoge aus dem 2. Jahrhundert nach Chr. in Jericho. Text: Friede über Israel. Symbole Palme, Leuchter und Horn. Foto: Zink.

S. 158 unten: Uruk. Tempel aus der Zeit um 3000 v. Chr. Foto: Zink.

S. 159 oben: Muttergöttin aus dem Anfang des 3. Jahrtausends v. Chr., syrisch. Abguß aus einem tönernen Backmodel. Museum Aleppo. Foto: Zink.

S. 159 unten: Tempel in Schaduppum (Tell Harmal), ca. 1800 v. Chr. Foto: Zink.

S. 160: Marschierende Soldaten, Israel. Foto: Thomas Höpker.

S. 161 oben: Adonisquelle in der Afqa-Grotte nordöstlich von Byblos, Libanon. Die Höhle ist mehrere Kilometer tief. Vor ihrem Eingang ein Aphrodite-Tempel aus römischer Zeit. Foto: Zink.

S. 161 unten: Skelett aus dem alten Jericho, 8. Jahrtausend v. Chr. Rockefeller-Museum, Jerusalem. Foto: Zink.

S. 162 oben: Ahura Mazda mit den Flügeln der Sonnenscheibe. Persepolis. Halle am Xerxes-Palast. Foto: Zink.

S. 162 unten: »Student«. Foto: Karsten de Riese.

S. 171 oben: Mondaufgang über dem Golf von Eilat, vom Sinai aus. Foto: Zink.

S. 171 unten: Zwei Grafiken von Walter Habdank. Fotos: Zink nach Originalen.

S. 172 oben: In den Gärten von Jericho. Foto: Garo Nalbadian, Jerusalem.

S. 172 unten links: Dame aus Mari, 2. Jahrtausend. Museum Damaskus.

S. 172 unten rechts: Frau in Jericho. Foto: Garo Nalbadian, Jerusalem.

S. 181 links: Aqar Quf, Mauerwerk im oberen Teil der Zikkurat, kassitisch, 14. Jahrhundert v. Chr., bei Bagdad. Foto: Zink.

S. 181 rechts: Kudurru des Melischipak II., kassitisch, 12. Jahrhundert v. Chr. Musée Louvre. Cliché des Musées Nationaux, Paris.

S. 182: Stele des Ur-nammu, des Begründers der dritten Dynastie von Ur, 2111–2094. Iraqi Museum, Bagdad, aus dem Nannaheiligtum in Ur. Foto: Zink.

S. 183: Boote im Hor al Hammar, östlich Ur. Foto: Zink.

S. 184: Heilige Steine im Obeliskentempel in Byblos, Libanon. Foto: Zink.

S. 185: Tonscherbe aus Mari. Museum Damaskus. Foto: Zink.

S. 186 oben: Apotropäische Stierfigur aus dem Palast von Chorsabad, assyrisch, aus der Zeit Sargons II., Iraqi Museum Bagdad. Foto: Zink.

S. 186 unten: In der Steppe bei Uruk. Foto: Zink.

S. 187: Frau aus der Steppe im alten sumerischen Gebiet. Foto: Manoug, Beirut, Libanon.

S. 188: Thronender Christus vom mittleren Westportal des Doms San Rufino in Assisi. Bildarchiv Foto Marburg.

S. 197: Vier Aufnahmen aus Nordskandinavien. Fotos: Zink.

S. 198: desgleichen, links unten Felszeichnung: Rentier. An der Küste bei Alta, Nordnorwegen, 2000 v. Chr. Fotos: Zink.

S. 215–216: Malereien aus dem »Stuttgarter Psalter«. Landesbibliothek Stuttgart. Archiv Zink.

Literaturhinweise

Verzeichnis einer Auswahl von Büchern, die sich zum Nachlesen oder zum weiterführenden Studium eignen und im Buchhandel leicht zu erreichen sind. Ferner Auswahl aus der vom Verfasser verwendeten Literatur.

Allgemeine Literatur:

Zur Geschichte des 13. bis 6. Jahrhunderts vor Christus in Israel:
Siegfried Hermann: »Geschichte Israels.« Christian Kaiser Verlag 1973.
Oder:
Martin Metzger: »Grundriß der Geschichte Israels.« Neukirchener Verlag 1963, oder eine der Gesamtdarstellungen von Martin Noth, John Bright oder anderen.

Zur allgemeinen Geschichte jener Zeit:
Hartmut Schmökel: »Geschichte des alten Vorderasien.« Verlag E. J. Brill, Leiden 1957.

Speziell zur geschichtlichen Situation im 6. Jahrhundert:
Enno Janssen: »Juda in der Exilszeit.« Vandenhoeck & Ruprecht 1956.

Zur Kultur- und Religionsgeschichte des Vorderen Orients:
»Handbuch der Religionsgeschichte«, Band 1. Vandenhoeck & Ruprecht 1971.
Greßmann: »Altorientalische Texte zum Alten Testament.« De Gruyter 1926.
Greßmann: »Altorientalische Bilder zum Alten Testament.« De Gruyter 1927.
Walter Beyerlin: »Religionsgeschichtliches Textbuch zum Alten Testament.« Vandenhoeck & Ruprecht 1975.
Werner H. Schmidt: »Alttestamentlicher Glaube in seiner Geschichte.« Neukirchener Verlag 1975.
Othmar Keel: »Die Welt der altorientalischen Bildsymbolik und des Alten Testaments.« Neukirchener Verlag (z. B. S. 206 ff. zum Thema »Auszug aus Ägypten«).

Zum 1. Kapitel:
An den Wassern zu Babel
Zur Person des priesterlichen Erzählers:
Otto Kaiser: »Einleitung ins Alte Testament.« Gütersloher Verlagshaus 1969, § 10.
Gerhard von Rad: »Theologie des Alten Testaments«, Band 1. Kaiser Verlag 1957, S. 85–92. 181 ff., 231 ff.
Zu den Geschichten dieses Erzählers:
Welche Stücke aus den fünf Büchern Moses sind der Zeit des Exils und dem dortigen Erzähler zuzuordnen? (Man bezeichnet diese Texte zusammen als »Priesterschrift«). Wichtig und grundlegend:
Karl Elliger: »Sinn und Ursprung der priesterlichen Geschichtserzählung« in »Kleine Schriften zum Alten Testament.« Kaiser Verlag 1966, S. 174–198.
Ferner:
Walter Zimmerli: »Sinaibund und Abrahambund«, »Ein Beitrag zum Verständnis der Priesterschrift« in »Gottes Offenbarung.« Kaiser Verlag 1969. Siehe dort S. 205–216.
Zur Person und Botschaft des Jeremia:
Georg Fohrer: »Die Propheten des Alten Testaments.« Gütersloher Verlagshaus 1974, Band II, Kapitel »Jeremia«, S. 50–151.
Zur Geschichte Jeremias s. Text Jeremia 39–40 und 2. Könige 24–25.
Zum Aufenthaltsort der Verbannten s. auch Hesekiel 1–3.
Zur politischen und militärischen Hintergrundgeschichte der Katastrophe Jerusalems: Interessante Dokumente aus der damaligen Situation, Aufzeichnungen und Briefe aus Juda und Babylon in: Alfred Jepsen: »Von Sinuhe bis Nebukadnezar«, Dokumente aus der Umwelt des Alten Testaments. Calwer und Kösel Verlag 1975.
Zum archäologischen Befund in Babylon und Ur:
H. W. F. Saggs und C. J. Gadd in Winton Thomas: »Archaeology and Old Testament study«, Oxford, at the Clarendon Press 1967.

Zum 3. Kapitel:
Auf dem Grunde des Meeres
Historischer Rahmen der Auszugsgeschichte:
Peter Weimar und Erich Zenger: »Exodus. Geschichten und Geschichte der Befreiung Israels.« Kath. Bibelwerk 1975.
Besonders wichtig:
Otto Eißfeld: »Baal Zaphon, Zeus Kasios und der Durchzug der Israeliten durchs Meer.« Beiträge zur Religionsgeschichte des Altertums, Heft 1. Niemeyer Verlag Halle 1932. Dieses Heft ist leider nur noch in Bibliotheken zugänglich.
Ebenfalls wichtig:
Otto Kaiser: »Die mythologische Bedeutung des Meeres in Ägypten, Ugarit und Israel.« Töpelmann 1962.
Zur religiösen Umwelt im Nildelta und im Grenzgebiet zum Sinai:
Michalowski: »Ägypten.« Herder Verlag, S. 485 ff.
Baal Zephon und der Sirbonische See:
Johanan Aharoni in Beno Rothenburg »Die Wüste Gottes«. Droemer-Knaur 1961, S. 110 ff.
Martin Noth: »Der Schauplatz des Meereswunders« in »Aufsätze zur biblischen Landes- und Altertumskunde« Band 1. Neukirchener Verlag 1971.
Zum religionsgeschichtlichen Hintergrund der Auszugsgeschichte und der syrisch-palästinensischen Mythologie:
Hartmut Gese: »Die Religionen Altsyriens« im Sammelband »Die Religionen Altsyriens, Altarabiens und der Mandäer.« Kohlhammer Verlag 1970. Darin Deutung der Auszugsgeschichte: S. 60. 134.
Gerhard von Rad: »Theologie des Alten Testaments« Band 1, S. 177 ff.
A. Jirku: »Der Mythus der Kanaanäer.« Habelt-Verlag 1966.
Arvid S. Kapelrud: »Die Ras Schamra-Funde und das Alte Testament.« Ernst Reinhard Verlag 1967 (Ras Schamra ist der Stadthügel von Ugarit).
Zu dem auf die Auszugsgeschichte bezugnehmenden Psalm 93:
Hans Joachim Kraus: »Psalmen« 1. Band, S. 649.
Zum Zitat aus dem babylonischen Talmud:
Mayer: »Der babylonische Talmud.« Goldmann TB 7902, S. 413.
Vergleich der verschiedenen Überlieferungen vom Auszug aus Ägypten und Darstellung des historischen Hintergrunds:
Hans Heinrich Schmid: »Die Steine und das Wort.« Theol. Verlag Zürich, S. 128–145.
Zur Verbindung von Baal und Seth und zur Bedeutung syrischer Gottheiten für das Ägypten der Mosezeit:
Siegfried Lorenz: »Ägyptische Religion.« Kohlhammer Verlag, S. 250 ff.
Kurze Darstellung der Verhältnisse in Ugarit und der dortigen Gottesvorstellungen:

C. H. Gordon: »Geschichtliche Grundlagen des Alten Testaments«, S. 89–96. Benziger Verlag Einsiedeln 1961.
Dort auch S. 129–144: Darstellung der geschichtlichen Hintergründe der Sklaverei Israels in Ägypten und des Auszugs.

Zum 4. Kapitel: Wüstenwanderung
Zur Topographie der biblischen Erzählungen:
Beno Rothenberg: »Die Wüste Gottes.« Droemer-Knaur 1961.
Georg Gerster: »Sinai.« Atlantis Verlag 1961 (Sehr schöner Bildband).
Zur Auslegung:
Martin Noth: »Das zweite Buch Mose.« Vandenhoeck & Ruprecht 1959.

Zum 5. Kapitel:
Unter dem Berg Gottes
Welcher war der Berg Gottes?
Johanan Aharoni: »Kadesch Barnea und der Berg Sinai« in Beno Rothenberg: »Die Wüste Gottes«, s. o.
Zum Symbol des Berges in den Psalmen:
Keel: »Die Welt der altorientalischen Bildsymbolik«, S. 17, 144, 192 und öfter.
Zum goldenen Stierbild:
Gese-Höfner, s. o. S. 106. 129.
Jahwe, als Stier vorgestellt:
Jaros: »Die Stellung des Elohisten zur Kanaanäischen Religion.« Aus: »Orbis Biblicus et Orientalis« Band 4. Vandenhoeck & Ruprecht 1974, S. 361.
Zur Maske des Mose:
Martin Noth: »Das zweite Buch Mose«, s. o. S. 220.
Ferner:
Alfred Jeremias: »Das Alte Testament im Lichte des alten Orients.« (Genauer!) S. 440 ff.
Zum Zelt der Begegnung:
Karl Elliger: »Sinn und Ursprung der priesterlichen Geschichtserzählung« in »Kleine Schriften zum Alten Testament.« Kaiser Verlag 1966, S. 185 ff.
Zu den Licht- und Feuererscheinungen auf dem Sinai:
Claus Westermann: »Die Herrlichkeit Gottes in der Priesterschrift.« In: »Wort, Glaube, Gebot« – Festschrift für Walter Eichrodt, Zürich, TVZ 1970, S. 227–249.

Zum 6. und 7. Kapitel:
Jerichogeschichte
Zum theologischen und geschichtlichen Ort des Deuteronomisten (den ich den »Erzähler von Jerusalem« nenne):
Gerhard von Rad: »Theologie des Alten Testaments« 1, S. 218 ff.
Zur Situation in Jerusalem und Juda während der babylonischen Gefangenschaft:
Janssen: »Juda in der Exilszeit.« Vandenhoeck & Ruprecht 1956. Dort auch zur Person des »Erzählers« (wichtige Darstellung).

Zur Person des Josua:
Albrecht Alt: »Josua«, in dem Sammelwerk »Kleine Schriften zur Geschichte des Volkes Israel«, S. 176–192. Beck'sche Verlagsbuchhandlung 1959.

Zur Geschichte und Bedeutung der Stadt Jericho:
Artikel »Jericho« in der Enzyklopädie »Die Bibel und ihre Welt« von Cornfeld-Botterweck. Lübbe Verlag 1969, die sich auch zum Anschaffen eignet. Dort auch Literaturverzeichnis zum Thema »Jericho.«

Zum archäologischen Befund in Jericho:
Kathleen Kenyon: »Archäologie im heiligen Land.« Neukirchener Verlag 1967.

Zur Archäologie und Kulturgeschichte Jerichos (wichtig und informativ):
Alfred Jepsen: »Von Sinuhe bis Nebukadnezar«, Dokumente aus der Umwelt des Alten Testaments. Calwer und Kösel Verlag, S. 59–70 und 111.

Zum Turm von Jericho:
Ulrich Mann: »Theogonische Tage.« Klett Verlag, S. 244.

Hymnen und andere Texte im Zusammenhang des Mondmythus:
Walter Beyerlin: »Religionsgeschichtliches Textbuch zum Alten Testament.« Vandenhoeck & Ruprecht 1975, S. 124–142.

Zu den drei Tagen des Mondes im Reich des Todes:
Steffen: »Das Mysterium von Tod und Auferstehung.« Vandenhoeck & Ruprecht, S. 169 ff. Zusammenhang von Tod und Wiedergeburt mit den Mond- und Mutterkulten: S. 94 ff. 169 ff.

Über Mondmythen und ihre sonstige Bedeutung für das Alte Testament:
Hans Walter Wolff: »Studien zum Jonabuch.« Neukirchener Verlag 1975^2, S. 20–28.

Sinai und der Mondkult:
Siehe Herbert Haag: »Bibellexikon.« Benziger Verlag 1968, Artikel »Sinai.«

Zur Mondsymbolik, tiefenpsychologischer Zusammenhang: (Wichtig)
Erich Neumann: »Die große Mutter« – Eine Phänomenologie der weiblichen Gestaltungen des Unbewußten. Walter Verlag 1974. (Das Standardwerk der Tiefenpsychologie zum Thema der Urmutter- und Mondsymbolik.)

Zur Person der Rahab und zum Hieros Gamos in den Tempeln:
Hans Joachim Kraus: »Gottesdienst in Israel.« Kaiser Verlag 1962, 2. Kap. VI: Neumond und Sabbat.

Zum sprachlichen Problem des Worts »Leinen des Baums«, das in einer Umkehrung der Gentivform besteht, siehe
Martin Noth: »Das Buch Josua« zur Stelle, »Handbuch zum Alten Testament« Band 7. Mohr-Siebeck 1953. (Aber Noth zieht, obwohl er das sprachliche Problem empfindet, den religionsgeschichtlichen Zusammenhang nicht heran.)

Zur psychologischen Auslegung der Jerichogeschichte:
Efraim M. Rosenzweig: »Historische und psychoanalytische Bemerkungen über Volk und Land Israel mit besonderer Berücksichtigung des Deuteronomiums«, in dem im übrigen unbefriedigenden Buch von Yorick Spiegel: »Psychoanalytische Interpretation biblischer Texte.« Kaiser Verlag 1972.
Erich Neumann: »Die Angst vor dem Weiblichen« in »Die Angst.« Studien aus dem C. G. Jung-Institut Zürich. Rascher Verlag, Zürich 1959.

Zum Durchzug durch den Jordan:
Otto Kaiser: »Die mythische Bedeutung des Meeres.« Verlag Töpelmann 1962, S. 135 ff.

Zum Passafest:
Herbert Haag: »Vom alten und neuen Pascha.« Verlag Kath. Bibelwerk 1971. (Wichtig und sehr informativ.)
Werner H. Schmidt: »Alttestamentlicher Glaube in seiner Geschichte.« Neukirchener Verlag 1968, S. 115–120. In diesem Buch auch andere Themen zu den Geschichten dieses Buches.

Zur Umkreisung der Stadt:
»Handbuch der Religionsgeschichte«, Band 2. Vandenhoeck & Ruprecht 1972, S. 99 ff.

Archäologischer Befund und Auseinandersetzung mit der biblischen Geschichte von der Eroberung der Stadt:
Hans Heinrich Schmid: »Die Steine und das Wort.« Theol. Verlag Zürich, S. 146–164. (Da hier vor allem eine Auseinandersetzung mit Keller: »Die Bibel hat doch recht« und Däniken: »Zurück zu den Sternen« beabsichtigt ist, kann der theologische Ertrag nicht ganz befriedigen.)

8. Kapitel: Schöpfung

Religionsgeschichtlicher Hintergrund in der Mythologie Babylons und des übrigen Vorderen Orients:
Werner H. Schmidt: »Die Schöpfungsgeschichte der Priesterschrift.« Neukirchener Verlag ^{3} 1973.

Hans Heinrich Schmid: »Schöpfung, Gerechtigkeit und Heil« – Schöpfungstheologie als Gesamthorizont biblischer Theologie, in Sammelband »Altorientalische Welt in der alttestamentlichen Theologie.« Theol. Verlag Zürich 1974.

Standardwerk über die hier dargestellte Auseinandersetzung mit dem babylonischen Weltbild:
Peter Jensen: »Die Kosmologie der Babylonier.« Erstmals 1890 erschienen, 1974 neu herausgebracht vom Verlag de Gruyter.

Gründliche Auslegung der Schöpfungsgeschichte:
Claus Westermann: »Genesis«, 1. Teilband. Neukirchener Verlag 1974, S. 104–244.

Zum Sabbat in der Exilszeit:
Hans Joachim Kraus: »Gottesdienst in Israel.« Kaiser Verlag 1962, S. 264 ff.

Vergleich zwischen dem babylonischen Schöpfungsepos »Enuma Elisch« und der Schöpfungsgeschichte von Genesis 1:
Hans Heinrich Schmid: »Die Steine und das Wort.« Theol. Verlag Zürich 1975, S. 28–49.

9. Kapitel: Mythisches Spiel

Zur Auseinandersetzung der Theologie mit der Mythusfrage:
Hubertus Halbfas: »Religion.« Kreuz Verlag 1976, vor allem Kapitel 1–3.

Zur Auseinandersetzung der Theologie mit der Religionsgeschichte und der Tiefenpsychologie:
Ulrich Mann: »Theogonische Tage.« Klett Verlag 1970.

Zur tiefenpsychologischen Auslegung des Mythus. Grundlegend:
Erich Neumann: »Kulturentwicklung und Religion.« Walter Verlag 1953.

Grundlegende Literatur zur Frage nach der Bedeutung des Mythus:
Leopold Ziegler: »Überlieferung.« Hegner Verlag 1936.
Jean Gebser: »Ursprung und Gegenwart«, 3 Taschenbücher dtv 1973 (1949).
C. G. Jung-Kerenyi: »Einführung in das Wesen der Mythologie« (genauer) 1951.
Erich Neumann: »Die mythische Welt und der Einzelne« in »Kulturentwicklung und Religion.« Rascher Verlag 1953, S. 67 ff.
Ferner ist an die Werke von Paul Tillich und Wilhelm Stählin zu denken.

Zur These vom »Mythus von der rationalen Welt«:
Harvey Cox: »Verführung des Geistes.« Kreuz Verlag 1974.

10. Kapitel: Heimkehr

Zur Person des Propheten Deuterojesaja:
Georg Fohrer: »Die Propheten des Alten Testaments.« Gütersloher Verlagshaus 1975. Band 4, S. 79–157.
Und:
Horst Dietrich Preuss: »Deuterojesaja.« Neukirchener Verlag 1976.

Zur Hoffnung auf Heimkehr:
Weimar-Zenger: »Exodus.« Kath. Bibelwerk 1975, S. 139 ff.

Zur Auslegung der Schriften des Deuterojesaja:
Claus Westermann: »Das Buch Jesaja.« Kap. 40–66. Vandenhoeck 1966.

Kurze Darstellung des geschichtlichen Vorganges der Rückwanderung aus Babylon nach Judäa:
C. H. Gordon: »Geschichtliche Grundlagen des Alten Testaments.« Benziger Verlag, S. 254–264.

Zum selben Thema:
Siehe die Gesamtdarstellungen der Geschichte Israels. s. o.

Jörg Zink
Lichter und Geheimnisse
Gedanken zur Menschwerdung Gottes

*2. Auflage (21.-40 Tausend), 135 S.,
8 Farbtafeln, Ppbd.*

„Auf den Wogen der Meditation segeln jetzt viele. Hier wird uns ein Buch geschenkt, in dem nicht theoretisiert wird, in dem nicht unter dem Mantel der Meditation allerhand Unfug in die Kirche hineingeschmuggelt wird, sondern in dem praktisch das geübt wird, um was es allein und sinnvollerweise gehen kann: auf die Stimme eines andern hören und gerade so zu sich kommen."
Kirchenblatt für die reformierte Schweiz

„Dieser Band wird niemand enttäuschen, der Gültiges sucht. Es ist ein Buch vom Glauben, der aus der Weihnachtsbotschaft kommt. Neu daran ist, daß Bilder, Geschichten und viele kleine bedeutsame Zitate zusammengebunden sind von einem sehr persönlichen überzeugenden Kommentar des Herausgebers. Der Leser fühlt sich unversehens hineingenommen in einen großen Dialog."
Der Bote für die evangelische Frau, Münster

„In einem gediegenen, schön gestalteten Bildband mit Kunstreproduktionen äußert der bekannte Verfasser seine Gedanken zur ‚Menschwerdung Gottes'. Er versucht dies Geheimnis zu enthüllen und zu deuten mit den Worten aus dem Neuen und Alten Testament. Das Buch möchte eine Hilfe sein zum Leben im Glauben. Es eignet sich vorzüglich als Geschenk!"
Schweiz. Evang. Bibelschule, Aarau

Zur weiteren Information über die Werke von Jörg Zink fordern Sie bitte unseren *Gesamtprospekt Jörg Zink* an.

Jörg Zink
Erfahrung mit Gott
Einübung in den christlichen Glauben

*2. Auflage (51.-80. Tausend),
476 S., Efalin gebunden*

„Dieses Buch redet von der ersten Seite an so, daß man merkt: hier spricht jemand, der mich versteht, der mich meint. Unversehens befindet man sich in einem Gespräch, das einen nicht mehr losläßt.
Jörg Zink überredet nicht, er drängt nicht. Er bietet Erfahrungen und Erkenntnisse aus der Bibel an, breitet sie vor einem aus. Er nimmt den Leser an der Hand und zeigt ihm an Geschichten, die er oft gehört, aber nie mit sich selbst in Verbindung bringen konnte, daß die Bibel ihm entgegenkommt, ihm Geheimnis um Geheimnis erschließt – er braucht nur noch zuzugreifen.
Der Leser wird betroffen und überwältigt sein von der Kühnheit, mit der Zink die Offenbarung des Menschen, jedes Menschen, durch das Evangelium enthüllt.
Wer dieses Buch liest, erfährt endlich, was Theologie zu leisten vermag: sie räumt Hindernisse aus dem Weg, statt neue aufzubauen, sie öffnet Möglichkeiten zum Verstehen, statt sie zu verbauen, sie führt Menschen zu sich selbst, statt von sich weg – und dies alles zu dem einzigen Ziel, die Liebe Gottes fühlbar und erkennbar zu machen."
Sender Freies Berlin

„Plötzlich versteht der Leser die Geschichten, Bilder und Gleichnisse der Bibel wieder besser und entdeckt dabei, wie er selber ist. Ein glaubwürdiges und ermutigendes Buch."
Kontinente, Essen

Kreuz Verlag Stuttgart · Berlin

Zeittafel

Zwischen 2000 v. Chr. und 1500	Wanderung Abrahams von Ur über Haran nach Palästina.
Um 1500	Ansiedlung der Familie Jakobs in Ägypten.
1290–1223	Regierungszeit Ramses II. Mosezeit. Auszug aus Ägypten in der zweiten Hälfte des Jahrhunderts. Wanderung durch die Wüste.
ca. 1200	Eroberung von Jericho.
1020–932	Könige Saul, David und Salomo. Teilung des Reichs in die Teilreiche Israel im Norden und Juda im Süden.
932–721	Zeit des nördlichen Reiches bis zur Eroberung durch die Assyrer.
932–587	Zeit des südlichen Reiches mit Jerusalem bis zur Eroberung durch die Babylonier.
587–538	Gefangenschaft in Babylon.
Nach 580	Abfassung der priesterlichen Erzählung in Babylon.
Nach 560	Abfassung des deuteronomischen Geschichtswerks durch den Erzähler von Jerusalem.
Nach 560	Abfassung der Schöpfungsgeschichte in Babylon. Leben und Wirken des „zweiten Jesaja" in Babylon.
538	Edikt des Kyros, das die Heimkehr der Judäer nach Jerusalem gestattet.